河南省高等学校哲学社会科学优秀学者资助项目
“《大明会典》整理研究”（2015-YXXZ-05）

《大明会典》整理研究辑稿

原瑞琴　著

郑州大学出版社

图书在版编目(CIP)数据

《大明会典》整理研究辑稿 / 原瑞琴著. — 郑州 : 郑州大学出版社, 2021. 4 (2024.6 重印)

ISBN 978-7-5645-7755-1

I. ①大… II. ①原… III. ①会典 - 研究 - 中国 - 明代 IV. ①D691.5

中国版本图书馆 CIP 数据核字(2021)第 041661 号

《大明会典》整理研究辑稿

DAMING HUIDIAN ZHENGLI YANJIU JIGAO

策划编辑	王卫疆	封面设计	苏永生
责任编辑	魏　彬	版式设计	凌　青
责任校对	胡佩佩	责任监制	李瑞卿
出版发行	郑州大学出版社	地　　址	郑州市大学路 40 号(450052)
出 版 人	孙保营	网　　址	http://www.zzup.cn
经　　销	全国新华书店	发行电话	0371-66966070
印　　刷	廊坊市印艺阁数字科技有限公司		
开　　本	787 mm×1 092 mm　1 / 16		
印　　张	14.5	字　　数	337 千字
版　　次	2021 年 4 月第 1 版	印　　次	2024 年 6 月第 2 次印刷
书　　号	ISBN 978-7-5645-7755-1	定　　价	78.00 元

自序

在中国历史上，封建社会的中央集权政治体制，一直随着历史的推移不断强化。随着明皇朝的建立，这种专制体制更获得了空前的发展，君主专制被进一步推向新的高度。明代是中国封建君主专制政治发展的高峰时期，也是中国封建社会的衰老时期[①]。从明代中期开始，社会危机在逐步加深。主要表现为宦官专权，内阁纷争，北方蒙古人和东北女真人的不断侵扰，土地兼并问题严重，流民日益增多，农民起义的次数和规模都超过了明初，国库空虚，财政危机不断加深，以致明朝处于严重的内忧外患之中。这一政治特点，对于明代社会发展，包括史学的发展，产生了深远的影响。

《大明会典》是一部明代官修的专述有明一代典章制度的典制体史书，它对于明史研究，尤其是明代社会史、制度史的研究，有着不可取代的学术价值与理论意义，并且对现实社会亦具有积极的借鉴意义。《大明会典》中，保留着丰富的关于国家管理的历史资料，载有明代很多管理社会政治经济行之有效的措施，是前人留给我们的一份不可多得的珍贵遗产。同时，《大明会典》在编纂学发展史上，以其典制体史书性质居于独特的学术地位，对明以后史书的编纂乃至当今体裁的发展都产生了巨大的影响。通过研究《大明会典》，可以帮助现代人了解明代社会生活的各个层面，增加对历史的细节了解，加强感性认识，进而通过对《大明会典》进行专题研究，揭示明代史学现象背后社会政治和社会思潮的深层次原因，并由此洞察史学、学术与社会政治等的互动关系，深化人们对明代社会、明代社会思潮以及明代史学社会功能的认识。

《大明会典》自问世以来一直受到明史研究者的高度重视，围绕《大明会典》的研究，诸多学术前贤做了不少的工作并取得了相当的成果，相关研究也很活跃。但目前对《大明会典》的研究，无论是在广度上还是在深度上都还很不够，需要探究的领域还十分广阔，特别是有关《大明会典》的整理研究，迄今尚属空白。作者从 2005 年着手对《大明会典》开展研究，先后发表了多篇论文，并撰写了《〈大明会典〉研究》一书，有关成果主要探讨了《大明会典》纂修的社会学术背景，弘治、嘉靖、万历三次纂修《大明会典》的经过、其版本流布，探讨其写作体例与行文风格，明确其对前世史籍体例的继承和发展关系，考察其中所记有关明代行政体制、社会经济制度、科举制度与学校教育、军事制度、监察制度

① 白寿彝主编《中国通史纲要》，上海人民出版社，1980，第 294 页。

等内容，透过《大明会典》所载制度条文，对其目次变化形成规律性的认识，挖掘其思想内涵等。

目前作者有关《大明会典》的整理研究，着重从两个方面展开。一方面是对万历《大明会典》内容的标点校订工作，即以哈佛大学图书馆藏明内府刻本万历《大明会典》二百二十八卷为底本，以《四库全书》本、《续修四库全书》本、《万有文库》本、中华书局本、广陵书社本、新文丰本、文海本、东南本、台北商务印书馆本、汲古书院本为校本，并辅以上述《诸司职掌》等十二种法规和百司之法律籍册，再参考《问刑条例》《明实录》、野史笔记、碑铭等文献，对万历《大明会典》内容进行标点校订，并根据需要在万历《大明会典》书后增加1个凡例，在必要作校勘的各卷后增加校勘记。另一方面是通过《大明会典》对明代社会进行深入研究，同时还加强了对《大明会典》编纂者群体研究，把个案研究与群体研究相结合，通过对有代表性的编纂者的研究挖掘《大明会典》编纂者群体所处的时代特点，探讨编纂者对《大明会典》成书过程的作用与影响，等等。

本书是作者十几年来对《大明会典》相关问题的研究所得。全书辑为上中下三编。

上编所收六篇文章，是关于《大明会典》及其编纂方面的研究成果。其中《弘治〈大明会典〉纂修考述》一文参考诸多文献，缀辑遗文，较为详细地考察弘治《大明会典》的纂修经过，对其缕述和考订，认为弘治《大明会典》的纂修是《大明会典》纂修的最初阶段，其动议于英宗复辟之时；弘治十年（1497）三月，孝宗下诏敕谕内阁，徐溥、刘健等始领衔纂修；弘治十五年（1502）十二月，《大明会典》成，但未刊刻；正德四年（1509）十二月由李东阳等校补完毕，司礼监刊刻，正德六年（1511）四月刊行；考订指出，正德本《大明会典》实际上是武宗对弘治《大明会典》的校正、删补和刊行，并非重修。

《万历〈大明会典〉纂修成书考析》梳理阐述了万历《大明会典》所经历的漫长而复杂的纂修过程，具体指出万历《大明会典》编纂始于万历四年（1576）；张居正、汪镗等任重修正、副总裁；纂修过程中，总裁、副总裁不断更改，补充修纂官员，加强修纂力量以及神宗随时赏赐及任命纂修人员；万历十五年（1587），申时行等进重修《大明会典》已至书成。

《大明会典》有庞大的编纂者群体，以万历《大明会典》的编纂而言，仅曾担任过总裁的人数就多达7人、副总裁多达13人，纂修人员达到了55人之多。另外还有催纂官2人，收掌官4人，誊录1人，校正5人和馆办事人员34人，总计超过了100人。对《大明会典》编纂者群体的研究主要集中于对《大明会典》编纂过程起重要作用的编纂者。比如：申时行、张居正、张四维、李东阳、余继登、冯琦、于慎行、严嵩、杨一清、陈玉陛、霍韬等与其他纂修官一起为《大明会典》的成书做出了积极的贡献。作者通过对有代表性的编纂者的研究挖掘《大明会典》编纂者群体所处的时代特点，探讨编纂者对《大明会典》成书过程的作用与影响等。《张居正与万历〈大明会典〉纂修》即是有关张居正在万历《大明会典》纂修方面的研究成果。该文的主要观点是作为政治上考成法和经济上一条鞭法等改革措施的推进者，张居正在政治、经济和军事上取得辉煌成就的同时，在史学领域也掀起了一场革新，并将其改革措施延伸到主持修纂《大明会典》等史书之中，研究指出，张居正的历史贡献主要在于奏请重修《大明会典》并充纂修总裁，制定纂修计划，抽调谙熟本朝典制、擅长史事之人参与编纂，主张事必专任、功必立程，加强纂修官的管理与考核，完善史馆制度；重视以往纂修中的问题，维护《大明会典》的权威，推动纂修体例的发展和完善，使之语言表述更加系统化，标目更加准确，结构更加完备，删润之功更加显著，等等。

对于当今所存弘治、万历《大明会典》版本的存佚及卷册数，明清以来的史籍有着不同的记载，且现在藏书机构的收藏情况亦各异。《〈大明会典〉版本考述》一文就目前闻见所及，对《大明会典》的版本及所藏作一梳理。该文指出，国家图书馆馆藏《大明会典》善本及缩微制品中，有三种弘治本和五种万历本，其古籍部藏有六部不同的普通古籍本，其他版本还包括：《四库全书》影印本和《续修四库全书》影印本、《万有文库》本、中华书局本、广陵书社本、台湾地区的四个版本以及日本汲古书院本等。

关于《大明会典》是一部什么性质的书，学术界多有争论。《〈大明会典〉性质考论》一文，在对有关观点分别进行理论梳理和辨析的基础上，针对《大明会典》的性质问题进行了具体分析和阐述。研究认为，《大明会典》的内容不囿于当朝现行的诸司职掌，系统地囊括了明朝全部刑事立法的内容，因革损益，为当时及后世提供遵循典制之依据，具有典制史之特点；其以六部为纲，汇集了有明一代的典章制度，是一个有内在联系的有机整体，具备典制体史书之性质。

《〈大明会典〉的社会影响》一文就《大明会典》的社会影响问题进行了深入探讨，充分肯定了《大明会典》的价值，认为《大明会典》是一部明代官修的专述有明一代典章制度的典制体史书，为明统治者施政之纲目，对于明代政权的有序运行发挥了重要作用；对后金、清代社会的影响主要表现为天聪年间对《大明会典》的直接援用及《大明会典》为清代会典的纂修提供了重要借鉴；《大明会典》保留着丰富的国家管理的历史资料，可深化现代人们对明代社会的认识，所记载的明代很多行之有效的管理经验，对于现代国家与社会的管理具有重要的借鉴意义。

中编所收四篇文章，是通过《大明会典》对明代社会进行研究的部分成果。作为官修的典制体史书，《大明会典》中有关明代统治者在皇权传承问题上矛盾和斗争成果的记载，蕴涵着丰富的思想内容，它以典制的形式反映了明代统治者对政权合法性的思想倾向和变化过程。《〈大明会典〉关于明政权合法性辩说之考析》一文在前人研究的基础上，从论述明政权合法性方面对《大明会典》进行了深入研究，从对皇朝"天命"的辩说、成祖王位合法性的辩说、"土木之变"前后王位合法性的辩说、"大礼议之争"中皇位合法性的辩说等方面进行了探讨。

另外，明代统治者为维护其封建统治秩序，吸取了以前历代王朝兴衰的经验教训，制定、实行了系统的监察制度，且通过有关法规制度的调整、改革和完善，逐渐建构了在机构设置、人员选配、运转协调诸方面系统而缜密的监察体系。作为一部明代官修的专述明代典章制度的典制体史书，《大明会典》反映了明代皇权之下各部职能的结构和诸司职掌的基本情况与历史变化，对明代监察体系及其构建有较为详实的记载。《从万历〈大明会典〉看明代监察体系的构建》一文，在已有研究的基础上就万历《大明会典》中的有关记载作一梳理和分析。

还有，土司制度起源于元代，在明代达到完备，此制度是中央王朝针对少数民族地区的特殊形势而采用的统治方式，对少数民族地区的发展也起到了一定的促进作用。关于土司的设置、土司的承袭、对于土司犯科的惩罚措施等，《大明会典》中都有记载。另外，明政府对于土司地区的子弟文化教育在《大明会典》中也有详细的规定。为此，《从〈大明会典〉看明代云南土司制度之嬗变》一文从《大明会典》的记载中对云南土司制度发展与嬗变展开了研究。

《大明会典》对养老问题多有涉及，特别是在其专设的“致仕”“养老”和“侍养”等目中，更是从物质供给及生活侍养等方面详细记载了明代养老的具体规定，集中反映了明代统治者的养老思想。《从万历〈大明会典〉看明代养老之政》一文通过分析万历《大明会典》的有关记述，对明代养老政策进行了梳理和分析。指出《大明会典》在养老方面的有关记述表明，明代养老政策主要包括强调尊高年、养国老，其惠及范围由平民扩大到致仕官员，恤孤老与问高年的分离，从注重官养到多途径养老等。作者认为，明代养老政策虽然有其历史和阶级的局限性，但其在一定程度上对于稳定明代社会政局和传承中华民族养老、敬老的美好品德，具有重要借鉴意义。

下编内容是有关《大明会典》具体整理研究的代表成果，万历《大明会典》有关律例篇章部分即卷一百六十至卷一百七十二的标点。作者对《大明会典》的整理研究着重在于对万历《大明会典》进行点校。主要是以哈佛大学图书馆明内府刻本万历《大明会典》为底本，根据现行新的标点符号用法，并结合古籍整理标点的通例，对全书进行统一规范的断句标点，异体字改为通行字，不另加说明。在版式方面，把原书竖排改为横排；把原书夹注由双行小字改为单行小字，并加以括号，以示与正文有别。同时，在必要处作校勘。对底本中讹误、阙文，参考其他版本和《大明会典》纂辑时所用材料《诸司职掌》《皇朝祖训》《大诰》《大明令》《大明集礼》《洪武礼制》《礼仪定式》《稽古定制》《孝慈录》《教民榜文》《大明律》《军法定律》《宪纲》及《明实录》等，分情况处理。系某字之误脱、误书、误衍者，径作改动且出注进行说明；对认为有讹误而又难以确定为何字之误书、误脱、误衍者，或因文义不通而疑为讹误者，则以存史为旨，不改原文，仅在注中加以说明等。系讳刻或省刻阙文，确定无疑者，直接补入正文；个别字迹不清，无可质证者，校注时尽量据参校本或文意予以疏通，并在校勘记中注明钞补依据，等等。对万历《大明会典》进行点校的有关成果将单独成书，由于篇幅和结构所限，本书只载其中有关万历《大明会典》有关律例部分的标点的内容。

《大明会典》作为明代重要的专述本朝典章制度的典制体史书，一方面，目前学界征引者甚多，而尚无任何点校整理版本，亟需对该书加以整理研究；另一方面，对《大明会典》的整理研究是一个系统工程，可谓任重而道远。对此，作者责无旁贷，将在已有研究成果的基础上，继续开拓，奋力前行，争取在《大明会典》的整理研究方面做出新贡献。

是为序。

作　者

2020 年 10 月 15 日

撰于河南师范大学

目录

上编

《大明会典》及其编纂

弘治《大明会典》纂修考述

《大明会典》[①]在近一二十年中的中国史学史、文献学、史料学、中国法制史、文化史等方面的著作中，多有涉及，但都十分简略[②]，说法也不统一。或说"明修会典前后四次"[③]；或说"明朝在其存续的近三百年间，一共有过三本会典，即正德本、嘉靖本和万历本"[④]；或说《大明会典》一书"在英宗复辟之时即开始酝酿，此后有三次纂修"[⑤]；还有学者说："《大明会典》从明英宗正统年间开始编纂，至孝宗弘治十五年(1502)成书，共180卷。但未及颁行天下，明孝宗就去世了。此后，武宗、世宗、神宗三朝均重加校订增补，编有《正德会典》《嘉靖续纂会典》和《万历会典》。"[⑥]甚至有学者错误地认为："《明会典》最初编于英宗正统年间。"[⑦]或"自明英宗时起开始编纂具有行政法规大全性质的《会典》，至孝宗弘治十五年(1502)《大明会典》初步编成"[⑧]等。笔者认为搞清《大明会典》，尤其是弘治《大明会典》的纂修经过，有助于更深入地认识和运用《大明会典》，故笔者参考诸多文献，缀辑遗文，较为详细地考察弘治《大明会典》的纂修经过，对其作缕述和考订。

---

① 《大明会典》简称《明会典》或《会典》。

② 参见瞿林东：《中国史学史纲》，北京出版社，1999，第598～600页；向燕南、张越、罗炳良：《中国史学史》第5卷，上海人民出版社，2006，第66～69页。谢保成主编《中国史学史》，商务印书馆，2006，第638～640页；宋衍申主编《中国史学史纲要》，东北师范大学出版社，1992，第227页；刘节：《中国史学史稿》，中州书画社，1982，第286页；施丁：《中国史学简史》，中州古籍出版社，1987，第154页；尹达主编《中国史学发展史》，中州古籍出版社，1985，第197页；张舜徽主编《中国史学名著题解》，中国青年出版社，1984，第244～245页；傅作璋、傅正：《明清史学史》，安徽大学出版社，2003，第33～34页；陈梧桐主编《中国文化通史·明代卷》，中共中央党校出版社，2000，第369～370页；刘青松主编《中国古典文献学概要》，湖南大学出版社，2002，第148页；张志哲主编《中国史籍概论》，江苏古籍出版社，1988，第461～462页；薛梅卿、叶峰：《中国法制史稿》，高等教育出版社，1990，第278～279页；林明主编《中国法制史》，上海人民出版社，2003，第221～222页等。

③ 永瑢、纪昀、陆锡熊等：《四库全书总目》卷八十一《明会典》提要。

④ 张晋藩、怀效锋：《中国法制通史》，第七卷《明》，法律出版社，1999，第43页。

⑤ 瞿林东：《中国史学史纲》，北京出版社，1999，第598页。

⑥ 林明：《中国法制史》，上海人民出版社，2003，第221页。

⑦ 郭成伟：《中国法制史》，中国法制出版社，1999，第309页。

⑧ 曾宪义：《新编中国法制史》，山东人民出版社，1987，第301页。

一、酝酿阶段

《大明会典》的修纂，动议于英宗复辟之时。《明英宗实录》卷二百八十八载：

天顺二年闰二月丁丑，吏部尚书兼翰林院学士李贤等言："洪惟祖宗创业垂统，立经定制，为万世法，则久而后备。臣等伏读《诸司职掌》，系洪武年间所修，彼时制度尚未有定，以后渐加增损，与前或异，若不重新编纂刊正，难于考据遵行。乞令各衙门查照洪武、永乐以来更定在京衙门并官员职名等项，逐一备细明白，开报本院。委官数员，仍照旧式类编为书，完备进呈。官为刻印，颁与各衙门遵守施行，是亦皇上继志述事之一端。"上是其言，即命各衙门查报。①

明武宗《御制明会典序》亦云：

我太祖高皇帝稽古创制，分任六卿，著为《诸司职掌》，提挈纲领，布列条贯，诚可为亿万年之大法也。顾其为书，作于洪武之中岁，晚年续定者，虽官署名职，间有更易，列圣相承，随时与事，因革损益，代各不同，而皆不失乎皇祖之意。是以政化旁行，重熙累洽，有前代所不及。然岁月既积，簿籍愈繁，分曹列署，或不能遍观尽识，下至遐方僻壤、闾阎草野之民，盖有由之而不知者。迨我英宗睿皇帝复辟之时，尝命内阁儒臣纂辑条格，以续《职掌》之后，未底于成。②

从上述记载可以看出，《诸司职掌》是洪武年间太祖高皇帝稽古创制时敕修，成书于洪武二十六年(1393)③，供中央政府各机构使用。它的编纂毕竟是在制度运行的初期，相对来说内容不甚完备，仅有十卷。以后一段时间，政治制度又不断有一些调整和发展。据明人所记，国初事简，有《诸司职掌》为典章制度之依据。到英宗天顺年间，已经历了六十多年，"衙门名目、制度改革、官员品秩、事体更易又多与国初不同，亦多该载未尽者"④。正如正德皇帝所说，"代各不同，官署名职，间有更易"，鉴于"岁月既积，簿籍愈繁，分曹列署"，亦即经过漫长岁月，《诸司职掌》的相关规定已经不起作用，如"兵部之整点军士飞报声息"旧属"司马部"，当时已属"职方清吏司"等。还有该载而没有完全记载的，如对"兵部之将官将军勇士"的记载。《诸司职掌》已不能作为万民遵守的行政法则，所以英宗皇帝"命词臣纂修条格，以续《职掌》之后"⑤，想要臣下编纂出取而代之的新的条格，即

① 《明英宗实录》卷二百八十八"天顺二年闰二月丁丑"条。
② 朱厚照：《御制明会典序》，载万历《明会典》，中华书局，1989，卷首。
③ 《明太祖实录》卷二百二十六"洪武二十六年三月庚午"条。
④ 陆容：《菽园杂记》卷十一，中华书局，1985。
⑤ 沈德符：《万历野获编》卷一《重修会典》，中华书局，1959。

欲将《诸司职掌》"删订增广成书,使一代之制灿然明白,垂之万世而足可征"①的完典。可是,"未及成帙"②,英宗就去世了,续编《诸司职掌》的工作也因此而停了下来。英宗开始构想的条格恐怕可以说是《大明会典》的原型吧。

随着时代的变迁,《诸司职掌》中的一些规定,亦较英宗时显得过时了,大量的新的典制需要增补。宪宗在位期间,朝臣要求续编《诸司职掌》的呼声更高了。成化六年(1470)春正月,翰林院署院事侍读尹直等奏:

> 典章制度必大备于文明之朝,著述纂修当不废于承平之世。验之今日,实维其时。……仰惟圣德神功已,各详登于秘史,其仪文法制未尝汇载以成书。虽有《诸司职掌》一书,然遗漏尚多,更革不一,或事同而例异,或名有而实无,百年于兹未有定制。欲示治平之永,则合梓典章之大成。……乞分为两局,一本《诸司职掌》而删润,以为《大明通典》一书;一遵朱熹《凡例》而为《纲目续编》一书,用以资益治道,黼黻太平,传示永远,事下礼部覆奏,直等所言礼制、重典宜移文内阁大臣,详酌裁处从之。③

此奏文很清楚地道出了《诸司职掌》"遗漏尚多,更革不一","百年于兹未有定制",已不能成为治国平天下的法则了,亟待在《诸司职掌》的基础上编纂一部汇载仪文法制的典籍。尹直甚至把书名都想好了,经删润过的《诸司职掌》称为《大明通典》,与后来修纂的《大明会典》只一字之差。

到成化十年(1474)六月,兵科给事中祝澜又上疏请求说:

> 祖宗酌古准今制《大诰》定律令及《诸司职掌》《洪武礼制》等书颁布中外,俾臣民遵守,然民生日繁,庶事百出,制书有未备载者,或朝廷有所施行,臣下有所建请,遂因之以为条例,故事同而援引,或异罪一,而议拟各殊官司得以任情迁,就吏胥得以高下其手。如文武官品级同,而其父母妻葬祭殊例,诉冤之人同,而给引与递送殊科,乞敕在京文武大臣,备查内外新旧条例,务归至当,以类相从,编集奏闻,取旨裁决,定为见行条例,刊板印行,则天下皆可遵守,而无惑矣。④

宪宗皇帝对这两次奏请,均表示同意,后来不知何故,未能实行。明孝宗即位时,因《诸司职掌》所载冠礼只有亲王,而东宫者不载;婚礼只有亲王、公主,而东宫者不详。及建立东宫册封亲王、幸太学、耕耤、田土、徽号等礼又都没有。弘治五年(1492)五月,鸿胪寺右少卿李鐩应诏,言十二事一定礼制,"乞敕礼部取近年行过仪注,并廷试进士,面谕大

---

① 陆容:《菽园杂记》卷十一,中华书局,1985。

② 沈德符:《万历野获编》卷一《重修会典》,中华书局,1959。

③ 《明宪宗实录》卷七十五"成化六年春正月丙午"条。

④ 《明宪宗实录》卷一百二十九"成化十年六月壬戌"条。

臣。天下诸司朝觐，诸未备礼仪，逐一议处得宜，或续于《职掌》之后或别为一书与《职掌》并行”①。由此可知，《大明会典》在英宗复辟之时即开始酝酿，此后有三次纂修。

二、纂修阶段

弘治《大明会典》是明代最初编纂的一部会典。弘治十年（1497）三月初六日，孝宗敕谕少傅兼太子太傅吏部尚书、谨身殿大学士徐溥，太子太保礼部尚书兼武英殿大学士刘健，礼部右侍郎兼翰林院侍读学士李东阳，詹事府詹事兼翰林院侍讲学士谢迁说：

> 朕嗣承丕绪，以君万邦，远稽古典，近守祖宗成法。夙夜祗惧，罔敢违越。惟我太祖高皇帝，创业定制，所以为子孙计者至矣。御制诸书连篇累帙，宏纲众目，极大而精，随制随改，靡有宁岁，后所施行，未尽更定。迨我太宗文皇帝，继正大统，益弘远图，列圣相承。至于皇考，皆因时制宜，或损或益，盖有不得不然者，期不失乎圣祖之意而已。顾其条贯，散见于简册卷牍之间，凡百有司艰于考据，下至闾里，或未悉知。皇祖英宗睿皇帝，尝有志纂述，事弗克竟，以遗朕躬，是不可缓。兹欲仰遵圣制，遍稽国史，以本朝官职制度为纲，事物名数仪文等级为目。一以祖宗旧制为主，而凡损益同异，据事系年，汇列于后，萃而为书，以成一代之典。俾天下臣民，咸得披诵。庶几会极归极，底于泰和。尔等其各殚心力，详录而谨书之。务使文质适中，事理兼备，行诸今而无弊，传诸后而可征，以称朕法祖图治之意。其钦承之，故谕。②

朝廷遂任命徐溥、刘健、李东阳、谢迁等为总裁，太常寺卿兼翰林院侍讲学士程敏政③、翰林院侍读学士兼左春坊左谕德王鏊、翰林院侍讲学士杨守址充任副总裁④纂修“一代之典”。徐溥等奉敕纂修书籍，他认为“必须断自宸衷，赐以名目，使中外有司晓然知，圣意所在纂修者有所依据，承行者易于遵奉”，在徐溥等的请赐下，孝宗当日就亲自为书命名为《大明会典》，⑤拉开了修纂《大明会典》的序幕。

此后，纂修工作在不断地进行着。孝宗皇帝对这次修典工作十分重视，对所修之书，不仅下诏敕谕内阁，修书前为此书命名，对修纂人员加强管理，并礼待他们，《明孝宗实录》中即有记载。如弘治十年（1497）五月庚戌，大学士徐溥引年乞致仕。孝宗说：“卿德望老成，辅导年久，正宜委任，岂可引年求退所辞，不允。遇风雨大寒暑免朝参。”⑥为进一步加强修纂《大明会典》的力量，八月壬申，孝宗又命太常寺少卿兼翰林院侍读学士李杰、

① 《明孝宗实录》卷六十三“弘治五年五月乙未”条。
② 《皇帝敕谕内阁》，载万历《明会典》，中华书局，1989，卷首。
③ 《明孝宗实录》卷一百二十三“弘治十年三月戊申”条，将“程敏政”误写为“程敏改”。
④ 《明孝宗实录》卷一百二十三“弘治十年三月戊申”条。
⑤ 《明孝宗实录》卷一百二十三“弘治十年三月戊申”条。
⑥ 《明孝宗实录》卷一百二十五“弘治十年五月庚戌”条。

太常寺少卿兼翰林院侍讲学士焦芳充任纂修《大明会典》副总裁。[①] 到弘治九年(1496)《明宪宗实录》编纂成后,朝廷又升司经局洗马杨杰充当东宫讲读官,同修《大明会典》。[②] 这次修纂《大明会典》,除了动员在京的翰林院、春坊、国子监官员外,还征召和起复了外地官员及养病在外的官员入京修纂。据《明孝宗实录》卷一百五十四载:"弘治十二年九月戊寅,命詹事府掌府事礼部左侍郎兼翰林院学士傅瀚,及南京翰林院侍讲学士张元祯充纂修《大明会典》副总裁官。时元祯养病家居,命吏部行取供职。"[③]太常寺卿兼翰林院侍讲学士程敏政八年丁母忧,以纂修《大明会典》召为副总裁,服阕赴京供职。[④] 征召和起复外地官员入京修纂,是继修《明英宗实录》时采取的方法。[⑤]

在修纂弘治《大明会典》的过程中,还起用了一些誊录译字的官员。据《明孝宗实录》卷一百五十五载:弘治十二年(1499)十月壬辰,"授纂修《会典》誊录监生乔宗、李淇、王珙为中书舍人,译字官黄元等为鸿胪寺序班内阁制敕诰敕房书办,从大学士刘健等请也"[⑥]。译字,即今天的外文翻译,其在纂修《大明会典》中被任用,足见《大明会典》还涉及了诸番国及四夷之典制。一百八十卷的《大明会典》中有六卷都有关于诸番国及四夷土官人朝贡或朝廷给赐诸番四夷土官人的内容。安排一些译字官员入会典馆是非常必要的。

另外,《明孝宗实录》卷一百九十七和卷二百一十四记载亦可以佐证参加《大明会典》的编纂人员。如卷一百九十七载:

> 以《大明会典》成,升纂修官翰林院学士梁储、王华俱为詹事府少詹事仍兼学士,侍读学士刘机、江澜,侍讲学士武卫、张芮俱为学士,左春坊左中允杨廷和为春坊大学士兼侍读学士,左谕德刘春、杨时畅,侍读白钺俱为侍讲学士,右中允靳贵为左谕德兼侍讲,修撰毛澄为右谕德兼,修撰朱希周、毛继,编修顾清为侍读,编修兼校书傅圭为左中允兼,编修陈澜为修撰,典籍夏赉为检讨,潘辰为五经博士,催纂官、太仆寺少卿李通升俸一级,大理寺左寺正胡清为礼部郎中,誊录官员外郎中兼正字周文通为顺天府府丞,郎中兼正字刘棨为尚宝司卿,仍加从四品俸并散官兼职如故,郎中岑业为东布政司参议,陆华为右参议员,外郎蒋恭、徐鹗、沉冬魁俱为吏部郎中,右评事刘安、刘学,右寺副中书舍人李瑝为右评事,左寺副黄林,中书舍人何泽、赵式、乔宗、李淇、王珙、方英、邓相序班,汪麟、庄临、陈厚供升俸一级,通以下各供职如故,翰林院秀才张天保为鸿胪寺序班诰敕房供事。[⑦]

---

① 《明孝宗实录》卷一百二十八"弘治十年八月壬申"条。
② 《明孝宗实录》卷一百五十一"弘治十二年六月庚戌"条。
③ 《明孝宗实录》卷一百五十四"弘治十二年九月戊寅"条。
④ 《明孝宗实录》卷一百二十八"弘治十年八月己卯"条。
⑤ 谢贵安:《〈明实录〉研究》,湖北人民出版社,2003,第141页。
⑥ 《明孝宗实录》卷一百五十五"弘治十二年十月壬辰"条。
⑦ 《明孝宗实录》卷一百九十七"弘治十六年三月辛未"条。

从上述记载中知：翰林院学士梁储、王华，侍读学士刘机、江澜，侍讲学士武卫、张芮，左春坊左中允杨廷和，左谕德刘春、杨时畅，侍读白钺，右中允靳贵，修撰毛澄、朱希周、毛继，编修顾清、陈澜，编修兼校书傅圭，典籍夏赉，检讨潘辰等为纂修官；太仆寺少卿李通，大理寺左寺正胡清为催纂官；员外郎中兼正字周文通，郎中兼正字刘棨，郎中岑业、陆华，外郎蒋恭、徐鹗、沉冬魁，右评事刘安、刘学，右寺副中书舍人李理，左寺副黄林，中书舍人何泽、赵式、乔宗、李淇、王珙、方英、邓相、汪麟、庄临、陈厚，翰林院秀才张天保等为誊录官一同参加了编纂。

又如《明孝宗实录》卷二百一十四载："詹事府事、礼部尚书兼翰林学士吴宽荐入典诰敕修《大明会典》充副总裁。"①从这条记载中又可知，翰林院学士吴宽也是纂修《大明会典》副总裁官。显见《大明会典》的纂修班子是庞大的，记载也是详细的。

《明孝宗实录》卷一百九十四记载：弘治十五年(1502)十二月己酉，"纂修《大明会典》成。翰林院进呈。上御奉天殿受之。文武百官各朝服侍班行礼毕。赐总裁等官少傅兼太子太傅户部尚书谨身殿太学士刘健等宴于礼部。命英国公张懋及六部尚书、都察院左都御史侍宴"②。由"英国公张懋及六部尚书、都察院左都御史"等作陪。可见，庆典仪式是非常隆重的。

从皇帝敕谕修纂到修成进呈，经过了5年多的时间，终于完成了《大明会典》。据《明孝宗实录》卷一百九十四"弘治十五年十二月己酉"条知，第二天，弘治皇帝还亲自为此书作序。序文如下：

> 朕惟自古帝王君临天下，必有一代之典，以成四海之治。虽其间损益沿革，未免或异，要之不越乎一天理之所寓也……朕祗承天序，即位以来，早夜孜孜，欲仰绍先烈，而累朝典制，散见叠出，未会于一。乃敕儒臣发中秘所藏《诸司职掌》等诸书，参以有司之籍册，凡事关礼度者，悉分馆编辑之。百司庶府，以序而列。官各领其属，而事皆归于职，名曰《大明会典》。辑成来进，总一百八十卷。朕间阅之，提纲挈领，分条析目，如日月之丽天，而群星随布。我圣祖神宗百有余年之典制，斟酌古今，足法万世者，会萃无遗矣。特命工锓梓，以颁示中外。俾自是而世守之，不迁于异说，不急于功利。由朝廷以及天下，诸凡举措，无巨细精粗，咸当乎理而得其宜。积之既深，持之既久。则我国家博厚高明之业，雍熙泰和之治，可以并唐虞轶三代而垂之无穷，必将有赖于是焉。遂书以为序。③

此序道出了：《大明会典》共一百八十卷，弘治皇帝命令刊刻《大明会典》，"颁示中外"。但是，弘治《大明会典》最终并没有刊刻。有关这一点，武宗在正德四年(1509)十

① 据《明孝宗实录》卷二百一十四"弘治十七年七月戊戌"条知：吴宽，原任左庶子兼侍读，《宪宗实录》成，升为少詹事兼侍讲学士，寻升吏部右侍郎，丁继母忧，吏部员再缺，朝廷命虚位待之服阕补任，未几转左用荐入典诰敕修《大明会典》充副总裁，书成，进礼部尚书兼学士仍典诰敕修《通鉴纂要》。

② 《明孝宗实录》卷一百九十四"弘治十五年十二月己酉"条。

③ 朱祐樘：《御制明会典序》，载万历《明会典》，中华书局，1989，卷首。

二月十九日的《御制大明会典序》中称:"皇考孝宗敬皇帝,继志述事。命官开局,纂辑成编,厘为百八十卷。其义一以《职掌》为主。类以颁降群书。附以历年事例。使官领其事,事归于职,以备一代之制。仍会府部院寺大小诸司,面相质订。登进于廷。将欲布之天下。未几而龙驭上宾矣。"[①]弘治皇帝虽然准备刊刻《大明会典》,颁行天下,但不久就因死亡没能实现。不过,就弘治《大明会典》完成于弘治十五年(1502)十二月,而弘治皇帝却死于弘治十八年(1506)五月来看,也不能完全说是由于时间不足。正德皇帝在《御制大明会典序》中说:"朕嗣位之四年,为正德己巳。检阅前帙,不能无鲁鱼亥豕之误。"也就是说正德皇帝看到弘治《大明会典》的稿本,发现了其中文字抄写之误。这一点是不是弘治《大明会典》刊刻推迟、最终未能刊行的原因呢?由于弘治《大明会典》的稿本并未留存至今,我们只能通过正德《大明会典》来推测弘治《大明会典》的全貌了。

三、重校刊刻阶段

我们现在看到的、人们通常称之为正德本《大明会典》,并非正德时重修。这一点在《明武宗实录》中没有明确的记载,但在《明世宗实录》则有清楚的记载。如:卷一百"嘉靖八年四月戊辰"条记"我皇伯考孝宗皇帝,命儒臣纂修《大明会典》一书。……我皇兄武宗皇帝又命儒臣再加参校、重进,然后刊印颁行";[②]卷八十一"嘉靖六年十月己酉"条记"正德间,又尝略为校正";[③]卷八十六"嘉靖七年三月己卯"条记"武宗皇帝即位之初,又命儒臣参校颁行"。[④] 这些记载都可说明正德本《大明会典》是对弘治《大明会典》的校正刊行。另外,正德《御制大明会典序》也称:"朕嗣位之四年,为正德己巳,检阅前帙,不能无鲁鱼亥豕之误,复命内阁重加参校,补正遗阙,又数月而成。"[⑤]此序写于正德四年(1509)十二月二十九日。又据明人沈德符所记"至弘治十年丁巳始创立,此书成于弘治十五年,赐名《大明会典》。进呈之日,上御奉天殿受之,宴总裁刘健等于礼部,命英国公张辅侍宴,典极隆重,即日孝宗御制序序之,但未及刊行。至正德四年,删润而登之板"[⑥]。沈德符所指"正德四年,删润而登之板",也许就是将弘治《大明会典》进行删削和润色,而后刊印成书。今人李晋华在《明代敕书考》中为正德《大明会典》作解题时也指出:"正德四年十二月,武宗命大学士杨廷和、焦芳等重加参校,补正遗缺。六年四月命司礼监刊赐群臣,颁行天下。"[⑦]李先生所说"正德四年十二月,武宗命大学士杨廷和、焦芳等重加参校,补正遗缺",并非十分准确,因为正德皇帝在《御制大明会典序》中说得很清楚,正德皇帝下令"内阁重加参校,补正遗阙,又数月而成"。由此可知:正德四年(1509)十二月并不

---

① 朱厚照:《御制明会典序》,载万历《明会典》,中华书局,1989,卷首。

② 《明世宗实录》卷一百"嘉靖八年四月戊辰"条。

③ 《明世宗实录》卷八十一"嘉靖六年十月己酉"条。

④ 《明世宗实录》卷八十六"嘉靖七年三月己卯"条。

⑤ 朱厚照:《御制明会典序》,载万历《明会典》卷首。

⑥ 沈德符:《万历野获编》卷一《重修会典》。

⑦ 李晋华:《明代敕撰书考》,燕京大学图书馆,1932,第52页。

是《大明会典》开始重校的时间,下令重校《大明会典》在其完成时间正德四年(1509)十二月之前的几个月。

那么,正德皇帝什么时间下令重校《大明会典》的?有关这一点,《明武宗实录》也没有明确的记载。商传先生在其《〈明会典〉及其史料价值》文中通过对正德《御制大明会典序》进行分析得出"此次刊行,对弘治原书有所校补,且时经数月。正德校刊会典,始于四年五月"①。究竟什么时间正德皇帝下令重校,据现有的资料还不能有一明确的答案,只能推断出正德皇帝下令重校《大明会典》是在其完成时间正德四年(1509)十二月之前的几个月,大概在正德四年(1509)夏天或秋天。但是,有一点是清楚的,即正德四年(1509)十二月二十九日弘治《大明会典》已校补完毕,正德皇帝为此作序是没有任何异议的了。所以从正德皇帝下令重校到完成不过半年多的时间,180卷的巨帙,若全部重修,是很难完成的。故正德《大明会典》并非新编,或者增补,只是以弘治《大明会典》为底本,另作校正和补缺而已。

此外,据现存正德刊行的《大明会典》和万历本《大明会典》卷首所录文件亦可窥见一斑。今存正德刊行的《大明会典》的卷首有:弘治十五年十二月十一日《御制大明会典序》、正德四年十二月十九日《御制大明会典序》《奉旨校正大明会典官员职名》和一个《凡例》。今存的万历《大明会典》的卷首有:弘治十五年十二月十一日《御制明会典序》、正德四年十二月十九日《御制明会典序》、万历十五年二月十六日《御制重修明会典序》、弘治十年三月初六日《皇帝敕谕内阁》、嘉靖八年四月初六日《皇帝敕谕内阁》、万历四年六月二十一日《皇帝敕谕内阁》《弘治间凡例》《嘉靖间续修凡例》《重修凡例》《进重修大明会典表》和《奉敕重修明会典官员职名》等。从这两部《大明会典》的卷首所录的序文等文件的称谓和内容上,可以较清楚地分辨出我们通常称为正德《大明会典》的版本,实际上是弘治《大明会典》。这是因为:第一,正德皇帝的序文称《御制大明会典序》,并非称《重修大明会典序》或《御制重修大明会典序》;第二,受命参校的儒臣被称为"奉旨校正《大明会典》官员职名",而不用"纂修《大明会典》官员""续修《大明会典》官员"或"重修《大明会典》官员";第三,从《凡例》来看,现存万历《大明会典》卷首有《弘治间凡例》《嘉靖间续修凡例》和万历《重修凡例》,并没有《正德间凡例》;第四,弘治十年三月初六日《皇帝敕谕内阁》的末尾添上了一笔:

> 司礼监太监张永等传奉圣旨:《大明会典》一书乃皇考敕令纂修。朕今命儒臣,再加参校重进,以备一代制度,有益治道。司礼监便命工刊印,颁赐群臣,传行天下,以称朕继志图治之意,该衙门知道。正德六年四月初十日。②

这一条资料说明正德《大明会典》的刊刻,正如前引《御制明会典序》所言,经过几个月,完成了重校工作。《御制明会典序》接下来说:"仰惟圣祖神宗,鸿猷盛烈,不能尽述,其大而可见者,略在此书。国是所存,治化所著,皆于此乎系。比方励精新政。乙览之

① 商传:《〈明会典〉及其史料价值》,《史学史研究》,1993年第2期。

② 此节添加在万历《大明会典》卷首之弘治皇帝的《皇帝敕御内阁》后。

余，特敕司礼监命工刻梓。”[①]即在弘治《大明会典》稿本重校终了的正德四年（1509）十二月，正德皇帝命令司礼监刊刻。其结果最终在正德六年（1511）四月十日刊行。刊印的这部书一般被称为正德本《大明会典》。

另外，今存正德《大明会典》凡一百八十卷，与正德皇帝在《御制大明会典序》中所说“皇考孝宗敬皇帝继志述事，命官开局，纂辑成编，厘为百八十卷”的卷数一致。李东阳《进大明会典表》中曾提到皇上“特令臣等重订是编，当卷帙之粗，成荷奎文之载”。李东阳接着说：“他深知校阅之难，测海窥天，讵免遗忘之失。伏愿上念宗祧之重大，下知稼穑之艰难，主善为师，任贤立政，惟一心之克协，罔庶狱之攸兼，不愆不忘，率祖考宪章于有法，可久可大配乾坤，德业于无疆。谨以校《大明会典》一百八十卷，合《凡例》、目录随表上进。”[②]由此资料亦可佐证：正德《大明会典》校阅刊订，并非重修，又总裁李东阳所进《大明会典》卷目与弘治原书卷目相同，且无新的编纂《凡例》。另现存的正德《大明会典》所记事例，亦仅仅记到弘治十五年（1502），也与弘治原书同。故后人记续修《大明会典》，或有不记此修者。

综上所述，正德本《大明会典》实际上是正德皇帝对弘治《大明会典》的校正、删补和刊行，并非重加改修。因此，笔者认为通常所说的“正德《大明会典》”改称为“弘治《大明会典》”则更妥当些。

（原载《中国社会科学院研究生院学报》2009 年第 3 期，有删改）

---

① 朱厚照：《御制明会典序》，载万历《明会典》，中华书局，1989，卷首。

② 贺复征：《文章辨体汇选》卷一百三十九《表十五 · 重进〈大明会典〉表》，景印文渊阁《四库全书》本。

万历《大明会典》纂修成书考析

《大明会典》是明代重要的官修典制体史书，无论从文献学的角度，还是从史学史的角度，以及从法学的角度，它都是具有重要价值的著作。其历经了弘治、嘉靖和万历三朝先后编修、续修、重修。作为万历朝重修会典的成果，万历《大明会典》经历了一个漫长而复杂的纂修过程。

一、万历《大明会典》纂修之肇始

万历《大明会典》的编纂始于万历四年（1576）。而在此之前，嘉靖《大明会典》虽经两次续修，“已经进呈”，但“未蒙刊布”或“世宗留之禁中，不制序，不发刊”[①]。所以，万历初通行全国使用的依然是由弘治纂修、正德校正刊行的弘治《大明会典》。[②] 自弘治十五年（1502）纂修之后，“至今代更四圣，岁喻六纪，典章法度不无损益异同，其条贯散见于简册卷牍之间。凡百有司，艰于考据，诸所援附，鲜有定画。以致论议繁滋，法令数易”，造成了“吏不知所守，民不知所从”的局面[③]，《大明会典》的纂修已势在必行。

隆庆二年（1568），勋阳巡抚都御史孙应鳌曾奏请补辑嘉靖二十八年以后事例，附入《大明会典》。[④] 万历二年（1574）四月，礼部复礼科给事中林景旸复申前请补辑所缺事例入《大明会典》。[⑤] 但皆未允行。因当时嘉靖、隆庆“两朝《实录》尚未告成”，史官“披阅校正，日不暇给”，为防止“顾此失彼”“事难兼理”，重修《大明会典》一事只得推迟。到万历三年（1575）十一月，湖广道御史沈楩又奏请“将见行事例悉令诸司循年、顺月别类分门，举要刈烦，斟酌损益，汇书进呈，刊布天下，与《会典》律令诸书并传，使中外人人得以通晓，奉旨国家典章法度备载”[⑥]。《大明会典》重修已势在必行。至万历四年（1576）六月，《明穆宗实录》业已进呈，《明世宗实录》编纂将毕。十六日，大学士张居正等奏请重修

---

① 沈德符：《万历野获编》卷一《重修会典》，中华书局，1959。

② 原瑞琴：《弘治〈大明会典〉纂修考述》，《中国社会科学院研究生院学报》，2009 年第 3 期。

③ 《明神宗实录》卷二十四“万历二年四月甲寅”条。

④ 《明穆宗实录》卷二十一“隆庆二年六月庚子”条。

⑤ 《明神宗实录》卷二十四“万历二年四月甲寅”条。

⑥ 《明神宗实录》卷四十四“万历三年十一月乙未朔”条。

《大明会典》,并就筹备事宜上疏神宗,他说:

《会典》一书,于昭代之典章法度,纲目毕举。经列圣之因革损益,美善兼该,比之《周官》《唐典》,信为超轶矣。顾其书创修于弘治之壬戌,后乃阙如;续编于嘉靖之己酉,未经颁布。又近年以来,好事者喜于纷更,建议者鲜谙国体,条例纷纭,自相牴牾,耳目淆惑,莫知适从。我祖宗之良法美意几于沦失矣。今幸圣明御极,百度维新,委宜及今编辑成书,以定一代之章程,垂万世之典则……比时委因两朝《实录》未成,势难兼理。今穆宗皇帝《实录》,进呈已久,世宗皇帝《实录》,编纂已完。臣等删润,功亦将毕。催督缮写,计岁终可以进呈。所有编纂诸臣,在馆稍暇。前项钦奉明旨续修《会典》一节,相应及时举行。合候命下,查照弘治、嘉靖年间事例,择日开馆,命官纂辑。仍乞敕下礼部,照依先题事理,行催各该衙门,将见行事例,选委司属官素有文学者,分类编辑,送馆备录。其一应纂修事宜,及合用官员职名,容臣等陆续开具奏闻。谨题请旨。①

从此疏中亦可以看出,重修《大明会典》势在必行。虽然嘉靖年间《大明会典》经过续修,补充了弘治《大明会典》所缺事例,但"未经颁布",又因"近年以来,好事者喜于纷更,建议者鲜谙国体,条例纷纭,自相牴牾,耳目淆惑",使人"莫知适从"。所以,张居正希望通过重修能对《大明会典》"校订差讹,补辑缺漏",从而使《大明会典》真正成为"一代画一经常之典,昭示无极","以定一代之章程,垂万世之典则"②。到二十一日,万历皇帝下令重修。《皇帝敕谕内阁》中叙述了其间经纬。

自嘉靖己酉而来,又历二十余载。中间事体,亦复繁多。好事者喜于纷更,建议者鲜谙国体。法令数易,条例纷纭,甲乙互乖,援附靡准。我祖宗之良法美意几于沦失矣。今特命卿等查照弘治年间创修,及我皇祖敕谕重修事理,择日开馆,分局纂修。校订差讹,补辑缺漏。其近年六部等衙门见行事例,各令选委司属官,遵照体例,分类编集,审订折衷,开具送馆。卿等督率各官,悉心考究,务令诸司一体,前后相贯,用不失我祖宗立法初意,以成一代画一经常之典,昭示无极,庶副朕法祖图治至意。其总裁、副总裁及纂修等官职名,并合行事宜,陆续开具来闻。钦哉!故谕。③

从上文可知,万历皇帝下令仿照弘治《大明会典》创修和嘉靖《大明会典》重修的方式,开设《会典》馆,分局纂修。还特别提出要注意"校订差讹,补辑缺漏"。此外,有关嘉靖《大明会典》以后的各衙门的现行事例,要求选派各司属官,遵从体例分类编辑,上送《会典》馆。这与嘉靖《大明会典》的纂修并不相同。日本学者山根幸夫认为,嘉靖《大明

---

① 张居正:《张太岳集》卷四十《请重修〈大明会典〉疏》,上海古籍出版社,1984。

② 万历《明会典》,中华书局,1989,卷首。

③ 万历《明会典》,中华书局,1989,卷首。

会典》的编纂流程，是先要求各衙门整理、编辑和提出现行事例之后，再进入第二阶段的会典编修。但编纂万历《大明会典》的时候，并没有采取两阶段程序。[①] 其实，万历四年(1576)六月癸未，神宗皇帝命令大学士张居正等充纂修《大明会典》总裁[②]。乙酉，大学士张居正等请以礼部尚书兼学士马自强，礼部左右侍郎兼侍读学士汪镗、林士章，少詹事兼侍读学士申时行、王锡爵充修辑《大明会典》副总裁官；左右中允兼编修陈经邦、何雒文，右赞善兼检讨许国、陈思育，修撰赵志皋、田一俊、徐显卿、张位、韩世能、于慎行、朱赓、李长春、孙继皋，编修沉渊、习孔教、范谦、黄凤翔[③]、刘瑊、盛讷、黄洪宪、刘虞夔、刘元震、公家臣、史钶、余孟麟、王应选，简讨刘克正、刘楚先、王祖嫡、赵用贤等为纂修官；礼部仪制司郎中兼司经局正字马继文，大官署署正成楫充催纂官管典籍事；右评事沈洧，詹事府主簿兼正字何初、孔目、杨士廉充收掌官；大理寺右寺正刘大武，右评事张德化、刘叔龙、王赞衮、郑瑶，顺天府通判陈珩，良酝署署丞高民怡，中书舍人包渐、林试、吴果、顾祖源、吴庚、汪民敬，鸿胪寺主簿程大宪、马继志，署丞赵应宿、孙说、章如铤、谢用枢、汤应龙、崔光弼、吴子像、陈晋卿、杨继成，序班伯辉、沉云庆、王延年、孙承爵、王国新、丛文光、刘瑄、田畯、马应乾，译字官序班田东作监修馆办事，主簿周大珪充誊录官。[④] 己丑，又以司业戴洵改左中允兼编修充《大明会典》纂修官。[⑤] 至此，万历《大明会典》的纂修算是拉开了帷幕。

弘治《大明会典》纂修与嘉靖《大明会典》续修均无正式开馆修纂时间的相关记载，而万历重修《大明会典》却有正式开馆修纂的时间记载，这个重要的时间就载在《明神宗实录》卷五十二之中，即万历四年(1576)七月“壬子，开馆重修《大明会典》”[⑥]。故万历四年(1576)七月壬子这一天是正式重修《大明会典》的日期。

二、万历《大明会典》纂修之保障

万历四年(1576)六月，正值总裁张居正集中全力修纂《明世宗实录》时，重修《大明会典》无疑会加重史馆的负担。因此，重修《大明会典》较弘治《大明会典》纂修与嘉靖《大明会典》续修时变得更为复杂。作为《明世宗实录》的总裁张居正、副总裁汪镗等都兼任重修《大明会典》的正、副总裁，且修纂官也相互兼任，《明神宗实录》各卷即记载了一些正在纂修《明世宗实录》的官员同时又被任命兼修《大明会典》的官员。如卷五十一载：“(万历四年六月)乙酉，……时马自强等方纂修《世宗实录》未成，诏不妨以原务兼

---

① 《明史研究论丛》第六辑，黄山书社，2004，第53页。

② 《明神宗实录》卷五十一“万历四年六月癸未”条。

③ 李晋华：《明代敕撰书考》(燕京大学图书馆，1932)一书将“黄凤翔”写作“王凤翔”。

④ 《明神宗实录》卷五十一“万历四年六月乙酉”条。

⑤ 《明神宗实录》卷五十一“万历四年六月己丑”条。

⑥ 《明神宗实录》卷五十二“万历四年七月壬子”条。

修。”[①]又卷五十四载:“万历四年九月丁未,命《实录》纂修官简讨王弘诲兼充《会典》纂修官。”[②]

为保证《大明会典》修纂的顺利进行,总裁张居正为重修《大明会典》提供相应的物质条件。在《明神宗实录》卷五十二中记录:“大学士张居正等以重修《会典》请日给副总裁、纂修等官及各员役供事者酒饭、笔墨、木炭等项,照旧开支。其桌、凳、研、炉、大小象牙书圈,内监照数送用。刑部、都察院按月支送纸札。外用办事吏二十名,分送各馆管理册籍,启闭馆门,匠役并校尉照旧应用。”[③]“其合用纸札、笔墨、酒饭等项,照纂修例给。”[④]他还提议由政府向史官提供校尉、办事吏、匠役等员工,加强了会典馆的门卫制度。这是前两次《大明会典》修纂时所没有的。

在纂修《大明会典》过程中,随着情况的变动,明神宗也不断地更改纂修总裁、副总裁,补充修纂官员,加强修纂力量。万历六年(1578)三月甲寅,大学士张居正给假回籍,命大学士马自强、申时行担任修纂《大明会典》的总裁。[⑤] 万历六年(1578)四月庚戌,以翰林院侍讲李长春等编纂六曹章奏,修撰张元忭充任《大明会典》纂修官。[⑥] 万历六年(1578)八月庚辰,升右春坊右谕德兼翰林院侍讲何雒文为翰林院侍读学士掌本院印信,仍充经筵日讲及《大明会典》纂修官。[⑦] 万历六年(1578)八月甲申,命礼部尚书潘晟兼翰林院学士充《大明会典》副总裁官。[⑧] 万历六年(1578)十月辛丑,又加命翰林院编修沈一贯、赵鹏程,简讨张应元等为《大明会典》纂修官。[⑨] 万历七年(1579)二月乙未,又命翰林院侍读罗万化充《大明会典》纂修官。[⑩] 万历七年(1579)六月癸巳,命修撰王家屏充《大明会典》纂修官。[⑪] 万历八年(1580)九月癸酉,大学士张居正等奏称:

节奉敕谕令臣等重修《大明会典》,已经开馆纂修。近该副总裁等官呈送草稿,止将旧《会典》并嘉靖二十九年续修旧稿誊写一遍,稍益以近年事例,中间体例尚有未当,记载颇多缺遗。良由诸臣各有部事相妨,无暇讨论讲究。夫事必专任,乃可责成,力不他分,乃能就绪。臣等看得吏部左侍郎余有丁、詹事府詹事许国,文学素优,年力方富,属以此事,似可责成,宜将余有丁暂解部事,以本官仍掌詹事府事许国协管府事,俱充副总裁,各暂停升转,将《会典》新旧原本令

---

① 《明神宗实录》卷五十一“万历四年六月乙酉”条。

② 《明神宗实录》卷五十四“万历四年九月丁未”条。

③ 《明神宗实录》卷五十二“万历四年七月丁未”条。

④ 张居正:《张太岳集》卷四《议处史职疏》,上海古籍出版社,1984。

⑤ 《明神宗实录》卷七十三“万历六年三月甲寅”条。

⑥ 《明神宗实录》卷七十四“万历六年四月庚戌”条。

⑦ 《明神宗实录》卷七十八“万历六年八月庚辰”条。

⑧ 《明神宗实录》卷七十八“万历六年八月甲申”条。

⑨ 《明神宗实录》卷八十“万历六年十月辛丑”条。

⑩ 《明神宗实录》卷八十四“万历七年二月乙未”条。

⑪ 《明神宗实录》卷八十八“万历七年六月癸巳”条。

其专心考究。至原题副总裁官，唯以部务稍暇，相与讨论，不必限以章程，致令两误。[①]

万历八年(1580)九月戊寅，命翰林院修撰沈懋孝、范谦，编修邓以赞、王懋德充《大明会典》纂修官。[②] 万历九年(1581)十月丁巳，上御文华殿讲读，以编修黄洪宪仍充《大明会典》纂修官。[③] 万历十年(1582)六月庚戌，改礼部左侍郎兼翰林院侍读学士许国为吏部左侍郎掌詹事府事，《大明会典》副总裁、经筵讲官如故。[④] 万历十一年(1583)甲子，命礼部右侍郎周子义兼侍读学士充《大明会典》副总裁官，复除侍读徐显卿仍充《大明会典》纂修官。[⑤] 万历十一年(1583)三月乙酉，命右庶子兼侍读王家屏掌左春坊印信，右谕德兼侍读沈一贯掌司经局印信，侍讲于慎行、张一桂充《大明会典》纂修官。[⑥]

神宗皇帝对纂修人员非常关心，根据需要随时赏赐及任命纂修人员。《明神宗实录》卷一百三十六载：

万历十一年四月丁巳，大学士张四维闻父丧，申时行等具疏以闻，上命礼部从优拟恤。己未，大学士申时行等以张四维守制疏请会推阁臣，上特命日讲官詹事府掌府事吏部左侍郎许国升礼部尚书兼东阁大学士入阁办事。丁卯，命礼部尚书兼东阁大学士许国充《大明会典》总裁，及同知经筵官日侍讲读太子宾客、吏部左侍郎兼翰林院侍读学士陈经邦以原职掌詹事府事照旧充经筵日讲官，右中允管国子监司业事黄凤翔升右谕德掌南京翰林院事。[⑦]

同卷又记：

万历十一年四月甲戌，命大学士余有丁补撰辛未甲戌丁丑三科题名记。以詹事府掌府事太子宾客吏部左侍郎兼翰林院侍读学士陈经邦充《大明会典》副总裁官。[⑧] 到万历十一年五月戊戌，以翰林院侍读徐显卿，侍讲张一桂、李长春，编修吴中行，简讨赵用贤管《大明会典》参对较正事务。[⑨] 万历十一年十一月乙巳，命吏部左侍郎兼翰林院侍读学士沈鲤充任《大明会典》副总裁。[⑩] 万历十一

---

① 《明神宗实录》卷一百四“万历八年九月癸酉”条。
② 《明神宗实录》卷一百四“万历八年九月戊寅”条。
③ 《明神宗实录》卷一百一十七“万历九年十月丁巳”条。
④ 《明神宗实录》卷一百二十五“万历十年六月庚戌”条。
⑤ 《明神宗实录》卷一百三十二“万历十一年甲子”条。
⑥ 《明神宗实录》卷一百三十五“万历十一年三月乙酉”条。
⑦ 《明神宗实录》卷一百三十六“万历十一年四月丁巳”条。
⑧ 《明神宗实录》卷一百三十六“万历十一年四月甲戌”条。
⑨ 《明神宗实录》卷一百三十七“万历十一年五月戊戌”条。
⑩ 《明神宗实录》卷一百四十三“万历十一年十一月乙巳”条。

年十二月乙丑，命翰林院编修曾朝节、陆可教、冯琦，简讨余继登充《大明会典》纂修。[①] 万历十二年四月庚申，命司经局洗马兼翰林院修撰陈于陛，翰林院编修史钶、杨德政充《大明会典》纂修官。[②] 万历十二年七月辛巳，以假满翰林院侍读田一俊，修撰孙继皋，简讨沈自邠仍充《大明会典》纂修官。[③] 万历十二年十二月辛亥，命大学士王家屏充《大明会典》总裁及同知经筵日侍讲读。[④] 万历十二年十二月乙丑，命詹事府少詹事兼侍读学士掌院事张位，右春坊右谕德兼侍讲吴中行，翰林院编修余孟麟，简讨顾绍芳俱充《大明会典》纂修官。[⑤] 万历十三年四月丁未命吏部右侍郎沈一贯、礼部左侍郎朱赓、右侍郎王弘诲充《大明会典》副总裁。[⑥] 万历十三年六月乙卯，礼部尚书兼文渊阁大学士王锡爵朝见，命充《大明会典》总裁同知经筵日侍讲读。[⑦] 万历十三年七月丁亥，命翰林院侍读盛讷、编修萧良有充《大明会典》纂修官。[⑧]

由此看来，重修《大明会典》的班子是庞大的，仅曾担任过总裁的就多达 7 人，副总裁多达 13 人，纂修人员达到了 55 人之多，另外还有催纂官 2 人，收掌官 4 人，誊录 1 人，较正 5 人和馆办事人员 34 人，总计超过了 100 多人，可谓盛况空前。

三、万历《大明会典》纂修之完成

当《大明会典》编纂接近尾声的时候，有些纂修官的位置也相应地发生了变化。《明神宗实录》卷一百六十七载："万历十三年十月甲申，命右谕德赵志皋，洗马赵用贤，编修杨起元、王廷撰俱充《大明会典》纂修官；侍读盛讷直起居注馆编纂章奏。"[⑨]

万历十五年(1587)正月甲辰，大学士申时行等进重修《大明会典》。[⑩] 礼部具进《大明会典》礼仪，如进呈《实录》例。《明神宗实录》卷一百八十二记录了进呈《大明会典》的隆重状况：

万历十五年正月丙辰，进呈《大明会典》仪注前期一日设表案于皇极殿丹陛东，设书案于丹墀中，设宝舆香亭于史馆前，教坊司设中和韶乐及大乐如常仪。是日早，锦衣卫设卤簿驾纂修官具朝服捧书置宝舆中，上具皮弁服，御中极殿。

---

① 《明神宗实录》卷一百四十四"万历十一年十二月乙丑"条。
② 《明神宗实录》卷一百四十八"万历十二年四月庚申"条。
③ 《明神宗实录》卷一百五十一"万历十二年七月辛巳"条。
④ 《明神宗实录》卷一百五十六"万历十二年十二月辛亥"条。
⑤ 《明神宗实录》卷一百五十六"万历十二年十二月乙丑"条
⑥ 《明神宗实录》卷一百六十"万历十三年四月丁未"条。
⑦ 《明神宗实录》卷一百六十二"万历十三年六月乙卯"条。
⑧ 《明神宗实录》卷一百六十三"万历十三年七月丁亥"条。
⑨ 《明神宗实录》卷一百六十七"万历十三年十月甲申"条。
⑩ 《明神宗实录》卷一百八十二"万历十五年正月甲辰"条。

鸿胪寺官导迎宝舆用鼓乐伞盖,纂修官后随,由二桥行至皇极殿,由左门入至丹墀于舆内,捧书置于案,乐止,宝舆香亭退。鸿胪寺官奏,执事官行礼,讫奏请升殿,导驾官前导,乐作。上御皇极殿,文武百官各具朝服侍班,乐止,鸣鞭,纂修官入,班乐作,鸿胪寺官赞鞠躬,四拜,兴,平身,乐止。赞进书,乐作,序班举书案由中道升,班首官由左阶升,序班以书案置于殿中,乐止,班首官由殿东门入,至案前赞跪,纂修官皆跪。乐作,赞俯伏兴,平身,乐止。班首官复位,赞进表,乐作,序班举表案置于殿中,乐止。赞宣表,赞跪,鸿胪寺展表,宣讫,赞俯伏兴,乐作,赞四拜,兴,平身,乐止。序班举表案书案置于殿内稍东,进书官退于东班侍立,文武百官入班行礼如常仪,上可其奏。①

接着于二月丁卯日,宴请了总裁、纂修官于礼部,命定国公徐文璧等作陪。② 11 天后,即戊寅日,照例对纂修人员进行了升赏,礼部尚书沈鲤加太子少保,吏部左侍郎沈一贯、朱赓、礼部左侍郎王弘诲俱太子宾客,礼部右侍郎张位、于慎行、徐显卿、南京国子监祭酒赵用贤各升俸一级,仍与应得诰命。谕德刘虞夔,刘元震升左庶子,孙继皋、黄洪宪右庶子,修撰刘楚先、张应元各洗马,编修陆可教、冯琦各侍讲,杨起元、庄履丰、萧良有、王应登、简讨余继登、沈自邠各修撰,周子义准与赠官恤典,其余升赏有差。次日,加恩元辅申时行兼支大学士俸,次辅国进兼吏部尚书、建极殿大学士,余官如故。次辅锡爵加太子太保兼武英殿大学士,尚书如故,各给应得诰命。③ 升翰林院侍讲曾朝节为左春坊左谕德兼侍读以会典成也。④

对于万历《大明会典》的刊刻,《明神宗实录》有比较清楚的记载:万历十五年(1587)五月己卯,“命礼部刻《大明会典》颁行天下”⑤。万历十六年(1588)八月丙戌,“礼部题重刻《大明会典》成,进呈颁布如奏”⑥。万历十七年(1589)二月丙午《大明会典》成,遣官赍送南京礼部转发各衙门。⑦ 至此,万历重修《大明会典》的修纂工程最后结束。

四、万历《大明会典》成书时间辨析

万历重修《大明会典》的成书时间,在学界有两种说法。

① 《明神宗实录》卷一百八十二“万历十五年正月丙辰”条。
② 《明神宗实录》卷一百八十三“万历十五年二月丁卯”条。
③ 《明神宗实录》卷一百八十三“万历十五年二月戊寅”条。
④ 《明神宗实录》卷二百一十六“万历十七年十月己丑”条。
⑤ 《明神宗实录》卷一百八十六“万历十五年五月己卯”条。
⑥ 《明神宗实录》卷二百二“万历十六年八月丙戌”条。
⑦ 《明神宗实录》卷二百八“万历十七年二月丙午”条。

一说万历十五年(1587)正月甲辰,重修《大明会典》成①,即成书时间为万历十五年(1587)。据《明神宗实录》卷一百八十二所载:"万历十五年正月甲辰,大学士申时行等进重修《大明会典》。"明人沈德符《万历野获编》卷一《重修会典》记:"至今上四年,又命辅臣张江陵等偕史臣重修,至十五年始竣事。"②还有重修《大明会典》总裁申时行《进重修〈大明会典〉表》的最后落款日期是"万历十五年二月十六日"。更为让人感到信服的是神宗皇帝的《御制重修明会典序》曰:"乃命儒臣重加修辑,……,盖阅十有二载,其书始成。"从神宗万历四年(1575)六月敕谕内阁重修《大明会典》的时间算起,到万历十五年(1587),"恰为十有二载",且神宗的御制序文的落款日期也是"万历十五年二月十六日"③。显见,万历《大明会典》的成书时间为万历十五年(1587)。

另外,《御定资治通鉴纲目汇编》卷十七《万历会典序》说:"第三次是在万历四年,神宗皇帝朱翊钧令阁臣重修,到十五年完成,名《万历会典》。"④还有,纂修官之一孙继皋撰《宗伯集》卷三《拟御制重修大明会典叙》中曾说:"万历丁亥,书乃毕修,籍奏矣。"⑤"万历丁亥"即万历十五年(1587)。史籍上称为"丁亥,《大明会典》成"的也绝非仅此。《琢庵冯公墓表》载:"丁亥,《大明会典》成,进侍讲,赐银币,掌文臣诰敕。"《琢庵冯公墓志铭》载:"丁亥,《大明会典》成,进侍讲,赐银币,掌文臣诰敕,以尔雅擅一时。"《琢庵行状》亦记:"丁亥,《大明会典》成,升侍讲,赐金帛,掌文官诰敕,训辞典雅,受命者以公当制为幸。"由此张秉国在《临朐冯氏文学世家研究》一文中说:"万历十五年(1587)丁亥,纂修冯琦因《大明会典》成,而升经筵侍讲。"⑥所以,大量的材料都可以说明,万历《大明会典》的成书时间应是万历十五年(1587)。

另一说为:万历十三年(1585),重修《大明会典》稿成,记事亦止于该年。万历十五年(1587),申时行等将之进呈⑦。持这种观点的学者,可能是根据《重修凡例》所言:"重修《会典》,稿成于万历乙酉,以后复有建设者,俱不及载。"⑧"万历乙酉"年即"万历十三年(1585)",由此而得出的万历《大明会典》成书于万历十三年(1585),进呈于万历十五年(1587)也。

凡例是书前说明内容和体例的文字,是修书时纂修人员所要遵循的一个原则,并非最后成书的时间。"重修《会典》,稿成于万历乙酉,以后复有建设者,俱不及载。"这说明

---

① 瞿林东先生在其《中国史学史纲》中说《大明会典》"第三次纂修在神宗万历四年(1576),历时12年,至万历十五年(1587)颁行。"这与神宗《御制序》中所言"盖阅十有二载,其书始成"是一致的。赵俊先生也认为"第三次是万历四年(1576)又续修《会典》,成书于万历十五年(1587)"。(赵俊:《千秋宝典——中国典志体史书述要》,辽海出版社,2001,第20页)。张志哲也曾说:"万历四年(1576),神宗又命重修,至万历十五年(公元1587年)二月书成刊行。"此文载张志哲,中国史籍概论,江苏古籍出版社,1988,第462页。还有一些书也都有这种看法,就不一一胪列了。

② 沈德符:《万历野获编》卷一《重修会典》,中华书局,1959。

③ 朱翊钧:《御制重修明会典序》,载万历《明会典》,中华书局,1989,卷首。

④ 《御定资治通鉴纲目汇编》卷十七《万历会典序》,景印文渊阁《四库全书》本。

⑤ 孙继皋:《宗伯集》卷三《叙·拟御制重修大明会典叙》,景印文渊阁《四库全书》本。

⑥ 转引张秉国:《临朐冯氏文学世家研究》,博士学位论文,四川大学,2006。

⑦ 商传:《〈明会典〉及其史料价值》,《史学史研究》,1993年第2期;鞠明库:《万历〈大明会典〉探析》,硕士学位论文,河南师范大学,2002。

⑧ 万历《重修凡例》,载万历《明会典》,中华书局,1989,卷首。

了《会典》所记内容的下限为“万历乙酉”年,以后复有建设者,不再记载。但究竟何时成书要视该书完成时间而定。一般来说,皇帝制序的时间即成书时间。故笔者认为,万历《大明会典》成书于万历十五年(1587)一说更为可靠。

(原载《历史教学(高校版)》2009 年第 12 期,有删改)

张居正与万历《大明会典》纂修[①]

《大明会典》[②]是一部明代官修的专述有明一代典章制度的典制体史书。其始纂于弘治十年(1497)三月,嘉靖时经两次增补,万历时又加修订,纂成重修本二百二十八卷,被称为万历《大明会典》。

万历《大明会典》作为由政府组织实施并提供场馆经费所修纂的史书,其修纂既是一种修史活动,更是一种由政府机构运作的重大政治活动。有明一代,对于如此重要的史书纂修,一般都是由内阁首辅担任总裁,许多政治家的抱负和理想也常常通过参与此类史书的修纂来体现。

作为考成法和一条鞭法等改革措施的推进者,张居正在政治、经济和军事改革中取得辉煌成就的同时,在史学领域也掀起了一场革新,并将其改革措施延伸到主持修纂《大明会典》等史书之中。目前,学界有关张居正的研究,多集中在其政治、经济、军事改革成就等方面,鲜有对其在官修史书方面特别是有关其在万历《大明会典》纂修方面的研究,已有的研究成果也大多不够全面、系统。为此,本文拟在前人研究的基础上对这一问题作一梳理,以求教于方家。

一、上疏请修

从明代中期开始,社会危机在逐步加深。主要表现为宦官专权,内阁纷争,北方蒙古人和东北女真人不断侵扰,土地兼并问题严重,流民日益增多,农民起义的次数和规模都超过了明初,国库匮乏,财政危机不断加深,以致明王朝处于严重的内忧外患之中。

面对日益严重的统治危机,明朝的有识之士试图有所振作。在嘉靖晚年,改革已成为一股潮流。明中叶以来的改革发展至万历初年,以张居正所进行的政治改革和"一条鞭法"在全国全面推广而达到高潮。张居正改革包括:清丈土地,整顿财政,推行"一条鞭

---

① 【基金项目】2010 年河南省社科规划项目"明代官修典制体史书研究"(2010B LS003);河南省高校科技创新人才(人文社科类)支持计划(教社政【2010】870 号)成果之一。

② 《大明会典》简称《明会典》或《会典》,在论文行文中或用《大明会典》,或《明会典》或《会典》都为明朝会典的统称,若特指某朝所修,在其前加年号,以明示。

法”,整顿边防,整顿吏治,整顿学校,等等。特别是在经济上,通过实行赋役合一、“计亩征银”,使生产关系得到一些调整,农民的人身依附关系更为松懈,促进了生产力的解放。同时,赋役实行折征银两,简化了项目,有利于由实物地租向货币地租转型,又反过来激发了商品经济生产的发展。而随着人们“本末”观念的更新和商品意识增强,农业经济结构出现历史性的变革,社会经济形态出现新的变化,自然经济的统治地位开始动摇。农业商品化获得空前大发展,农业人口减少,工商业人口猛增。张居正改革是明朝封建统治者为了挽救明中叶以后积弱积贫的统治危机而进行的一次改良活动。

对此,《明史》称赞道:“居正为政,以尊主权、课吏职、信赏罚、一号令为主。虽万里外,朝下而夕奉行。”①改革使万历初十年之内,政令统一,财政有余。嘉隆时期,明朝的财政年年亏空,经过张居正的改革整顿后,变得绰有剩余。“行之久,太仓粟充盈,可支十年。”②在军事上,张居正当政以前“虏患日深,边事久废”的局面,在其当政后转变为边防宁谧。多年积弊重病为之一清,明朝出现了中兴的局面。

对照历史,我们不难发现,在弘治《大明会典》的基础上,无论是嘉靖时对《大明会典》的续修,还是万历时对《大明会典》的重修,都符合“盛世修典”的规律。嘉靖七年(1528)、嘉靖二十四年(1545)开始的两次续修,正值世宗拨乱反正、锐意求治之时,一方面表明世宗亟欲建功立业和标榜自身的要求,另一方面也是其欲把自身在“大礼议之争”中取得的胜利成果尽快文本化、制度化的体现。万历时期《大明会典》的重修,正值万历初年改革时期。当时社会政治经济的相对稳定以及张居正改革,自然为万历《大明会典》的纂修提供了良好的社会政治环境。

《大明会典》始纂于弘治十年(1497)三月,经正德时参校后刊行,共一百八十卷,结构以官署为中心,附以历年事例,使官与事相结合,是为弘治《大明会典》。嘉靖年间,又经过两次续修,补充了自弘治十六年(1503)至嘉靖二十八年(1549)间事例,凡五十三卷,虽“已经进呈”,但“未蒙刊布”或“世宗留之禁中,不制序,不发刊”③。所以,万历初通行全国使用的依然是由正德校正刊行的弘治《大明会典》。自弘治十五年(1502)纂修之后,“至今代更四圣,岁踰六纪。典章法度不无损益异同,其条贯散见于简册卷牍之间。凡百有司,艰于考据,诸所援附,鲜有定画,以致论议烦滋,法令数易”,造成了“吏不知所守,民不知所从”的局面。④ 为此,隆庆二年(1568)勋阳巡抚都御史孙应鳌曾奏请补辑嘉靖二十八年(1549)以后事例,附入《会典》。⑤ 万历二年(1574)四月,礼部覆礼科给事中林景旸复申前请补辑所缺事例入《会典》⑥,但皆未允行。究其原因,是当时嘉靖、隆庆“两朝实录尚未告成”,史官“披阅校正,日不暇给”,为防止“顾此失彼”“事难兼理”,重修会典一事只得推迟。到万历三年(1575)十一月,湖广道御史沈梗又奏请“将见行事例悉令诸

---

① 张廷玉:《明史》卷二百十三《张居正列传》,中华书局,1974。

② 张廷玉:《明史》卷二百十三《张居正列传》。

③ 沈德符:《万历野获编》卷一《重修会典》,中华书局,1959。

④ 《明神宗实录》卷二十四“万历二年四月甲寅”条。

⑤ 《明穆宗实录》卷二十一“隆庆二年六月庚子”条。

⑥ 《明神宗实录》卷二十四“万历二年四月甲寅”条。

司循年、顺月别类分门,举要刈烦,斟酌损益,汇书进呈,刊布天下,与《会典》律令诸书并传,使中外人人得以通晓,奉旨国家典章法度备载”①,《大明会典》重修已拭目以待。

至万历四年(1576)六月,《明穆宗实录》业已进呈,《明世宗实录》编纂将毕。十六日,大学士张居正等奏请重修《大明会典》,并就筹备事宜上疏神宗,他说:

> 《会典》一书,于昭代之典章法度,纲目毕举。经列圣之因革损益,美善兼该,比之《周官》《唐典》,信为超轶矣。顾其书创修于弘治之壬戌,后乃阙如;续编于嘉靖之己酉,未经颁布。又近年以来,好事者喜于纷更,建议者鲜谙国体,条例纷纭,自相牴牾,耳目淆惑,莫知适从。我祖宗之良法美意几于沦失矣。今幸圣明御极,百度维新,委宜及今编辑成书,以定一代之章程,垂万年之典则。②

在张居正看来,重修《大明会典》势在必行:一是嘉靖年间两修《大明会典》,虽补充了弘治《大明会典》所缺事例,但“未经颁布”;主要是由于某些人“鲜谙国体”,却又“喜于纷更”,致使旧会典“条例纷纭,自相牴牾”,让人“莫知适从”。所以,张居正希望通过重修能对《大明会典》“校订差讹,补辑缺漏”,从而使《大明会典》真正成为“一代画一经常之典”③,“以定一代之章程,垂万年之典则”。

到万历四年(1576)六月二十一日万历皇帝下令重修,《皇帝敕谕内阁》叙述了其间经纬:

> 自嘉靖己酉而来,又历二十余载。中间事体,亦复繁多。好事者喜于纷更,建议者鲜谙国体。法令数易,条例纷纭,甲乙互乖,援附靡准。我祖宗之良法美意几于沦失矣。今特命卿等查照弘治年间创修,及我皇祖敕谕重修事理,择日开馆,分局纂修。校订差讹,补辑缺漏。其近年六部等衙门见行事例,各令选委司属官,遵照体例,分类编集,审订折衷,开具送馆。卿等督率各官,悉心考究,务令诸司一体,前后相贯,用不失我祖宗立法初意,以成一代画一经常之典,昭示无极,庶副朕法祖图治至意。其总裁、副总裁及纂修等官职名,并合行事宜,陆续开具来闻。钦哉! 故谕。④

二、出任总裁

万历《大明会典》的纂修自万历四年(1576)七月至万历十五年(1587),历时十一年。

---

① 《明神宗实录》卷四十四“万历三年十一月乙未朔”条。

② 张居正:《张太岳集》卷四十《请重修〈大明会典〉疏》,上海古籍出版社,1984。又见张居正:《重修奏本》,载万历《大明会典》,卷首。

③ 张居正:《张太岳集》卷四十四《请专官纂修疏》。

④ 万历四年六月二十一日《皇帝敕谕内阁》,载万历《明会典》,卷首。

此书成之日，张居正已不在人世，且最终纂修的总裁官题为申时行、王锡爵、许国等人。但是，纵观整个纂修过程，尤其在万历十年(1582)张居正过世之前，张居正一直起着总领史事、发挥总裁的作用。尤其是他以内阁首辅的身份出任总裁官，使他发挥的作用更为突出。

据《明神宗实录》载，万历四年(1576)六月癸未“命大学士张居正等充纂修大明会典总裁”[①]。此前，张居正作为总领史事的内阁首辅，曾组织领导了《明世宗实录》《明穆宗实录》等官修史书的纂修，他对过去官修实录存在的弊病有切身的体会。同时，也积累了丰富的修史经验，再加上其强烈的史学意识，自然表现出对官修史书编纂卓越的领导才能。

其一，制定了灵活、可行的纂修计划。

张居正为官善于计划谋略，这在其主持纂修世、穆两朝实录时就有突出表现。张居正以改革家的魄力和远见制定了《明世宗实录》与《明穆宗实录》修纂的总体规划，决定两部实录同时并进，但先集中力量完成篇幅较少的《明穆宗实录》，然后再集中全部力量纂完卷帙浩繁的《明世宗实录》。如张居正在《纂修事宜疏》中谈道：

> 皇祖历世四纪，事迹浩繁。编纂之工，卒难就绪。皇考临御六年，其功德之实，昭然如日中天，皆诸臣耳目之所睹记。无烦搜索，不假剟疑；但能依限加功，自可刻日竣事。合无不拘朝代次序，俟穆宗庄皇帝实录纂成之日，容臣等先次进呈；却令两馆各官，并力俱纂世宗肃皇帝实录，则两朝大典，可以次第告成矣。[②]

按照万历《大明会典》的纂修计划，在上奏重修事宜后，张居正及时安排各部院衙门“将见行事例选委司属官素有文学者，分类编辑，送馆备录”[③]，并对纂修其他事宜，也做了具体筹划：

> 比时委因两朝《实录》未成，势难兼理。今穆宗皇帝《实录》进呈已久，世宗皇帝《实录》编纂已完，臣等删润，功亦将毕，催督缮写，计岁终可以进呈，所有编纂诸臣在馆稍暇，前项钦奉明旨续修《会典》一节，相应及时举行。合候命下，查照弘治、嘉靖年间事例，择日开馆，命官纂辑。[④]

其二，抽调谙熟本朝典制、擅长史事之人参与编纂。

为了保证完成既定的纂修任务，万历四年(1576)六月乙酉，“大学士张居正等请以礼部尚书兼学士马自强，礼部左右侍郎兼侍读学士汪镗、林士章，少詹事兼侍读学士申时

① 《明神宗实录》卷五十一“万历四年六月癸未”条。

② 张居正：《张太岳集》卷三十七《纂修事宜疏》。

③ 张居正：《张太岳集》卷四十《请重修〈大明会典〉疏》。

④ 张居正：《张太岳集》卷四十《请重修〈大明会典〉疏》。

行、王锡爵充修辑《大明会典》副总裁官；左右中允兼编修陈经邦、何雒文，右赞善兼检讨许国、陈思育，修撰赵志皋、田一俊、徐显卿、张位、韩世能、于慎行、朱赓、李长春、孙继皋，编修沉渊、习孔教、范谦、黄凤翔、刘瑊、盛讷、黄洪宪、刘虞夔、刘元震、公家臣、史钶、余孟麟、王应选，简讨刘克正、刘楚先、王祖嫡、赵用贤充纂修官；礼部仪制司郎中兼司经局正字马继文，大官署署正成楫充催纂官管典籍事；右评事沈洧，詹事府主簿兼正字何初、孔目、杨士廉充收掌官；大理寺右寺正刘大武，右评事张德化、刘叔龙、王赞衮、郑瑶，顺天府通判陈珩，良酝署署丞高民怡，中书舍人包渐、林试、吴果、顾祖源、吴庚、汪民敬，鸿胪寺主簿程大宪、马继志，署丞赵应宿、孙说、章如铤、谢用枢、汤应龙、崔光弼、吴子像、陈晋卿、杨继成，序班伯辉、沉云庆、王延年、孙承爵、王国新、丛文光、刘瑄、田畯、马应干，译字官序班田东作监修馆办事，主簿周大珪充誊录官”①。己丑，“又以司业戴洵改左中允兼编修充《会典》纂修官”②。

对于他的建议，神宗皇帝皆加以采纳。这些人也多是进士出身，属文学之士，谙熟本朝典制，擅长史事。

其三，主张事必专任、功必立程。

万历四年(1576)六月，正当总裁张居正集中全力修纂《明世宗实录》时，《大明会典》的重修又拉开了帷幕，这无疑加重了史馆的负担。重修《大明会典》较弘治《大明会典》纂修、嘉靖《大明会典》续修时变得更为复杂。作为《明世宗实录》的总裁张居正、副总裁汪镗等都兼任重修《大明会典》的正、副总裁。修纂官也相互兼任，《明神宗实录》各卷记载了一些正在纂修《明世宗实录》的官员同时又被任命兼修《大明会典》的官员。如《明神宗实录》卷五十一载：万历四年(1576)六月乙酉，“马自强等方纂修世宗实录未成，诏不妨以原务兼修”③。又卷五十四载：万历四年(1576)九月丁未，“命《实录》纂修官简讨王弘诲兼充《会典》纂修官”④。

鉴于此，张居正提出“事必专任，乃可责成，力不他分，乃能就绪”⑤的观点。万历八年(1580)张居正请求任命专职官员重修《大明会典》的奏疏，认为修史非有专职人员方可责成，于是上疏举荐专职副总裁，他说：

> 顾事必专任，乃可责成；力不他分，乃能就绪。往者，纂修两朝《实录》，亦皆专属副总裁两员，臣等又月有程督，岁有稽考，乃克有成。今《会典》事理，又与实录不同，考索讲求，尤费心力，非有专责，决难奏功。臣等看得，吏部左侍郎兼翰林院侍读学士余有丁、詹事府詹事兼翰林院侍读学士许国，文学素优，年力方富，属以此事，似可责成。如蒙圣明俯允，将余有丁暂解部事，以本官仍管詹府事，许国协管府事，俱充副总裁。各暂停常转，令其专在史馆，遵照敕谕事理，将

① 《明神宗实录》卷五十一“万历四年六月乙酉”条。
② 《明神宗实录》卷五十一“万历四年六月己丑”条。
③ 《明神宗实录》卷五十一“万历四年六月乙酉”条。
④ 《明神宗实录》卷五十四“万历四年九月丁未”条。
⑤ 张居正：《张太岳集》卷四十四《请专官纂修疏》。

《会典》新旧原本，细加考究，令具草稿，送臣等删润。其原题副总裁官，惟于部务有暇，相与讨论，不必限以章程，致令两误。庶几事有专责，而汗青可期也。①

故此，张居正打破了《实录》副总裁出自翰林院的定制，不拘一格，举荐"学素优，年力方富"的吏部左侍郎余有丁、詹事府詹事许国充副总裁，且让他们"各暂停常转"，"专在史馆"，遵照敕谕事理，将《大明会典》新旧原本，细加考究。对于他的建议，神宗皇帝皆加以采纳。

对于纂修任务的完成，张居正还坚持立定编纂期限，即所谓"定为章程，严其限期"。②如在纂修世、穆两朝《实录》时，他提出："每月各馆纂修官务要编成一年之事，送副总裁看详。月终，副总裁务要改完一年之事，送臣等删润。每年五月间，臣等即将纂完稿本，进呈一次。十月间又进呈一次。大约一月之终，可完一年之事；一季之终，可完三年之事。从此渐次累积，然后成功可期。"③

其四，加强纂修官的管理与考核。

为了完成万历《大明会典》的纂修，张居正对纂修官员提出严格的要求。各官包括副总裁"每日俱在史馆供事"，不得随意外遣；各馆纂修官要以职业为重，以"公家为急"，不得"别求差假，图遂私情"。他还将整顿吏治的考成法推及史职，强化了对纂修官的履职考核。提出："书成之日，分别叙录，但以效劳多寡为差，不复计其年月久近。如此，庶人有定守，事易考成，在各官可免汗青头白之讥，而臣等亦得以逭旷职素飧之咎矣。"在张居正看来，"国家用人之理，宗核名实之道，实寓于斯"。④

其五，完善史馆供给制度、门卫制度。

张居正为了保证实现专任责成的目的，坚持完善史馆供给制度，保障包括酒饭、笔墨、木炭、桌、凳、砚、炉、象牙书圈、纸札等史馆所需办公用品的有效供给。在《明神宗实录》卷五十二中记录了"大学士张居正等以重修《会典》请日给副总裁、纂修等官及各员役供事者酒饭、笔墨、木炭等项，照旧开支。其桌、凳、研、炉、大小象牙书圈，内监照数送用。刑部、都察院按月支送纸札。外用办事吏二十名，分送各馆管理册籍，启闭馆门，匠役并校尉照旧应用。"⑤"其合用纸札、笔墨、酒饭等项，照纂修例给。"⑥他还提议由政府向史馆提供校尉、办事吏、匠役等员工，加强了《会典》馆的安防和后勤。这是前两次《大明会典》修纂时所没有的。安防也是史馆管理的重要环节之一。为了保证修史环境的安静，提高修史效率，同时也做好保密工作，张居正建议史馆要加强安防，不准闲杂人员随便出入。他在《议处史职疏》中上言："除典守誊录人役随同共事外，一应闲杂人等，不许

① 张居正：《张太岳集》卷四十四《请专官纂修疏》。
② 张居正：《张太岳集》卷四十《纂修书成辞恩命疏》。
③ 张居正：《张太岳集》卷三十七《纂修事宜疏》。
④ 张居正：《张太岳集》卷三十七《纂修事宜疏》。
⑤ 《明神宗实录》卷五十二"万历四年七月丁未"条。
⑥ 张居正：《张太岳集》卷四《议处史职疏》。

擅入!"[①]守卫史馆的人员便是前揭之校尉。

三、删润之功

万历《大明会典》纂修,张居正的删润之功甚为显著。神宗皇帝之所以让张居正做总裁把守"删润"之关口,主要基于长期以来张居正在国家治理、改革中表现出的能力,尤其是基于张居正在世、穆两朝《实录》纂修中的杰出贡献。

张居正在总裁两部《实录》期间,按诸司之掌故,网罗旧闻,探内府之秘藏,铺张盛美。事务阙疑而核实,词皆举要以删烦。至于大经大法之所存,则特书屡书而不一,参互考订,三易稿而成编。润色讨论,十逾年而竣事。张居正表白:"惟我皇祖世宗皇帝实录……虽皆出于诸臣之手,然实无一字不经臣删润,无一事不经臣讨论。既更定其文义,复雠校其差讹。穷日逮夜,冒暑凌寒,盖五年于兹,而今始克就。"[②]对此,神宗皇帝在万历五年(1577)八月《明世宗实录》告成时,曾给予张居正很高的赞誉:"皇祖四十五年《实录》,字字句句都是先生费心看改几次,我尽知道。"[③]

张居正对万历《大明会典》的纂修,其中"删润之功"与两朝《实录》纂修相比,有过之而无不及。万历《大明会典》全书在内容、体例、形式等方面,都超迈前修,更趋完善。不仅补充了自初修、二修以来历朝事例,以六部为纲,分述诸司职掌;还附以事例、冠服、仪礼等项;且增加插图,内容详赡,形式活泼。万历《大明会典》之所以取得如此成就,与张居正的悉心筹划密切相关。早在万历《大明会典》纂修的肇始阶段,张居正在请修奏疏中就阐述了许多重要的纂修思想。

首先,张居正对过去《大明会典》中存在的问题给予高度重视。他在《请专官纂修疏》中谈道:"会典一书,我祖宗列圣典章法度,纲目具存。第简编浩穰,精核实难。我皇祖世宗肃皇帝,尝见其一二舛误,申命儒臣重加校辑。比及进览,迄未颁行,似于圣心犹有未当。今特命卿等校订差讹,补辑缺漏,督率各官,悉心考究,务令诸司一体,前后相贯,用成一代画一经常之典。"[④]

其次,张居正对于过去官修史书,特别是《大明会典》的内容方面存在的问题进行了深入细致的分析,有较为清晰的认识。如万历六年(1578),张居正上此奏疏,指出《大明会典·礼典》中有关宗藩一事,前后矛盾,最为混乱,列举事例未当者十一条,并请求在重修《大明会典》时,将《礼典》有关宗藩者集中起来,分类编录,删去牴牾部分,使前后一致;再由群臣研究妥当,最后由神宗亲自裁决定稿,使之成为万世的典范。万历六年(1578)十二月,神宗则根据张居正的建议,命纂《宗藩要例书》颁示诸王。

关于宗藩条例所存在的问题,张居正列举了"未妥"之处:

---

① 张居正:《张太岳集》卷四《议处史职疏》。

② 张居正:《张太岳集》卷四十《纂修书成辞恩命疏》。

③ 张居正:《张太岳集》卷四十《纂修书成辞恩命疏》。

④ 张居正:《张太岳集》卷四十四《请专官纂修疏》。

> 然以臣等愚见观之，揆诸事理，尚多有未当者。推原其意，徒以天潢支派浩繁，禄粮匮乏，国家之财力已竭，宗室之冒滥滋多，不得不由为堤防，严加裁抑。顾集议之始，未暇精详，中间彼此矛盾，前后牴牾。或减削太苛，有亏敦睦，或拟议不定靡所适从；或一事而或予或夺，或一令而旋行旋止；或事与理舛，窒碍难行；或法与情乖，轻重失当。徒使奸猾得以滋弊，有司无所持循。略举数端，可知其概。如亲王乐工二十七户，乃高皇帝所定，载在《会典》。盖以藩王体尊，其燕飨皆得用乐，不独迎接诏敕为然。今乃概从裁革，此减削太苛，事例之未妥者也。又如亲王故绝既许为之继封，以重大宗。又云亲弟亲侄，方许请继。及查例行之后，亦有不由亲弟亲侄而继封者。①

万历七年(1579)十二月，张居正等题称宗藩未妥事件，“乞敕本部将条例再加斟酌，并累朝见行事例系关宗藩者，悉行裒集分类编录，仍会多官议拟题请着为宪令，开送纂入会典。已经奉旨钦依，待具有次第题请，会官集议，臣等礼部会同宗人府、六部、都察院各堂上官，通政司、大理寺各掌印官及该科官驸马都尉许从诚等”，将大学士张居正等所题宗藩条例未妥十二事，并“推广未尽事宜及见行事例条例所未备者，通行欵开详加酌议，惟求情法适中，科条画一，足以昭示久，远为经常不易之规。谨逐一开列前件具题上。”②

第三，以认真负责的态度维护万历《大明会典》的权威。张居正在奏疏中谈道：

> 今若止将旧本誊写，附以新例，则不过重录续编而已，岂圣明所以属托臣等之意呼？已经开馆纂修去后，近该副总裁等官将所编草稿呈送臣等删润。止将旧《会典》并嘉靖二十九年续修进呈，未奉钦依。旧稿誊写一遍，稍续以近年事例，中间体例，尚有未当，纪载颇多缺漏。良由副总裁诸臣，各有部事相妨，无暇讨论讲究。臣等欲另为修削，苦阁务浩繁，力有弗给；欲因仍旧贯，聊取完事，则于愚心实有未安者。③

同时，对编入《大明会典》中的内容进行严格的审查，坚持国家法规的生成秩序，以维护《大明会典》的严肃性和权威性。如《明神宗实录》载张居正等题称宗藩未妥事件说：

> 恭候圣明裁定，臣等礼部并将旧行条例删去烦文，止存节要，会为一书，进呈御览，刊刻成帙，颁布各王府，永永遵承。以后一应请乞，但有不遵定例妄援渎扰者，所奏事情径自立案不行，仍听本部及该科参奏得旨，依拟刊布纂入会典。④

---

① 张居正:《张太岳集》卷四十三《请裁定宗藩事例疏》。

② 《明神宗实录》卷九十四“万历七年十二月甲午”条。

③ 张居正:《张太岳集》卷四十四《请专官纂修疏》。

④ 《明神宗实录》卷九十四“万历七年十二月甲午”条。

又如《明神宗实录》八十四卷“万历七年二月乙酉”条载:“今重修会典,此等条例都着议拟停当改正,行合无敕下,礼部遵照前旨,将前项条例再加斟酌,并上请圣裁,着为宪令,然后开送臣等纂入会典,庶法以画一,万世可遵矣。”[①]

第四,推动纂修体例的发展和完善。

张居正在奏疏中还对《大明会典》体例提出改进,即要“抡选儒臣,分局纂修”,对“节年题准见行事例,分类编集。”[②]后来这一思想在万历《大明会典》纂修中时得以体现,改变了弘治《大明会典》仅以编年排序的方法,制定了“从事分类,以类分年,而以‘凡’字冠于事类之首,各年俱以圈隔之”[③]的纂修凡例。这样,《大明会典》横向按官署分类,同时“籍册可据者,先后俱载”进行编年排列,使得所记事例始末完整,一一贯通。

万历《大明会典》全书二百二十八卷,与弘治《大明会典》相比,万历《大明会典》中吏部少二卷,户部增三卷,礼部增十一卷,兵部增二十卷,刑部增二卷,工部增十一卷,六科单立一卷,太仆寺单立一卷,太医院单立一卷,合计共增四十八卷。万历《大明会典》的体例较弘治《大明会典》有相当大的发展,体例更加完善。

一是,语言表述更加系统化。弘治《大明会典》在体例上,其行文有一大特点,“以《职掌》为主,类以颁降群书,附以历年事例。”[④]凡“纂辑诸书,各以书名冠于本文之上。采辑各衙门造报文册,及杂考故实,则总名之曰‘事例’”。即《大明会典》全书一律以《诸司职掌》为主,在每一类典制中,首列《诸司职掌》条文,且“凡旧文皆全录”[⑤],次列颁降群书。

二是,标目更加准确。所谓标目,是在一部书内,按照不同的内容分别标记。万历《大明会典》严格按照《凡例》的规定,以当时的体制为准,各载十三司职掌于前,叙列事例于后,不分四科,较弘治《大明会典》在标目上更为准确。

三是,结构更加完备。弘治《大明会典》一百八十卷,万历《大明会典》二百二十八卷。从卷数来看,后者较前者多出四十八卷。万历《大明会典》因革损益,对其目进行了调整补充。从而使《大明会典》体例结构脉络清晰,更系统规范,不仅便于检索,且更有利于实际执行。

当然,万历《大明会典》的纂修绝非张居正一人之功,而是一个庞大的系统工程。但值得思考的是,张居正去世后,社会政治、经济和文化形势出现了重大变化,明代官修史书活动也受到了严重影响,虽然万历《大明会典》在万历十五年(1587)最终得以成书,但此后的明代官修史书即出现了大的滑坡,《明神宗实录》等官史的修纂连年累月久拖不成。学界认为自张居正修成《明世宗实录》后,没有总裁张居正的明代史馆再次陷入管理混乱和懈怠弛废的状态。

---

① 《明神宗实录》卷八十四“万历七年二月乙酉”条。

② 张居正:《张太岳集》卷四十《请重修〈大明会典〉疏》。

③ 《重修凡例》,载万历《明会典》,卷首。

④ 朱厚照:《御制明会典序》,载万历《明会典》,卷首。

⑤ 《明会典·弘治间凡例》,载万历《明会典》,卷首。

事物的发展从正反两方面的经验促使我们对事物有更深入的认识。仅就万历《大明会典》纂修而言，张居正在其间所推行的史馆制度改革为后世积累的官修史书丰富经验，以及所体现出的奋发有为的改革精神，都对后人具有重要的借鉴意义。

（原载《江南大学学报（人文社会科学版）》2013 年第 2 期，有删改）

《大明会典》版本考述

《大明会典》为明代官修的专述有明一代典章制度的史书，是中国历代政书中具有会典体性质的重要史著。它首纂于弘治十年(1497)，记明初至弘治十五年(1502)各级行政机构、设官职掌、典章格律以及事例等，经正德四年(1509)李东阳重校、正德六年由司礼监刻印颁行，共180卷，通称正德《会典》，实为弘治《大明会典》。[①] 嘉靖时复加修补，增入弘治十六年(1503)以后事例，仅有原写稿本200卷，未刊行。至万历间，又增入嘉靖二十八年(1549)以后事例，万历十五年(1587)，重修《大明会典》，228卷，即目前所通用的万历本。对于今天所存弘治、万历《大明会典》版本的存佚及卷册数，明清以来的史籍有着不同的记载，且现在藏书机构的收藏情况亦各异。在此，笔者就闻见所及，对《大明会典》的版本及所藏作一梳理，以求教于方家。

一、《大明会典》版本的相关记载

明清有丰富的藏书，且这些藏书又都被藏书家所著录，编撰成藏书目录。其中较为著名的有明代史志目录书——焦竑的《国史经籍志》、最为后人称道的明代唯一带有解题的综合性书目——高儒的《百川书志》、在史部分类上有一定建树的祁承爜《澹生堂藏书目》、张萱等奉敕校理编纂的《内阁藏书目录》，以及徐渤《徐氏家藏书目》、陈第《世善堂藏书目录》、孙承泽《春明梦余录》等私家藏书目录，这些书目中均有《大明会典》版本的相关记载。但著录详略各异，下面将其著录分述如下：

明人张萱等奉敕校理内阁藏书于万历三十三年(1605)编纂的《内阁藏书目录》卷1《圣制部》记：《大明会典》副本139册不全，万历间修钞本，内阙一册[②]。此目录是张萱和大理寺左寺副孙能传及中书舍人秦焜、郭安民、吴大山等人在《文渊阁书目》成书160多年后，根据文渊阁新的藏书情况编撰的明代国家藏书目录。官家保存官书《大明会典》尚且散佚如此，其他亦更不易保全了。

---

① 原瑞琴：《弘治〈大明会典〉的纂修》，《中国社会科学院研究生院学报》，2009年第3期。

② 张萱、孙能传等：《内阁藏书目录》卷一《圣制部》，载冯惠民、李万健等选编《明代书目题跋丛刊》，书目文献出版社，1994，第468页。

焦竑的《国史经籍志·敕修》记："《大明会典》一百八十卷，李东阳等撰"①。从此条目录，我们可以看出焦竑仅著录了弘治《大明会典》，万历《大明会典》却未录入。焦竑在其序中说："今之所录亦准勖例，以当代见存之书"②。以此说明焦竑在万历二十二年(1594)奉命编撰国史时，虽然万历《大明会典》已在万历十五年(1587)成书，但焦竑尚未见到，他仅仅看到了弘治《大明会典》，将其收藏。高儒《百川书志》亦仅记了弘治《大明会典》。这是由《百川书志》成书的年代所致，③他在《百川书志·职官》中记道："《大明会典》一百八十卷，序例目录二卷。国朝弘治年，少师、吏部尚书、华盖殿大学士、臣李东阳等奉敕撰修诸司衙门，统理事物，因革损益，上遵成宪，下博典籍，以成一代之典，颁布臣工，永为遵守。"④

周弘祖《古今书刻》是集录明代各公私机构所刻印的书籍及各地所存石刻而作的古今书刻。此书目仅记《大明会典》为内府刻印书。⑤ 梅鷟《南雍志经籍考·官书本末》记：《大明会典》十套，一百本，内府大字板全。《会典》三十本，闽板全。⑥ 此为天顺间内廷东厢存贮敕撰书。

祁承㸁为著名的藏书家，其澹生堂收藏之富，居当时海内之首，萃古斋抄本等。⑦ 他收藏有弘治《大明会典》和万历《大明会典》。《澹生堂藏书目·国朝史》记：《大明会典》四十册，一百八十卷，正德四年李东阳等辑。又六十册，二百二十八卷，万历十五年申时行等辑。⑧

而徐㶿《徐氏家藏书目》记：《大明会典》二百二十八卷，序作于万历壬寅初秋。⑨ 陈第《世善堂藏书目录》记：《大明会典》二百三十八卷，万历初补修。⑩ 从以上二书目的著录来看徐㶿和陈第仅藏有万历《大明会典》。清人孙承泽《春明梦余录·文渊阁》记：《大明会典》一百四十本，六千五百九十叶。⑪ 据李晋华《明代敕撰书考》知，其为启祯间内板经书纪略所载敕撰书。⑫

以上诸书目基本上都是只简单著录了书名、卷册本数、残缺情况等。《千顷堂书目》和《钦定天禄琳琅书目》等书目则以注文或正文等不同形式较详细地著录了《大明会典》。

《千顷堂书目·典故类》记：《明会典》一百八十卷。其下注曰：弘治十年十一月，上

---

① 焦竑：《国史经籍志》卷一《制书类·敕修》，载冯惠民、李万健等选编《明代书目题跋丛刊》，第219页。

② 焦竑：《国史经籍志序》，载冯惠民、李万健等选编《明代书目题跋丛刊》，第217页。

③ 《百川书志》成书于嘉靖十九年(1540)。

④ 高儒：《百川书志》，周弘祖：《古今书刻》，上海古籍出版社，2005，第69页。

⑤ 高儒：《百川书志》，周弘祖：《古今书刻》，第126页。

⑥ 梅鷟：《南雍志经籍考》上《官书本末》，载冯惠民、李万健等选编《明代书目题跋丛刊》，第444页。

⑦ 冯惠民、李万健等选编：《明代书目题跋丛刊》，卷首第5页。

⑧ 祁承㸁：《澹生堂藏书目》卷三《史类第一·国朝史》，载冯惠民、李万健等选编《明代书目题跋丛刊》，第952页。

⑨ 徐㶿：《徐氏家藏书目》卷二，载冯惠民、李万健等选编《明代书目题跋丛刊》，第1625页。

⑩ 陈第：《世善堂藏书目录》，载冯惠民、李万健等选编《明代书目题跋丛刊》，第810页。

⑪ 孙承泽：《春明梦余录》卷十二《文渊阁》，北京古籍出版社，1992。

⑫ 李晋华：《明代敕撰书考》，燕京大学图书馆，1932，第86页。

以累朝典制散见迭出，未会于一，敕大学士徐溥等仿《唐会要》《元经世大典》《大元通制》为书，十五年正月书成，未及颁行。正德四年，复命大学士李东阳、焦芳、杨廷和等旋定补正遗缺，成书刊布。两朝皆有《御制序》。其书止于弘治十四年。至嘉靖八年，复命阁臣纂修，十六年以后迄于嘉靖九年以前事例续之。同时记：重修《明会典》五十三卷（嘉靖）。《重修明会典》二百二十八卷（万历四年命阁臣续修嘉靖以来事例，迄万历十四年成书）。①

《钦定天禄琳琅书目》记：《大明会典》二十函七十四册，明万历间重修二百二十八卷，前孝宗弘治十五年《御制序》，次武宗正德四年《御制序》，次神宗万历十五年《御制序》，次弘治、正德、嘉靖、万历四朝《敕谕》，次《纂辑诸书》，次《开报文册衙门》，次《弘治间凡例》，次《嘉靖间续纂凡例》，次万历四年张居正、吕调阳、张四维等请敕礼部编辑事例送馆《劄子》，次万历间《重修凡例》，次万历十五年申时行、许国、王锡爵等《进书表》，次重修诸臣衔名。考《大明会典》一书，始修于弘治，重订于正德，嘉靖时复加参补，增入弘治十六年以后事例，至万历间又增入嘉靖二十八年以后条例，校刊成书。故《明史·艺文志》称为万历中重修《大明会典》。……世宗时仅以稿本进览，并未刊行，故不为制序，非有阙佚也。② 接着还对纂修万历《大明会典》的总裁官张居正、张四维、申时行、许国、王锡爵、吕调阳等人进行了简单的介绍。《钦定天禄琳琅书目》纂修于乾隆四十年(1775)。此书目中所记卷数和所附《御制序》《敕谕》《凡例》等的排列顺序与当今北京大学图书馆所藏明万历刻本之万历《大明会典》完全一样。《钦定天禄琳琅书目》作为官修内府藏书目，具有很高的权威性，其所著录乃乾隆四十年(1775)内府藏书中的"菁华"。③ 因而可以肯定地说，修《四库全书》时，内府确实藏有万历《大明会典》。这一点亦为著名明史学家孟森先生所证实。孟森先生在检阅天禄琳琅藏书时发现其中就藏有万历《大明会典》。④

而《四库全书总目》只有弘治《明会典》提要，并在提要中说："嘉靖八年复命阁臣续修《会典》五十三卷，万历四年又续修《会典》二百二十八卷。今皆未见其本，莫知存佚。"⑤究竟四库馆臣见此本否？

清代律学家沈家本在《万历〈大明会典〉跋》中说："复修于万历即此本是。《明·艺文志》'故事类'所录者，此书也。所不可解者，天禄琳琅即藏有此书，何以《四库全书总目》所收者但有弘治本，提要云'嘉靖八年续修《会典》五十三卷，万历续修《会典》二百二十八卷。今皆未见其本，莫知存佚。'"他认为四库馆臣实未见此书，故所言如此。他接着说："岂《天禄琳琅书目》编自内直诸臣之手，故馆臣不及知欤？迨《书目》既成之后藏之内廷，馆臣不获寓目欤？"为了说明四库馆臣真的"未见其本"，他还举例说："有如《天禄琳琅书目》所载万首唐人绝句，前编所录有两宋本并一百一卷，而《四库全书》所录，乃九

① 黄虞稷：《千顷堂书目》卷九《典故类》，上海古籍出版社，2002。

② 《钦定天禄琳琅书目》，影印文渊阁《四库全书》本，第675册。

③ 永瑢、纪昀、陆锡熊等编《四库全书总目》卷八十五《钦定天禄琳琅书目》提要，中华书局，1965。

④ 孟森：《选刻四库全书评议》，《明清史论著集刊》下册，中华书局，1959，第594页。

⑤ 永瑢、纪昀、陆锡熊等编《四库全书总目》卷八十一《明会典》提要。

十一卷”。他认为“当日中秘之书不尽发交四库馆校阅。故馆臣无从编述此书，亦其比也”。在当时收藏家书目所录并弘治本，而无万历本。沈家本认为“万历本流传甚希”，他便“以重值购置”万历本，用于法律学堂学习参稽，以助于明制的研究。[①] 由此可见，万历本还是“殊可宝贵”的。现代著名目录学家王重民先生也认为四库馆臣未见到万历《会典》。他在著录万历《会典》万历间刻本时称“四库馆中未有此本”。[②]

现代学界对此则另有说法。李晋华先生对清《四库全书》著录，据正德180卷本提出疑问，他说：“提要云：‘嘉靖续修本及万历续修本，今并不知存佚，殆以嘉靖间祀典太滥，万历间稗政孔多……’云云，不知何故四库纂修时竟未见万历本。”[③]以商传先生和鞠明库博士为代表的学者亦认为四库馆臣修四库时“未见”万历《会典》，并非确实。商传先生认为万历《会典》中记载了许多清统治者忌讳的内容，而正德《会典》不述。因此而有意回避。[④] 鞠明库博士经过详细考证，撰文《〈四库全书〉缘何不收万历〈大明会典〉》论证《四库全书》对万历《会典》是讳而不录。[⑤] 对于四库馆臣“讳而不录”的作风，笔者认为是如实地反映了四库馆臣的思想。“讳而不录”，或者文字抽毁、修改是四库馆臣一贯做法。仅从《四库全书》本弘治《明会典》所载《御制序》的行文中即可窥见一斑。如：《四库全书》本《明会典》中所载的弘治《明会典序》说：“惟我太祖高皇帝以至圣之德，代前元而有天下。”[⑥]再看日本汲古书院1989年据东京大学图书馆藏本明正德六年司立监刻本影印《正德大明会典》本，弘治《〈明会典〉序》的行文则为：“惟我太祖高皇帝以至圣之德，驱胡元而有天下。”[⑦]显见，四库馆臣是将“驱胡元”改成了“代前元”。无独有偶，孟森先生在检阅天禄琳琅所藏万历《会典》时，发现其书也已被清人篡改。[⑧]

二、《大明会典》的善本及缩微制品

李晋华《明代敕撰书考》著录：北平图书馆有正德刊本（百八十卷本）一部，存七十五卷四十三册。又万历刊本（二百二十八卷本）一部，存七十卷三十三册。又一部，本同，存一百八十四卷一百二十四册。又万历朱红抄本一部，存二百零四卷一百三十二册。故宫图书馆有万历十五年刊本一部五十四册（原存昭仁殿）。又一部，本同，存十二册（原存昭仁殿）。北京大学图书馆有万历刊本一部五十四册（按，此部与故宫一部同）。各本每半页十行，行二十字。[⑨]

---

① 沈家本：《万历大明会典跋》，《沈寄簃先生遗书》乙编《沈碧楼偶存稿》卷六，民国间刻本。

② 王重民：《中国善本书提要》卷二《史部 · 政书类》“大明会典”条，上海古籍出版社，1983，第154页。

③ 李晋华：《明代敕撰书考》，第54页。

④ 商传：《〈明会典〉及其史料价值》，《史学史研究》，1993年第2期。

⑤ 参见鞠明库：《〈四库全书〉缘何不收万历〈大明会典〉》，《河南图书馆学刊》，2003年第3期。

⑥ 朱祐樘：《明会典序》，见影印文渊阁本《四库全书》。

⑦ 朱祐樘：《御制大明会典序》，见《正德大明会典》，汲古书院，1989。

⑧ 参见孟森：《选刻四库全书评议》，《明清史论著集刊》下册，第595页。

⑨ 李晋华：《明代敕撰书考》，第54页。

现在我们能在国家图书馆见到《大明会典》弘治本，其一是明正德四年(1509)司礼监刻本《大明会典》180卷。明徐溥等纂修，54册，半页10行，20字，小字双行，同黑口，四周双边。版心刻书名、卷次及页码。如：版心刻有"会典卷一六"，卷首有弘治十五年十二月十一日《御制〈大明会典〉序》、正德四年十二月十九日《御制〈大明会典〉序》、弘治《皇帝敕谕内阁》、李东阳《进〈大明会典〉表》、《纂辑诸书》、《开报文册衙门》、《奉旨校正〈大明会典〉官员职名》、《凡例》、《目录》。1995年中华全国图书馆文献缩微中心北京图书馆摄制成缩微制品6卷(6∶1有卷首至卷29;6∶2有卷30至卷63;6∶3有卷64至卷104;6∶4有卷105至卷135;6∶5有卷136至卷175;6∶6有卷176至卷180)。原件现藏于国家图书馆，与《中国古籍善本书目》著录的版本相同。

其二也是明正德四年(1509)司礼监刻本《大明会典》180卷。明徐溥等纂修。但所存册数及卷数不同。此版本有42册，存74卷。国家图书馆有善本和缩微制品。

其三为明正德六年(1511)司礼监刻本《大明会典》180卷。明徐溥等纂，明李东阳等校正，21册，存33卷。各卷中内容有修补缺字，且有水渍；版心刻有"会典"、卷次及页码。半页10行20字，小字双行，同黑口，左右双边单鱼尾，线装。此书已由普通古籍提到善本部。目前还未有缩微制品。

在国家图书馆善本阅览部能见到的《大明会典》万历本：

其一，善本《大明会典》280卷。明张居正等纂修，明内府抄本，12册，存16卷。《中国古籍善本书目》对其注记较为简略，笔者根据所见版本补记其版式：半页10行20字，红格，红口，四周双边，双红对鱼尾；框高41.4 cm，宽24.3 cm，板框25.6 cm×17.5 cm。①正文"《大明会典》卷一宗人府"文下钤有朱文方印"北京图书馆藏书印"。此善本为国家图书馆藏孤本，即为《中国古籍善本书目》著录的明张居正等纂修《大明会典》280卷，明内府抄本。国家图书馆现有缩微制品。

其二，《大明会典》228卷，明申时行等纂修，明刻本，12册，版式为11行26字，白口，四周单边。国图仅藏有善本，目前还未制作缩微胶片。

其三，《大明会典》228卷，明申时行、赵用贤等纂修，明万历十五年(1587)内府刻本，96册，10行，20字，黑口，四周双边。此本卷首有：弘治、正德《御制〈大明会典〉序》、万历《御制重修〈大明会典〉序》、弘治《敕谕内阁》、嘉靖《敕谕内阁》、万历四年六月《敕谕内阁》、《纂辑诸书》、《开报文册衙门》、《弘治间凡例》、《嘉靖间续纂凡例》、《题本》、《重修凡例》、申时行等《进重修〈大明会典〉表》，还有《奉敕重修〈大明会典〉官员职名》《目录》。缩微制品有9盘。

其四，《大明会典》228卷，明申时行、赵用贤等纂修，明万历刻本，69册，存204卷。原件个别地方字迹模糊，缺失较多。此版本半页10行，20字，黑口，四周双边。有缩微制品8卷，《御制序》《上谕》《纂辑诸书》《开报文册衙门》《弘治间凡例》《嘉靖间续纂凡例》《题本》《重修凡例》《进重修〈大明会典〉表》《奉敕重修官员职名》《目录》等诸文件齐全。

其五，《大明会典》228卷，明申时行、赵用贤等纂修，明万历十五年(1587)内府刻本，

① 此数据是国家图书馆善本古籍部的老师提供的，谨在此表示衷心的感谢。

存206卷126册。国图藏有善本并有缩微制品,版心题“会典”、卷次和页码,版式为10行,20字,黑口,四周双边。

除此之外,中国人民大学还藏有《大明会典》228卷,明申时行、赵用贤等纂修,明万历十五年(1587)内府刻本,80册20函。

三、《大明会典》的普通古籍本

笔者有幸目验现藏于国家图书馆古籍部的六部《大明会典》,略述如下:

1.《大明会典》228卷,明申时行等重修,明万历间刻本,7册,残存34卷。

2.《大明会典》228卷,明申时行等纂修,明万历十五年(1587)内府刻本,78册。

3.《大明会典》228卷,明申时行等纂修,明万历十五年(1587)刻本,56册。

4.《大明会典》228卷,明申时行等重修,明万历间刻本,11册,存35卷。

5.《大明会典》,明刊本,2册,存22卷。

6.《大明会典》228卷,明申时行等重修,明万历间刻本,3册,存31卷。

四、《大明会典》的其他版本

除以上所述外,《大明会典》还有几类版本值得重视。

一是《四库全书》影印本和《续修四库全书》影印本。《四库全书》收有正德《明会典》,《四库全书》影印本所据影印底本为江苏巡抚采进本。因在编修过程中,四库馆臣对此本个别内容进行了修改,所以此本的使用需和其他版本对校。此类还有上海古籍出版社《续修四库全书》影印本,它收有明申时行、赵用贤等纂修的万历《明会典》,所据影印底本为明万历内府刻本,影印原书版高24.5cm,宽35.2cm。

二是《万有文库》本。目前所通用的申时行等重修《明会典》228卷本,1936年由上海商务印书馆印《万有文库》第2集收入,共40册。《万有文库》本的《大明会典》是活字本。此本卷首所载《御制〈大明会典〉序》部分,最初按弘治《御制〈大明会典〉序》、次为万历《御制重修〈大明会典〉序》、最后将正德《御制〈大明会典〉序》,在校正之际,产生了错简,将正德序与万历皇帝的序颠倒了。即《万有文库》本的第5页的最后两行与同书第3页的最后两行完全对换了。

三是中华书局本。中华书局1989年据1936年商务印书馆《万有文库》排印万历重修《明会典》缩印。此本影印说明称:缩印前中华书局编辑部曾用万历刻本核对过,改正了《万有文库》本一些排校错误。个别排印本漏排之字,因牵动版面过大不宜迳增,则于该处右侧标以▲号,所漏之字于上下空白处补出。有些学者认为此本为较好的版本。所以2007年中华书局又重印,扉页题为申时行等修万历朝重修本《明会典》。此本26cm,1122页,精装。

四是广陵书社本。扬州广陵书社曾于20世纪80年代据明刊本影印行世,并早已售罄。为了便利读者研究使用,于2007年特改为32开本重印明李东阳等撰、明申时行等重修《大明会典》,此影印本共5册,3012页。

五是台湾地区的版本。其一,新文丰本。它是1976年台湾新文丰出版公司影印明李东阳等奉敕撰、明申时行等奉敕重修《大明会典》228卷,5册,26cm,精装。其二,文海本。它是1984年台湾文海出版社据明万历刊本影印明李东阳纂,明申时行重修《大明会典》228卷,5册,21cm,精装。其三,东南本。它是1963年台北的东南书报以"中央图书馆"所藏万历十五年司礼监刊本为底本,影印出版的。其四,台北商务印书馆本。1968年台北商务印书馆据明申时行等人编《大明会典》1587年宫廷本影印。该本《大明会典》中有一严重的印刷错误:互换了正德《御制序》和万历《御制序》的篇名与日期。例如:正德《御制序》中有言及世宗朝的内容;而万历《御制序》中曾称孝宗为"皇考",并言当朝皇帝即位于正德间。台湾东南书报1963年影印本有相同的错误。

六是海外版本。目前笔者亲见的有日本东京汲古书院本。该本系1989年据东京大学图书馆馆藏明正德司礼监刊本影印的正德《大明会典》180卷,3册,27cm,书后附有山根幸夫解题。现在国家图书馆外文书库藏有此本。

除此之外,目前日本还存有几种其他的版本:尊经阁文库本、内阁文库本、东京大学文化研究所的三种藏本和蓬左文库本。① 其中,尊经阁文库本以及东京大学文化研究所的三种藏本与东京大学图书馆的藏本虽同属一个系统的版本,但其版型均比东京大学图书馆本稍小;内阁文库本与东京大学图书馆等本的文字排列和字数不同,因而可以将其列入另外的版本;名古屋蓬左文库所藏的朝鲜活字本值得注意。

需要说明的是,以上对《大明会典》的版本研究还只是初步的,亟待进一步的深入和拓展。由于篇幅所限,对于《大明会典》海外版本的研究,笔者将另文探讨,此不赘述。

(原载《中国社会科学院研究生院学报》2011年第1期,有删改)

① 关于弘治《大明会典》的版本,日本在1989年汲古书院影印《正德大明会典》以前,一直被认为只有一种版本存在。当汲古书院影印本刊行之际,日本学者山根幸夫对正德《大明会典》进行了全面调查,意外地发现日本还有六种版本存在。

《大明会典》性质论考

《大明会典》是明代官修的记载典章制度的史书。该书"辑累朝之法令,定一代之章程。宏纲纤目,灿然具备"[①],是"研究明代典章制度的史料渊薮,具有极其重要的史料价值"[②],自问世以来一直受到明史研究者的高度重视。然而关于《大明会典》是一部什么性质的书,目前学术界众说纷纭,莫衷一是。笔者不揣浅陋,拟就此略述管见,以求教于方家。

一

长期以来,法制史学界普遍认为《大明会典》具有行政法典的性质。这个观点几乎反映在所有的法制史和行政法史的教科书中,但说辞也不尽相同。如:蒲坚主编的《中国法制史》称"《大明会典》就其内容、性质与作用来看,仍然属于调整封建国家各机关权力职责的行政法典"[③]。林明主编的《中国法制史》也认为:会典属于规范国家机构运行的行政法典[④]。也有一些学者认为:《大明会典》具有封建行政法典的性质[⑤]。如陈国平在其著作《明代行政法研究》中称:"明代行政法典主要是指《明会典》。……《明会典》是一部融各部门法为一体的法规大全,还是一部专门有关明代国家机关组织的法规汇编,或者用现代的语言来说是明代的行政法典,这并非是一个简单的问题。它所要说明的实际上是《明会典》的性质。"[⑥]台湾东吴大学法学院研究教授林咏荣称:《明会典》性质"与周或唐之六典,及元之典章相同,为行政上之宪典"[⑦]。另外,还有一些学者在其学术论文中提到《大明会典》的性质时也持"行政法典"说,与林咏荣教授的说法基本上相类。如:郑杰

---

① 朱翊钧:《御制重修明会典序》,载万历《明会典》,中华书局,1989,卷首。

② 向燕南、张越、罗炳良:《中国史学史》第5卷,上海人民出版社,2006,第68页。

③ 蒲坚主编《中国法制史》,光明日报出版社,1987,第190页。

④ 林明主编《中国法制史》,上海人民出版社,2003,第222页。

⑤ 参见朱勇主编《中国法制史》,法律出版社,1999,第370页;张生、李超编著《中国法制史》,法律出版社,2001,第116页等。

⑥ 陈国平:《明代行政法研究》,法律出版社,1998,第4~7页。

⑦ 林咏荣:《中国法制史》,大中国图书公司,1976,第62页。

在其《行政法文献巨篇——略谈清代五朝会典》一文中，就明确指出："《大明会典》的性质与《唐六典》相同，属行政法典汇编。"①殊不知有关《唐六典》的性质问题，其实早在1996年前学术界就曾展开过激烈的争论，结果是不了了之②。

上述学者说辞各异，但基本观点是趋向一致的，那就是《大明会典》具有行政法典的性质。

"行政法典"说的持论依据，说到底是因为《大明会典》依《诸司职掌》为根据，参照《皇明祖训》《大诰》《大明令》《洪武礼制》《礼仪定式》《稽古定制》《孝慈录》《教民榜文》《大明律》《宪纲》等12种法律、法规和百司之法律籍册编成，其编纂目的是为当时国家机关及各级官吏的活动提供普遍适用的准则。《大明会典》主要以《诸司职掌》为根据，规定了明代的官职建制及职权范围，这些当然是行政法所调整的对象。从这个层面上来讲，"行政法典"说有其一定的合理性。但是一部书有这些内容与它是否就是"行政法典"完全是两回事，仅凭书中有行政制度与行政法规的内容，就认为其为"行政法典"，未免有失偏颇。

对于这一点，国内外的一些学者也有共识。如：明史专家张显清、林金树就认为"《大明会典》不能算确切意义上的国家法典"，他们认为：它保留了有明一代的典制，事体完备，内容丰富，在司法中的参照作用也是存在的③。《中国珍稀法律典籍续编》第三册的主编杨一凡先生在此书《点校说明》中说得更为明确，他指出："编纂《大明会典》的目的是记载明代的典章制度，方便官吏检阅。许多著述把《大明会典》说成是行政法典，似欠妥当。"④日本学者山根幸夫也认为"会典与唐代的律令、明清的律令等不同，称之为法典并不妥切"⑤。

所谓行政法，是关于行政或与行政有关的法律，而行政只有与立法和司法分立以后，才有可能被专门的法律调整。行政、立法、司法三权的分立是近代资产阶级革命的产物，行政法也是现代的产物。在此以前，国王或皇帝拥有国家的一切权力，他们"口含天宪，

① 郑杰：《行政法文献巨篇——略谈清代五朝会典》，《行政法学研究》，1999年第1期。

② 《中国社会科学》1989年第6期登载了钱大群、李玉生《〈唐六典〉性质论——兼驳"行政法典"说》一文，河北师范学院历史系（现河北师范大学历史文化学院）宁志新先生对此文提出质疑，撰文《〈唐六典〉仅仅是一般的官修典籍吗？》（《中国社会科学》1994年第2期"读者评议"栏刊出），对钱大群等文中所阐述的否定《唐六典》为行政法典的观点提出了异议，1996年第6期《中国社会科学》又刊登了钱大群先生的《〈唐六典〉不是"行政法典"——答宁志新先生》一文，钱大群先生从中国古代《律》"专为刑书，不统宪典"，并不肇始于《唐六典》等四个方面的阐述，说明《唐六典》不是行政法典。《中国史研究》1996年第1期刊登了宁志新先生《〈唐六典〉性质刍议》一文，宁志新先生就《唐六典》性质问题当时学术界所持的几种观点进行分析和评说，提出了自己的看法。他认为：《唐六典》"应是一部存在严重缺陷的不完备的行政法典，或更准确地称之为准行政法则。"

③ 张显清、林金树主编《明代政治史》，广西师范大学出版社，2003，第690页。

④ 杨一凡：《点校说明》，载杨一凡，田涛主编，杨一凡点校《中国珍稀法律典籍续编》第三册《明代法律文献上》，黑龙江人民出版社，2002，卷首第11页。

⑤ （日）山根幸夫：《明代的会典》，载中国社会科学院历史研究所明史研究室编《明史研究论丛》第6辑，黄山书社，2004，第44页。

言出法随”,享有最高的立法权;又“率土之滨,莫非王臣”,对天下臣民生杀予夺,对所有官吏自由任免黜罚,立法、行政、司法的权力被君主的巨手揉搓玩捏,融为模糊的一团,既不可能有纯粹的行政关系,更不可能有纯粹的行政法规①。所以说用现在意义的“行政法典”来定义《大明会典》一书的性质,的确有些不妥。

另外,从收入在《大明会典》内的书籍来看,虽然《诸司职掌》是明代最具代表性的行政立法。然而,《大明会典》的内容并不拘囿于当朝现行的诸司职掌,而把相关旧制均包括在内,即便是在当时已经不再行用的事例,也照样收录。《弘治间凡例》第一条指出:“与见行不同者,亦存其旧。”《重修凡例》也称:“文武衙门官职,节年有因事添设者,有事已改罢者,……皆备书之。”由于《诸司职掌》与《大明会典》的功用是不同的,在内容的编排上,二者也有差别。前者重在阐明各部门具体的职掌和政务,重点突出,主题鲜明;而《大明会典》以保存旧制为目的,把各部门相关的典制尽皆收罗,所谓“诸书所载,事有相关者,亦并录之”。以刑部为例,《诸司职掌》只记录刑部所属各部门的具体职掌,而《大明会典》则在此之外,还把作为明朝刑法大典的《大明律》全文照收。据《弘治间凡例》规定:“若《大明律》已通行天下,尤当遵奉。故于刑部照职掌律令条下,分类备载。”所以,《大明会典》抄录《大明律》的《名例律》《吏律》《户律》《礼律》(其中只有《失占天象》与《术士妄言祸福》二篇未录)《兵律》《刑律》《工律》等七篇的全部内容②。另外,收入《大明会典》中的还有特别刑事法规《大诰》。如万历《大明会典》卷一百七十三《刑部·罪名一》“真犯死罪”下收《大诰》罪名二十四项,“杂犯死罪”下收《大诰》罪名四项;在卷一百七十八《刑部·抄扎》下收《大诰》罪名十项等。除此之外,收进《大明会典》的刑法除《大明律》及《大诰》外,还有重要的刑事法规《问刑条例》。《大明会典》卷一百七十七《刑部·问拟刑名》下收入了刑事诉讼法的主要内容。且刑事诉讼法的另一部分重要内容则列入《大明会典》卷二百十四《大理寺》目下,如《审录参详》《请旨发落》《详拟罪名》《月报囚数》《类奏南京罪囚》《处决重囚》《审录在外罪囚》等。显见,《大明会典》系统地囊括了明朝全部刑事立法的内容,在这种情况下仍称其为“行政法典”,从一定程度上来说,可谓违反了中国古代法律分类的历史发展规律。从部门法分类的历史说,中国封建社会最早从整个法律体系中分离出去而独立的就是刑律即刑法,这种情况战国已开始。在刑法早已独立出去的前提下,仍称刑法与其他法混编一典的《大明会典》为“行政法典”,这至少是无视立法史上的事实③。

二

法学史界还有一种与“行政法典”说相左的观点为:《大明会典》是一部法律制度的

---

① 参见陈国平:《明代行政法研究》,法律出版社,1998,第1~2页。

② 此处所说的全部内容指的是《大明律》的正文,不包括《大明律》的注文。弘治《大明会典》在收录《大明律》时,将其注文全省略了。

③ 参见钱大群《明清〈会典〉性质论考》,载中国法律史学会编《法律史论丛》第4辑,江西高校出版社,1998,第80页。

汇编书,不能说是行政法典。此说以钱大群先生为代表。他在《明清〈会典〉性质论考》一文中指出:“明朝的会典,其性质是一部法律、法规的综合汇编书。”[①]张晋藩先生也持此说,他在《中国法制史》中说:《明会典》具有行政法规大全的性质[②];在《中国法制通史》第七卷《明》一书的第一章《立法概论》中又说:“《明会典》不是明朝所有法律的全编,只是重要法律的汇编。”[③]而在第二章《行政法律》中又指出:“明朝的法律汇编《大明会典》中收集了大量的行政法。”[④]显然,他是把《大明会典》定性为“明朝的法律汇编”了。

从形式上看,《大明会典》确实具有法律汇编的某些特点。

其一,《大明会典》的内容是明朝在行的所有主要法律、法令、规章、制度直接载入。《弘治间凡例》说:“凡有籍册可据者,先后具载,其因沿革损益,间与见行不同者,亦存其旧。……会典本职掌而作,凡旧文皆全录,而诸书所载,事有相关者,亦并录之。”从凡例中我们可以看出,《大明会典》不但将各衙门职掌“事例”全部收入,而且举凡制订的法律典籍也都成本地分类收入其中。《大明会典》中凡事关制度礼法的皆包括无遗。如:《大明律》除《礼律》中的《失占天象》与《术士妄言祸福》二篇未录外,其余全文照收;《诸司职掌》的内容也全部被收录,所不同的则是将《诸司职掌》进行分类散编于《大明会典》各卷之中;其他法律多是辑其重要条文散编于书中;等等。

其二,在编辑方式上,弘治《大明会典》采用“凡事有纲有目,于目之中又有分类”“凡事例而以年月先后次第书之”“其事系于年,或年系于事”[⑤]“附以历年事例,使官领其事,事归于职”[⑥]之法;万历《大明会典》则采用“以官统事”“从事分类、从类分年”相结合的编纂方式[⑦]。即按官职分类,法规条例按职掌“以类相从”,每类按时间先后顺序排列。《会典》事例在编排上是更典型的汇编形式。

从这个意义上把《大明会典》说成是法律汇编有其合理性。但《大明会典》并非各种典制规范的简单排列组合。它是以六部为纲,吏、礼、兵、工四部诸司各有事例者,则以司分;户、刑两部所属诸司,则分省而治;其一事例者,则以科分。弘治《大明会典》首卷为宗人府,第二至一百六十三卷为六部掌故,第一百六十四至一百七十八为诸文职,最后两卷为诸武职,仅附见其职守及沿革。万历《大明会典》二百二十八卷,其卷一至卷二百二十六为文职衙门,卷二百二十七和二百二十八记武职衙门。文职先后为宗人府、吏部、户部、礼部、兵部、刑部、工部、都察院、通政使司、大理寺、太常寺、詹事府、光禄寺、太仆寺、鸿胪寺、国子监、翰林院、尚宝司、钦天监、太医院、上林苑监、僧录司、道录司、神乐观;武职则为中、前、后、左、右五军都督府与锦衣卫等二十二卫。南京存留诸司附于北京诸司之后。此书不仅记制度,也记制度的沿革演变。如:户口、贡赋的多寡变化,制度科条的

---

① 钱大群:《明清〈会典〉性质论考》,载中国法律史学会编《法律史论丛》第四辑,第78页。

② 张晋藩主编《中国法制史》,群众出版社,1992,第365页。

③ 张晋藩、怀效锋:《中国法制通史》第七卷《明》,法律出版社,1999,第25页。

④ 张晋藩、怀效锋:《中国法制通史》第七卷《明》,法律出版社,1999,第43页。

⑤ 《弘治间凡例》,载万历《明会典》卷首。

⑥ 朱厚照:《御制明会典序》,载万历《明会典》卷首。

⑦ 鞠明库:《万历〈会典〉的编纂特色及其存在的问题》,《图书馆杂志》,2004年第12期。

改易,都予以记载,借以窥见变通、创建的缘由。

从两部《会典》的目次来看,《大明会典》确是一个有内在联系的有机整体。并且所修三部《会典》均有编纂的凡例作为编纂体制和原则,指导《会典》的编纂。《大明会典》不仅仅是明朝法律汇编,它"辑累朝之法令,定一代之章程。鸿纲纤目,灿然具备"①,代表着明代官修史书的最高成就,"更具有典制史的性质"②。

三

《中国历史大辞典·史学史卷》称《大明会典》为"记明代典章制度的官修书"③。《千顷堂书目》将其放到了"典故类"④,《四库全书总目提要》把《明会典》著录于史部"政书"类,并评价说《大明会典》记有明一代的典章制度最为详细和完备,"凡史志之所未详,此皆具有始末,足以备后来之考证"⑤,从而也明确了《大明会典》作为史书的性质。金毓黻先生亦论及此,他所撰《中国史学史》说:"明清二代皆无会要,乃改纂会典,以详典章制度,"⑥其中内涵《大明会典》具有典制史的性质。瞿林东先生在其《中国史学史纲》第七章《史学走向社会深层》中专列"皇明典制史《大明会典》",明确指出:"《大明会典》仿《唐六典》和《元典章》而作,同后者相比较,它更具有典制史的性质。"⑦

典制史的编纂,旨在记历代典制掌故,申古今宪章法规,总天下之大学术,"至于往昔是非,可为来今龟鉴","将施有政,用晌邦家"⑧。所记内容广泛,"凡职方、官制、郡县、营戍、屯堡、觐飨、贡赋、钱币诸大政于六曹庶司之掌,无所不隶"⑨,且纂修者对所辑录的资料进行加工、改编、分析、阐述等,充分体现编著者的主观性。除此之外,典制史还有一大特点,就是其仿《周礼》之法,"以国政朝章六官所职者"为范围,于沿革损益之别,极其详赅,使"礼乐刑政之源,千载如指诸掌"⑩。《大明会典》几乎也具备上述诸特点。

首先,《大明会典》记载了从国家机关的建制到普通官员的更名复姓,从州县的设立到具体的人口田土数字,从皇帝登基的仪典到乡饮酒的礼制,从军事长官的诠选到卫所的供给,从国家的刑法大典到赃物的时估办法,从山陵、宫阙的营造到仓库、营房的修建等各项制度,即《御制重修〈大明会典〉序》所说:"礼文制度于斯大备。上自郊庙宫朝,下及车旗服色",几乎涉及了社会各个领域,颇有社会制度史之规模。弘治《大明会典》180

---

① 朱翊钧:《御制重修明会典序》,载重修《明会典》,卷首。

② 参见瞿林东:《中国史学史纲》,北京出版社,1999,第598页;陈梧桐主编《中国文化通史·明代卷》,中共中央党校出版社,2000,第369页。

③ 《中国历史大辞典》,上海辞书出版社,1983,第11页。

④ 黄虞稷:《千顷堂书目》卷九《典故类》。

⑤ 永瑢、纪昀、陆锡熊等:《四库全书总目》卷八十一《明会典》提要。

⑥ 金毓黻:《中国史学史》,商务印书馆,1999,第162页。

⑦ 瞿林东:《中国史学史纲》,北京出版社,1999,第598页。

⑧ 刘昫:《旧唐书·杜佑传》。

⑨ 弘历:《大清会典序》,载《乾隆钦定大清会典》卷首。

⑩ 刘昫:《旧唐书·杜佑传》。

卷,嘉靖《大明会典》200卷[①],万历《大明会典》228卷,全面记载了明代的典章制度,真可谓宏篇巨典。此具备了典制史书的特点之一。

其次,《大明会典》的正式纂修虽始于孝宗弘治年间,但早在天顺元年(1457),英宗复辟时就"有志纂述"会典,因故未成。按照孝宗的说法,自洪武开国以来,列朝立法,损益沿革,变化很大;而且累朝典制"散见于简册卷牍之间",未会于一,"凡百有司艰于考据,下至闾里,或未悉知。"[②]因而,"敕儒臣发中秘所藏《诸司职掌》等诸书,参以有司之籍册,凡事关礼度者,悉分馆编辑之。百司庶府,以序而列。官各领其属,而事皆归于职"[③],荟萃成书,"以成一代之典,俾天下臣民咸得披诵,庶几会极归极,底于泰和"。"务使文质适中,事理兼备,行诸今而无弊,传诸后而可征,以称朕法祖图治之意"[④]。显然,明廷纂修《大明会典》并不是让臣民闲暇无聊时当作文艺作品阅读鉴赏的,而是为了"划一散见迭出的累朝典制",保留历朝制定的规章,更主要的还是为了确保朱明王朝现时和后世的政治统治。这在武宗所作的《御制序》里表述得很清楚。他说:"古之君天下者,或创业立法,或因时制宜,皆有册籍以垂久远。……一以职掌为主,类以颁降群书,附以历年事例,使官领其事,事归于职,以备一代之制。"[⑤]这段序文表达了纂修者这种思想的历史渊源,清楚地表明《大明会典》作为一代之政书,其修纂目的就是为当时及后世提供遵循典制之依据,"以昭一代之章程,垂万年之成宪"[⑥],故于修纂中力求"至精且当",不仅典制完备清晰,且所引事例典型明了。故成为今日研治明代典章制度之要籍。

第三,"盖一朝之会典,即记一朝之故事,故事之所有,不能删而不书,故事之所无,亦不能饰而虚载"[⑦]。考《明会典》之纂修,"以本朝官职制度为纲,事物名数仪文等级为目,一以祖宗旧制为主"[⑧]。其资料具体来源有两大方面。一方面是以洪武时期所修的《诸司职掌》为主,参以当代有关典章制度的史籍,并附以洪武以后历年的有关事例,基本是既存典制的直接记录。另一方面从《大明会典》所附的《开报文册衙门》可以看出,是"先令六部、都察院、通政使司、大理寺等衙门,各委属官,将所载各司事例,再行检查校勘,若有差错,备细贴注明白,送史馆改正。"[⑨]"其近年六部等衙门见行事例,各令选委司属官,遵照体例,分类编集,审订折衷,开具送馆"[⑩]。再由史馆中纂修人员将各衙门上报材料选编成书。从这一点也可以看出《大明会典》具有典制史的特点。

---

① 此书未刊行。严嵩撰《历官表奏》卷十二《纂修〈会典〉进呈疏》云:"自弘治十五年(1502)始,至嘉靖二十八年(1549)止,纂辑已完,并校正过旧典,通计成书总二百卷,缮写俱毕"。据此知:嘉靖《大明会典》为200卷。

② 弘治十年三月初六日《皇帝敕谕内阁》,载万历《明会典》卷首。

③ 朱祐樘:《御制明会典序》,载万历《明会典》卷首。

④ 弘治十年三月初六日《皇帝敕谕内阁》,载万历《明会典》卷首。

⑤ 朱厚照:《御制明会典序》,载万历《明会典》卷首。

⑥ 张居正:《张太岳文集》卷四十《请重修〈大明会典〉疏》。

⑦ 永瑢、纪昀、陆锡熊等:《四库全书总目》卷八十一《清会典》提要。

⑧ 朱祐樘:《御制明会典序》,载万历《明会典》卷首;《明孝宗实录》卷一百二十三"弘治十年三月戊申"条。

⑨ 嘉靖八年四月六日《皇帝敕谕内阁》,载万历《明会典》卷首。

⑩ 万历四年六月二十一日《皇帝敕谕内阁》,载万历《明会典》卷首。

第四,“非以明其因革损益,犹不得被以史称”[①]。而《会典》一书,“于昭代之典章法度,纲目毕举,经列圣之因革损益,美善兼该,比之《周官》《唐典》,信为超轶矣。顾其书创修于弘治之壬戌,后乃阙如,续编于嘉靖之己酉”[②]。“典章法度之详,通变宜民,因革损益之迹,固已纲目具存,足垂彝宪”[③]。从上谕及劄子中能看出《明会典》“因革损益”之迹;与此同时,《凡例》的行文规定也能使读者领略到《大明会典》因革损益的精神。《弘治间凡例》首条称:“其因革损益,与见行不同者,亦存其旧。”又指出“事类纲目,一依《诸司职掌》。其后所增益,《职掌》所未载者,则增立之。随事比类,各附于本条之次”,“有增革减罢者,则直书之”,“事有各司掌行与旧不同者,今仍据《诸司职掌》书而注曰:‘今归某司’;于本司则增立条目,而注曰:‘今归本司’”[④]。如:弘治《大明会典》卷三十五《库藏四·盐法一》所载:“长芦盐运司”“河东盐运司”都为后增盐运司;又如:卷六《吏部五·官制四》“吏”条下注“旧隶本司掌行,今归验封司”[⑤]。此处“本司”即指“文选司”,旧隶“文选司”掌行的“吏”今归“验封司”所掌。按照《凡例》所规定的在“验封司”增设“吏”条,并以注来说明其归属,等等。

又如:《万历重修凡例》称:

> 文武衙门官职,节年有因事添设者。如:“蓟辽总督”“四川总兵”之类;有事已改罢者。如:“浙直总督”“屯监都御史”之类;有原设已革、而又复者。如:“顺天郧阳都御史”之类,皆备书之。而注其下,曰:“某年设、某年罢、某年复”;有兼衔两属者,则互载之。如:“督抚既载兵部、仍载都察院”之类;有职事改并,而衙门裁革者,则两存之。如:“税课司河泊所”前书“设衙门”,后书“裁革衙门”之类;若官职俱废者,止于小序中及之而不载其目。如:“五军都督府断事官”之类;惟有其年久革绝者,则削之。如若年代久远,旧事不可考的,则发中秘所藏《诸司职掌》等诸书,参以有司之籍册。

此外,三修《大明会典》的纂修人员大多是进士出身,擅长史事,“明习典制,诸大礼多所裁定”,[⑥]或属“文学之士”[⑦],参与编修《大明会典》的活动,同时兼编修其他史书的活动。如修纂弘治《大明会典》的一班人,待《会典》修纂完毕,又参加了《明宪宗实录》的纂修。另外,修纂万历《大明会典》与《明穆宗实录》和《明世宗实录》修纂人员互兼[⑧],由此

① 金毓黻:《中国史学史》,第161页。

② 张居正:《重修奏本》,载万历《明会典》卷首。

③ 万历四年六月二十一日《皇帝敕谕内阁》,载万历《明会典》卷首。

④ 《弘治间凡例》,载万历《明会典》卷首。

⑤ 《正德大明会典》卷六《吏部五·官制四》,汲古书院,1989。

⑥ 张廷玉:《明史》卷二百十七《于慎行列传》。

⑦ 王鏊:《震泽长语》卷上《官制》。

⑧ 据《明孝宗实录》卷一百五十四载,大学士徐溥既任《大明会典》的总裁,又任《明英宗实录》的总裁。另据《明神宗实录》卷五十一载,第三次续修《大明会典》时,就是用张居正为首的《明世宗实录》《明穆宗实录》的修纂班子来承修的。

也可窥见一斑。

综上所述,《大明会典》确实具有典制史的性质。对此观点,笔者虽基本同意,但若进行细致的分析,笔者则认为,把《大明会典》的性质界定为会典体史书会更精确些。

四

一般认为,典制体史书是以记典章制度为中心的史书体,数量多,品类繁,大体上可分为通代史和断代史两类。通代史,即综述历代典章制度的典制通史。杜佑的《通典》、郑樵的《通志》"二十略"、马端临的《文献通考》都是贯穿古今的"会通"之作。断代史,即专记某一历史朝代或一定时期的典章制度的专书。断代典制体史书又有"会要""会典"之分。金毓黻先生《中国史学史》也论及说:"官撰之书,专详一代典制,而又以明因革损益者,其会要、会典之书乎。"[①]"会要"是断代典制体史书的总称,就是把一代的典章制度集中在一起,扼要叙述。性质与"典""志""考"类似,特点是断代。"会要"曾是官修典制体史书的名称,到后来,因为私人编撰的很多,就成为私人编撰的典制体史书的通称了。

"会典"是明、清两代官修典制体史书的名称。在明代以前,只用"典"来命名,如《唐六典》《元典章》等。会典体史书,是按设官分职的分类方法来编排史料,即把一代之典制分别记在各有关官衙之下,专门记载法令规章制度等方面的资料,体例与"会要"相近,但是以六部分述行政机构的职掌事例。有学者认为:"会典"的性质与"会要"相似,但它不以"会要"门类分录材料,而以吏、户、礼、兵、刑、工六部为纲,注重章程法令和各种典礼,与"会要"略为不同。而且"会典"著作均为官修[②]。尹达先生认为:"断代典制史由官府垄断以后,逐渐演为'会典',体例已经变化,多集中于帝训、帝制等政令和事例的记载"[③]。《中国文化词典》等书称会典"为会要的别体"[④]。

综上所述,会典除具有典制体史书的一般特性外,还有其特殊的性质,简而言之,即官修的,以六部为纲,专记一代典章制度。

《明会典》,"明弘治十年徐溥等奉敕修撰,……万历时,申时行等奉敕重修"[⑤];或"弘治十年三月,由吏部尚书徐溥等奉命纂修,……武宗命大学士杨廷和等重校,……万历四年,张居正奉命再次重修"[⑥]。这些都表明了《大明会典》的三次纂修是"奉敕"或"奉命"而行的,从而显示了《大明会典》是官修的一个方面。另一方面,《大明会典》每次纂修都有敕内阁的诏谕,孝宗、世宗、神宗都下过这种上谕。武宗还给司礼监下过刊刻的诏谕。每次《会典》制成后,皇帝都亲自为典作序。在这些上谕和序文中,皇帝都下令颁行,并指

---

① 金毓黻:《中国史学史》,商务印书馆,1999,第161页。

② 刘青松:《中国古典文献学概要》,湖南大学出版社,2002。

③ 尹达:《中国史学发展史》,中州古籍出版社,1985,第177页。

④ 参见杨金鼎主编《中国文化词典》,浙江古籍出版社,1987,第791页;金毓黻:《中国史学史》,第162页。

⑤ 参见任道斌、李世愉、商传等编《简明中国古代文化史词典》,书目文献出版社,1990,第421页。

⑥ 任继愈主编《中国文化大典》,山西教育出版社,1999,第330页。

示臣民如令遵守。如孝宗说:“以颁示中外,俾自是而世守之”①,“俾天下臣民咸得披诵”②。武宗说:“特勅司礼监命工刻梓,俾内而诸司,外而群服,考古者有所依据,建事者有所师法”③,“司礼监便命工刊印,颁赐群臣,传行天下”④。世宗说:“失之前者,得正之于后,行诸后者,可质之于今。”⑤神宗说:“惟是内外臣工,展采错事,务壹禀于成宪。执此之政,坚如金石;行此之令,信如四时。”⑥这些也表明了《明会典》的官修的特性。

《弘治间凡例》称:“《会典》之作,一遵敕旨,以本朝官职制度为纲,事物名数、仪文等级为目;凡事有纲有目,于目之中又有分类,多不能悉举。”万历间《重修凡例》亦称:“《会典》重修遵奉敕谕,将弘治、嘉靖两朝旧本校订、补辑,及嘉靖己酉以后,六部等衙门见行事例,分类编集,审订折衷,但年岁久远,条件繁多,体例宜有变通,事目不无增损,务期考究详确,不失敕旨折衷之意。”从两《凡例》中不难看出《会典》之纂修,“一遵敕旨”“遵奉敕谕”“不失敕旨”之意;另“以本朝官职制度为纲”“六部等衙门见行事例,分类编集”等,从凡例的行文中也都显现出了《大明会典》为官修,并专记明代一朝制度的性质。尤其是对明朝的制度变更,嘉靖间《续纂凡例》、万历《重修凡例》都做了详细的规定。

《嘉靖间续纂凡例》云:

“郊庙”等项礼仪,凡奉今上增定者,以新仪立目;更定者,各载于旧仪之次。“坛庙”“冠服”“仪仗”等项制度,凡奉钦定,而旧所未有者,各画为图,随类附入。官制,“殿阁大学士”旧载“国子监”之后,今以其与“师”“傅”同为大臣兼官,不隶衙门,移列“师”“傅”之次。南京各衙门事例,有混载于北者,悉更正之。

万历间《重修凡例》称:

“户口”“赋税”等项则例,首载洪武间数,以纪其始;次载弘治间数,以纪其中;次载万历六年会计之数,以别登耗;其嘉靖所载,添减无几,则省之,以免繁复。若各边饷,年例浩繁,多系嘉靖己酉以后增加之数,今备书之。……“礼仪”以国初制为定,后有损益者,节书之。……《兵部》“镇戍”,旧本纪载甚略,而别有“文臣总督”之目。然巡抚兵备官,皆有兵戎之寄。而九边各镇要害,节年经理,事例甚繁,皆宜备录。今以“督抚兵备”,列于“将领”之次,各镇则有“分例”,有“通例”。凡边海防御事宜可考据者,皆书之;若各省直地方有未详者,姑缺以俟后。“三大营”系嘉靖二十九年更定。“大阅”系隆庆三年创行,规制仪节,皆备书。……“内府营造”不载“宫殿门楼”,似为缺漏,今补书之;“河渠”以“运道”为重,故凡泉湖、闸坝、夫役、钱粮,备载“运道”之下,而“水利”则别书

① 朱祐樘:《御制明会典序》,载万历《明会典》卷首。
② 弘治十年三月初六日《皇帝敕谕内阁》,载万历《明会典》卷首。
③ 朱厚照:《御制明会典序》,载万历《明会典》卷首。
④ 朱厚照:《敕司礼监刻〈明会典〉谕》,载万历《明会典》卷首。
⑤ 嘉靖八年四月六日《皇帝敕谕内阁》,载万历《明会典》卷首。
⑥ 朱翊钧:《御制重修明会典序》,载万历《明会典》卷首。

之。其《工部》四司料价及内府题办,虽系见行,多非旧制者,则总附于末。

据今所见弘治、万历两部《大明会典》的内容来看,其两部的卷数虽然不同,但就总体而言,两部所设的类目,都是首卷为宗人府,其下依吏、礼、户、兵、刑、工六部及都察院、六科与各寺、府、监、司等为序,全面记载了明代中央和地方政府的机构与职掌、官吏的任免、文书制度、少数民族地区的管理、行政管理和监督、农业、手工业、商业和土地制度、赋税、户役、财政、天文、历法、习俗、文教等。《大明会典》基本上采用的是"以六部为纲,分述诸司职掌,附以事例,冠服、仪礼"等会典之体。

终而论之,《大明会典》是明代官修的一部重要史著,以六部为纲,汇集了有明一代的典章制度,具备会典体史书之性质。

(原载《史学史研究》2009 年第 3 期,有删改)

《大明会典》的社会影响

《大明会典》[①]是一部明代官修的专述有明一代典章制度的典制体史书。其始纂于弘治十年(1457)三月,经正德时参校后刊行,共180卷。嘉靖时经两次增补,万历时又加修订,纂成重修本228卷。本文拟就《大明会典》的社会影响问题作一探讨,以求教于方家。

一、学界对《大明会典》价值的认识

《大明会典》作为有明一代典章制度之集大成者,自问世以来一直受到明史研究者的重视。明人王世贞认为,"修典章以昭国纪","《大明会典》一书实我祖宗经世大法,百司庶僚奉而行之,可以传示永永"。[②] 他还说道:"《会典》之所辑,星官之所职,六尚书之故牍,可以书、可以志、可以表,而我明一代之业,当无逊于西京矣。其事体稍重大,而有益于治道者,或起自赵宋而至先朝,用左氏之体,而达涑水氏之忠,微益以文而严刈其杂合"。[③] 说明《大明会典》的价值和历史地位已被明人充分认可。

对《大明会典》的价值和历史地位,清人也给以高度评价。孙承泽在介绍《大明会典》时曾说,该书"以诸司职掌为纲,以度数、名物、仪文等级为目,附以历年事例,使官各领其属,而事皆归于职用,备一代定制,以便稽考。……一代之大经大法备焉,其余诸书不具载"。[④] 四库馆臣称赞《明会典》:"凡史志所未详,此皆具有始末,足以备后来之考证","于一代典章,最为赅备"。[⑤]

瞿林东先生认为,《大明会典》"反映了明代皇权之下各部职能的结构和诸司职掌的基本情况和历史变化;而因其多附有相关的历朝事例,故也反映出丰富的社会历史内容。它在这方面的价值,是其他官修史书所不能代替的"。[⑥] 商传先生称"真正可称为有明一

---

① 《大明会典》简称《明会典》或《会典》。

② 王世贞:《弇州四部稿》卷一〇六《文部·奏疏五道·计开》。

③ 王世贞:《弇州四部稿》卷一百十六《文部·策四首·第三问》。

④ 孙承泽:《春明梦余录》卷十二《文渊阁》。

⑤ 永瑢、纪昀、陆锡熊等:《四库全书总目》卷八十一《明会典》提要。

⑥ 瞿林东:《中国史学史纲》,北京出版社,1999,第598页。

代典章制度之集大成者,还当属《大明会典》”。[①] 李晋华先生充分肯定了《明会典》的价值,他说:“凡属于经史及明一代典章制度者均具有相当价值,……《明集礼》《明会典》及《明律》,为一代典章制度之所在,更不可缺”。[②] 赵俊先生认为,“《明会典》作为官修本朝典志之书,有充分的资料供应及人力物力保证,因而记载详备,数据相对真实可信。关于田亩、户口、驻军等记载,比《明史》各志和《明会要》更详细。在记冠服、仪礼等内容还附有插图,便于后人理解”。[③] 向燕南等先生认为,“《大明会典》是研究明代典章制度的史料渊薮,具有极其重要的史料价值”。[④]

二、《大明会典》对明代社会的作用及影响

《大明会典》“辑累朝之法令,定一代之章程。宏纲纤目,灿然具备”[⑤],为明代重要的官修典制体史书,其卷帙庞大,内容十分丰富。由其书前所列纂辑诸书:《诸司职掌》《皇明祖训》《大诰》《大明令》《大明集礼》《洪武礼制》《礼仪定式》《稽古定制》《孝慈录》《教民榜文》《大明律》《军法定律》《宪纲》等来看,《大明会典》囊括了明代众多的典制和法令,从一定意义上来讲,它可谓明王朝的行政法典。皇帝为此书亲自作序,并下诏颁行天下,故而《大明会典》的实质就是明统治者治国施政之纲目,对于明代政权的有序运行发挥了重要作用,产生了重大影响。

《明实录》及其他明代典籍中记载有很多关于运用《大明会典》施政的事例。弘治十五年(1502),弘治《大明会典》颁行以后,其开始在社会生活中起着非常重要的作用,大到国政方针,小到婚丧嫁娶,事无巨细,凡事都要“依《会典》”“据《会典》”“按《会典》”行事。如《明世宗实录》卷八载:“正德十六年十一月己未,礼部以都给事中邢寰、御史熊相等言:‘礼教不明,民俗奢僭,请以《大明集礼》《律令》《诸司职掌》《礼仪定式》《大明会典》诸书及洪武、永乐间板榜,凡服舍器用之式、婚丧傧燕之仪,榜示天下’。从之。”[⑥]又如《明世宗实录》卷一百一十九载:“嘉靖九年十一月丙申,上谕礼部曰:‘南郊之东坛名、天坛北郊之坛名、地坛东郊之坛名、朝日坛、西郊之坛名、夕月坛、南郊之西坛名、神祇坛著载《会典》,勿得混称”。[⑦] 值得注意的是在《明实录》中有明确的记载,凡礼记载在《会典》者当遵行,没记载在《会典》的才允许用旧制。如《明神宗实录》卷十二“万历元年四月乙卯”条记载:“蜀王宣折奏定藩礼。礼部覆庆贺筵宴礼,载在《会典》者所当遵行。其出入承运门原不载《会典》,宜仍旧制,毋为纷更滋扰,诏如议”。[⑧] 对于具体政策,《大明会典》所载的标准往往倍受重视。如《明世宗实录》卷九载,正德十六年(1521)十二月癸

---

① 商传:《明代文化史》,东方出版中心,2007,第411页。

② 李晋华:《明代敕撰书考·序言》,燕京大学图书馆,1932。

③ 赵俊:《千秋宝典——中国典志体史书述要》,辽海出版社,2001,第156页。

④ 向燕南、张越、罗炳良:《中国史学史》第5卷,上海人民出版社,2006,第68页。

⑤ 朱翊钧:《御制重修明会典序》,载万历《明会典》卷首。

⑥ 《明世宗实录》卷八“正德十六年十一月己未”条。

⑦ 《明世宗实录》卷一百一十九“嘉靖九年十一月丙申”条。

⑧ 《明神宗实录》卷一二“万历元年四月乙卯”条。

未,“巡按直隶御史王完奏,‘宣城县岁贡雪梨四十斤解南京礼部供荐太庙。《会典》原无‘岁进北京’之文,今每岁以四千五百斤解礼部转进内府,分赐各衙门食用。道远易溃,虚费扰民,乞行蠲除’。上是其言,命南京供荐者照旧办解进贡,入京准免”。[①] 再如《明世宗实录》卷十二载,嘉靖元年(1522)三月己未,“鲁府新蔡王当浮乞赐食盐,以《会典》有禁,不允,仍定为例”。[②]

在对一些社会纠纷的处理及案件审理中,《大明会典》的法律条文一般扮演重要的角色。如《明世宗实录》卷十六“嘉靖元年七月辛未”条载:“先年禁例具在《会典》。”

又如《明世宗实录》卷二百六十三载,嘉靖二十一年(1542)六月戊戌,“肃王弼桄奏地方困惫,欲遵《会典》自修府第,工部请覆勘。上曰:‘既遵《会典》,不必再勘’”。[③] 再如《明神宗实录》“万历元年四月甲子”条曰:“申饬南京各衙门官,孝陵行礼遵照《会典》仪注,毋得怠玩疏略”。[④] 可以说,在治理国家方面,《大明会典》已成为规范官吏庶民行为准则,甚至在一定程度上起到了限制皇权极度膨胀的作用。如《明神宗实录》卷十一“万历元年三月戊戌”条记:“如六部三法司诸条例,方新修《会典》,不必翻阅章奏,以滋多事。”

如上所举,在明朝《实录》中还有很多,此不赘述。

《大明会典》作为朝廷施政之重要纲目,从其开始颁布到明朝末年,明人一直视之甚高。如《崇祯长编》卷五十四载:崇祯间工部尚书姚思仁所言:“《大明会典》一书,无一事不备,无一法不善,无一时不可遵行,此我二祖列宗不朽之谟烈,为世世圣子神孙所当世守者”[⑤],即可窥见一斑。《大明会典》以其在对明代社会的作用及影响,决定了它在明史研究中无可替代的地位。

三、《大明会典》对后世的影响

《大明会典》的社会影响还不仅仅局限于明代,其对后金、清代乃至当今社会都产生了非常重大的影响。清统治者在施政时曾以《大明会典》为据,“凡事都照《大明会典》行”[⑥],并且在体例上“为清代编修会典提供了依据”[⑦]。即清朝《会典》无论在体例的设定,还是在内容的编排方面,都借鉴了《大明会典》。

第一,表现为天聪年间对《大明会典》的直接援用。在清军入关以前,《大明会典》就被节录翻译为满文,并对清入关前的制度建设发挥过重要的借鉴作用。天聪三年(1629)夏四月,皇太极建立文馆后就命令“巴克什达海同笔帖式刚林、苏开、顾尔马浑、托布戚等

① 《明世宗实录》卷九“正德十六年十二月癸未”条。

② 《明世宗实录》卷十二“嘉靖元年三月己未”条。

③ 《明世宗实录》卷二百六十三“嘉靖二十一年六月戊戌未”条。

④ 《明神宗实录》卷十二“万历元年四月甲子”条。

⑤ 《崇祯长编》卷五十四“崇祯四年辛未十二月己巳朔”条。

⑥ 《天聪朝臣工奏议》载《清入关前史料选辑》第2辑,中国人民大学出版社,1989年。

⑦ 郑杰:《行政法文献巨篇——略谈清代五朝会典》,《行政法学研究》,1999年第1期。

翻译汉字书籍,巴克什库尔缠同笔帖式吴巴什、查素喀、胡球、詹霸等四人记注本朝政事,以昭信史”①,达海“所奉命翻译之《大明会典》,及《素书》,与《三略》,太宗视之称善”②。《达海列传》亦记:“达海幼慧,九岁即通满汉文义。弱冠,太祖召直左右,与明通使,命若蒙古朝鲜聘问往还,皆使属草令于过国中,有当兼用汉文者,皆使承命传宣,悉称太祖旨,旋命译《明会典》及《素书》《三略》,太宗始置文馆,命分两直,达海及刚林、苏开、顾尔马浑、托布戚译汉字书籍,库尔缠、吴巴什、查素喀、胡球、詹霸记注国政”。③ 到天聪六年(1632)七月,用满文翻译出的汉文典籍有《明会典》《素书》《三略》等书。其中译成满文的《大明会典》对皇太极酌采明代政权体制,改组清初的政权体制产生了很大的影响。如天聪五年(1631)七月,太宗召集诸贝勒集议,仿明制,设六部,每部由八旗贝勒总理部务,下设承政、参政、启心郎等职。④ 又据《清太宗实录》卷十二“天聪六年七月庚戌”记:

> 达海九岁读汉书,通晓满汉文,……其平日所译汉书有《刑部会典》《素书》等书。日人岛田正郎认为《刑部会典》“也许就是万历十五年重修《大明会典》的一部分”。岛田正郎还指出:“前些年我亲眼见到过满译明律,系台北国立中央研究院傅斯年图书馆所藏。虽然不知道这是否就是达海的翻译成果,但从其‘无圈点字’的书写形式来看,无疑是‘有圈点字’方式出现以前,即天聪六年(1632)以前的早期作品。根据这个至今尚存的本子,毋庸置疑,清入关以前已用满文翻译过明律了。”⑤

清初不仅在行政建制上仿明制,而且在对国家机构进行改革时,要求贝勒大臣“凡事都照《大明会典》行”⑥。由于《礼部会典》已经译出,典礼方面也多仿明制。如天聪八年(1634)十月,礼部和硕贝勒萨哈廉传谕工部曰:“太祖山陵,应建寝殿,植松木,立石狮、石象、石虎、石马、石驼等,俱仿古制行之”。⑦ 这里的古制即指明制。如崇德元年(1636)五月十六日,《满文老档》记载:“奉圣汗谕旨制订,看守和硕亲王多罗郡王府之门,除内府值该班人外,不得妄留。旗人聚会皆集于外门,若有事进须由值班人转报,俟获准后力可进。如不俟准令随意进入,则照会典治罪”。⑧ 崇德三年(1638)正月十五日,都察院大臣等讨论家仆应试的问题:“今观礼部谕令生儒应试,满洲、蒙古、汉人家仆皆不准考试,此拘于《会典》中,禁止娼妓之演戏人及奴仆之例耳”。⑨ 显然,清初政权在施政时确实曾以

---

① 《清太宗实录》卷五“天聪三年夏四月丙戌朔”条,中华书书友,1985年版。

② 萧一山编《清代通史》,华东师范大学出版社,2006,第61页。

③ 赵尔巽:《清史稿·达海列传》。

④ 《清太宗实录》卷九“天聪五年秋七月庚辰”条。

⑤ 岛田正郎:《清律之成立》,载《日本学者研究中国史论著选译》第八卷《法律制度》,中华书局,1992。

⑥ 弘历:《乾隆钦定大清会典·凡例》。

⑦ 《清太宗实录》卷二十“天聪八年冬十月巳丑”条。

⑧ 中国社会科学院历史研究所译注《满文老档》,崇德元年五月十六日,中国第一历史档案馆。

⑨ 中国第一历史档案馆:《清初国史院满文档案译编》上,光明日报出版社,1986。

明代《会典》为据。

第二,《大明会典》为清代《会典》的纂修提供了重要参考。在具体实践中,清代统治者并不是处处照搬《大明会典》,有的直接依照《明会典》,有的则借鉴《明会典》制订出自己的则例、法规。天聪六年(1632)正月,汉刑部承政高鸿中奏称:"近奉上谕,凡事都照《大明会典》行,极为得策。我国事有可依而行者,有不可依而行者,大都不甚相远"。[①]可见,后金最高统治者最初确实欲把《大明会典》作为后金六部行政法典。但是,当时生产力水平极其低下,社会内部的分工、交换还不发达,后金政权组织、法律制度、伦理道德以及风俗习惯等诸多方面仍保留着原始氏族制、奴隶制的种种痕迹,还不具备完全照搬《大明会典》的社会经济基础。因而天聪七年(1633)八月九日,宁完我请变通《大明会典》设六部通事奏:

汉官承政当看会典上事体,某一宗我国行得,某一宗我国且行不得,某一宗可增,某一宗可减,参汉酌金,用心筹思,就今日规模立个金典出来,……渐就中国之制。庶日后得了蛮子地方,不至于手忙脚乱。然《大明会典》虽是好书,自洪武至今,不知增减改易了几番,何我今日不敢把《会典》打动他一字!……我们拿着《会典》成法,反不能通变一毫,果何谓也。[②]

这个奏议一方面使清初确立了"参汉酌金"的立法指导思想。所谓"参汉酌金"即以《大明会典》为借鉴,斟酌后金的实际情况;另一方面认识到《大明会典》虽是好书,但不能全部照搬,有的可行,有的不可行,要以明代法律为蓝本,结合本民族习惯,就今日规模,制定出一个"金典"出来,"渐就中国之制",表明了议定新《会典》的意向。

清代先后五次纂修会典,无论纂修的次数、规模还是分类方法和编纂技术,较之明代又有了进一步的提高。不过,就编修的指导思想和宏观框架来看,《清会典》恰恰是紧步《大明会典》的后尘,并无质的超越。清代第一部会典始纂于康熙二十三年(1684),编成于康熙二十九年(1690),史称"康熙会典"。玄烨在《御制会典序》中模仿《弘治会典序》的口气,除了公式化地追述"自古帝王"迄前明《会典》的文物仪章和本朝祖先的公德外,还刻意标榜自己登基以来的兢兢业业和励精图治。他说:

朕嗣历服三十年于兹,夙夜兢兢,缵承祖考,宪章前谟,以仰溯乎尧舜禹文武致治之隆轨,时饬群臣勤修职业,每建一事,布一令,务期上弗戾于古,下克诚于民,酌剂讨论其难其慎,然后付所司奉行。夫朝廷之咫制损益,无一个关乎黎庶。大中之轨则易而可循,画一法行则简而可守,制治保邦之道惟成宪是稽,不綦重欤![③]

① 《天聪朝臣工奏议》卷上"陈刑部事宜奏"。

② 《天聪朝臣工奏议》卷中"宁完我请变通《大明会典》设六部通事奏",辽宁大学历史系印本,1980。

③ 玄烨:《康熙大清会典·御制会典序》。

清代会典无论在体例的设定，还是在内容的编排方面，都明显受到明代《会典》的影响。比如，明代《会典》所采用的“以官统事”“以事隶官”这一架构，在清朝早期的《康熙会典》和《雍正会典》中得以体现。如《康熙会典》，全书以宗人府为首，然后依次分为内阁吏部、户部、盛户部、礼部、盛礼部等衙门。每一官署下，亦仿万历《大明会典》按其职掌编列相关典制和事例。如卷六户部“考工清吏司”下分考察、致仕、告病、功过、期限、交代回籍等目，每目之下附属相关典制和事例。继修的雍正《会典》与康熙《会典》类似。再如万历《大明会典》的一些编纂特色也为清代《会典》所继承。如形象具体的众多图样被《大清会典》纂修时所采纳。乾隆《大清会典·凡例》云：“凡坛庙规制、职方、舆地，莫不有图。其五刑之具、丧服之制皆具列，以垂万世章程”。[①]《嘉庆会典》甚至另立《会典图》132 卷，收图 1300 多幅。光绪二十五年（1899）续修《清会典》，更是专成《钦定大清会典图》270 卷。当然，除此之外，清代会典还有不少借鉴《大明会典》之处，恕不赘言。

第三，《大明会典》对当代社会具有重要的借鉴意义。可以说，古代社会是源，现代社会是流，有中国特色的古代社会，在很大程度上也制约着有中国特色的现代社会。[②] 这部鸿篇巨制不仅反映了明代诸职掌的基本情况和历史变化，也反映出有明一代丰富的社会历史内容。《大明会典》可帮助现代人了解明代社会生活的各个层面，增加对历史的细节了解、加强感性认识，并根据此书深入探讨明代社会发展的来龙去脉，进而加深对当代社会的认识。因此，通过对《大明会典》进行专题研究，不仅对揭示明代史学现象背后社会政治和社会思潮的深层次原因，并由此洞察史学与学术、社会政治等的互动关系，深化人们对明代社会、明代社会思潮以及明代史学社会功能的认识具有重要的学术价值，而且《大明会典》因属官修的典章制度史著，其中保留着丰富的国家管理的历史资料，所记载的明代很多行之有效的管理经验，对于现代国家与社会的管理具有重要的借鉴意义。

（原载《中国社会科学院研究生院学报》2008 年第 5 期，有删改）

① 弘历：《乾隆钦定大清会典·凡例》。

② 参见赵俊：《千秋宝典——中国典志体史书述要》，辽海出版社，2001，第 20～21 页。

中编

从《大明会典》看明代社会

《大明会典》关于明政权合法性辩说之考析

《大明会典》[①]作为一部明代官修的专述有明一代典章制度的典制体史书，其丰富的政治制度和社会历史内容蕴藏着深刻的思想内涵。它集中表现在政治、社会、经济、法律等诸多方面，并对明代以及后世都产生了巨大的影响。对此，学界虽然已有一些研究，但仍有许多方面需要更系统、全面的考究。本文在前人研究的基础上，拟从论述明政权合法性方面对该书作一考查，以求教于方家。

一、关于皇朝"天命"的辩说

在中国历史上，历代王朝都宣扬自己是"天统之正序"[②]，并由此产生了对政权合法性的辩护，进而引发了人们对于政权传承统绪的合法与否的认识与看法。其中，以君权天授为基础的王权正统观是其核心内涵。

中国自商周时代就产生了"天"的信仰观念，其后帝王皆自称是天之子、是奉天承运，即奉天命而治理天下。帝王把奉天作为治民的必要前提，而奉天成为整个封建社会的共识。故《汉书·郊祀志》谓："帝王之事，莫大乎承天之序"；《白虎通义·文质》云："君子创业垂统，为可继也。如夫成功，则天也"；"受命之君，天之所兴，四方莫敢违"；董仲舒《春秋繁露·为人者天》道："唯天子受命于天，天下受命于天子，一国则受命于君"；晋人干宝亦称："帝王之兴，必俟天命。苟有代谢，非人事也"[③]。唐天子有八宝玺，其中之一"曰受命宝，所以修封禅，礼神祇"[④]。而唐玄宗的谥号即为"奉天皇帝"，唐以后帝王的尊号、谥号大多是"应天""统天""仪天""法天""感天""体天""敬天""宪天""继天"之类的词语，以示"天命"的体现。而司马光于《册问王道》中谓："王者受天命，临四海，上承天之序，下正人之统"，这一句话大致可代表封建思想界的主流认识。因此可以说整个古代社会，不论是意识形态，还是政治思想观念，如五行德运、阴阳理论、奉天法古、天人合

① 《大明会典》简称《明会典》或《会典》。

② 王钦若等：《册府元龟》卷一《帝王部》。

③ 《全晋书·晋纪论晋武帝革命》。

④ 李林甫等撰，陈仲夫点校《唐六典》卷八《门下省》，中华书局，1992。

一、天人感应等等，其理论核心都归指于“天命”。因此，中国封建社会任何一个皇朝，要想取得统治的合法性、合理性和权威性，就必须证明皇朝的“天命”。

明代统治者也不例外，“天命”不仅是明代政治统治的终极真理，而且已成为明代统治者乃至明代官吏及普通百姓的思维模式，在政治生活中居于万流归宗的地位。《大明会典》中《工部》《礼部》《兵部》等篇多处出现“奉天诰命敕织……”“奉天敕命”“奉天法祖”“奉天征讨”“承天受命”等词，表明凡事都是奉天的旨意。也正如《大明会典》的编纂者余继登所言“见人言动皆奉天而行，非敢自专也”[①]。尤其《礼部》篇更是通过所载亲王、群臣上表笺中都有“皇天眷命，统驭万方”“天佑皇明”“承天受命，君师宇内”“天眷圣明”“受天命，统四方”等字样，节日朝贺的词是“奉天永昌”，以及郊祀时的祝文用“嗣天子臣”，所用乐章，首句便是“荷蒙天地兮，君主华夷”[②]等来强调君权天授的思想。“朕躬膺天命，祇嗣祖宗大位，统驭天下，致理之本，肇自正家”[③]。

明朝是在元朝之后建立的统一的多民族政权，执政者是汉族，它所替代的既是一个统治中国近百年的统一王朝，又是一个由蒙古民族在内地建立的政权。值得注意的是明初统治者对元朝正统地位的认定。明太祖朱元璋认为“自古帝王临御天下，中国居内以制夷狄，夷狄居外以奉中国。未闻以夷狄居中国治天下者也”。然而“自宋祚倾移，元以北狄入主中国。四海内外，罔不臣服。此岂人力，实乃天授。”[④]即认为元代统治中国并非人力，而是天命所为。不过，同时他也认为，随着时移世易，元朝逐步失去了它的正统地位，明朝取代元朝亦属正统。为证明大明王朝继承元政权的合法性，他在即位诏书中称：

> 朕惟中国之君，自宋运既终，天命真人起于沙漠，入中国为天下主，传及子孙，百有余年，今运亦终。海内土疆，豪杰分争。朕本淮右庶民，荷上天眷顾、祖宗之灵，遂乘逐鹿之秋，致英贤于左右……尊朕为皇帝，以主黔黎。[⑤]

在此，既承认了元接替宋的正统地位，又表明此时元运已终，转入大明的合法性，且这种正统交替皆为天命所为。也正是基于这种认识，明初在南京建立帝王庙时把元世祖与三皇五帝并祀，明确地将元朝列为中国的正统之一。《大明会典》中的有关条文反映了这种思想。如《大明会典》卷九十一记载，在对历代帝王祭祀安排上，元世祖的牌位同汉高祖、光武帝、唐太宗、宋太祖一起享配。洪武七年(1374)秋，“上亲临祭焉。庙同堂异室：中一室祀三皇；东一室五帝；西一室三王；又东一室汉高祖、光武、隋文帝；又西一室唐太宗、宋太祖、元世祖。凡五室十七帝”[⑥]。同时，在《历代帝王·祝文》中也表达了君权天授思想。

---

① 余继登:《典故纪闻》卷一，中华书局，1981。

② 《正德大明会典》卷八十《礼部三十九·郊祀》，东京，汲古书院，1989年。

③ 《正德大明会典》卷六十四《礼部二十三·婚礼》。

④ 《明太祖实录》卷二十六“吴元年冬十月丙寅”条。

⑤ 《明太祖实录》卷二十九“洪武元年春正月丙子”条。

⑥ 万历《明会典》卷九十一《群祀一·历代帝王》，北京，中华书局，1989年。

皇帝谨遣具官某，致祭于太昊伏羲氏、炎帝神农氏、黄帝轩辕氏、帝金天氏、帝高阳氏、帝高辛氏、帝陶唐氏、帝有虞氏、夏禹王、商汤王、周武王、汉高祖皇帝、汉光武皇帝、唐太宗皇帝、宋太祖皇帝、元世祖皇帝曰：昔者奉天明命，相继为君，代天理物，抚育黔黎，彝伦攸叙，井井绳绳，至今承之，生民多福。思不忘而报，特祀以春秋，惟帝兮英灵，来歆来格。尚享！①

《大明会典》对元朝正统地位的肯定，一方面出于现实政治的需要，以此强调明朝是秉承天意建立的，对明政权来说具有重要的现实意义；另一方面，对元朝的承认顺应了历史发展的潮流，为传统的正统观注入了新的内容。

当然，由于历史的局限性和传统华夷思想的强大"惯性"，明代统治者对于元朝正统地位的认识并非持久一致。朱元璋有时承认元的入主是正统的延续，有时又加以否认。比如，朱元璋诏谕日本国王良怀时说："粤自古昔帝王，居中国而治四夷，历代相承咸由斯道。惟彼元君，本漠北胡夷，窃主中国，今已百年，污坏彝伦，纲常失序。"②在此，朱元璋视元朝入主为"窃"，并非是天命所在，与其"天命真人起于沙漠"自相矛盾。如此之言论，有明一代时时有之。然而，嘉靖以前的明朝廷谨遵祖制，在历代帝王庙中元世祖之祀一直保留。

嘉靖中期，随着蒙古鞑靼势力的不断发展和南侵，明朝否认元朝正统地位的言论逐渐占据统治地位，以致明朝廷的官方态度发生了根本变化。据史书记载，嘉靖九年(1530)，罢历代帝王南郊从祀。礼官请加南京庙春祭，上不从，令建庙京师，岁仲春秋祭，罢南京庙祭。"嘉靖十年(1531)春，"庙未成，上祀之文华殿庙。初成，上亲至庙祭。是年，修撰姚涞请罢元世祖祀，礼官议不可，上从礼官议。"嘉靖二十四年(1545)，"给事中陈棐又言之，乃罢祀元世祖，并罢从祀穆呼哩等五人。"③万历《大明会典》对此亦有多处记载。比如，《大明会典》卷九十一《历代帝王》序云：嘉靖二十四年(1545)，"罢元世祖及其臣五人。"与此相对应，在"宋太祖、元世祖神位前"条下注曰："爵二。今黜元世祖，而迁唐太宗。爵仍二。改称诣唐太宗、宋太祖皇帝神位前"。元臣木华黎、博而忽、伯颜下注曰："今黜木华黎等三人。"并在"嘉靖中更定遣官祝文"条下又注曰："仪仍旧。祝文具年月日遣官各帝称号俱同。但去元世祖。"④卷九十三载："历代帝王陵寝，凡遇登极，必遣官分投祭告。"元世祖本由顺天府负责祭祀。"元世祖顺天府祭"条下只注曰："嘉靖中罢"。而在"元世祖庙"条下更为清楚地注道："洪武初年建，每岁二、八月中旬择日，遣顺天府官祭。嘉靖二十四年罢。"⑤由此可以看出，《大明会典》所反映的明代统治者君权天授思想及其变化，体现了明代社会发展及其统治阶级的政治需要，归根结底是为明代政治统治

① 万历《明会典》卷九十一《群祀一·历代帝王》。
② 《明太祖实录》卷五十"洪武三年三月戊午"条。
③ 《太常续考》卷五《历代帝王事宜》，《文渊阁四库全书》本。
④ 万历《明会典》卷九十一《群祀一·历代帝王》。
⑤ 万历《明会典》卷九十三《群祀三·京都祀典》。

服务的。

二、关于成祖王位合法性的辩说

作为官修的典制体史书,《大明会典》中有关明代统治者在皇权传承问题上矛盾和斗争成果的记载,蕴涵着丰富的思想内容,它以典制的形式反映了明代统治者对政权合法性思想倾向和变化过程。

按照儒家的政治理论,皇权既然是由天授予,当然是终生的、世袭的,皇统是不能随便改变的,即所谓万世一系。为稳定皇室内部的继承秩序,又结合宗法制度确立了嫡长子继承制,即有嫡立嫡,无嫡立长,皇位应以皇后所生的长子为法定的第一继承人,如长子早殇,有子即立其子,无子再由嫡次子顺序继承。明朝的做法基本上是沿袭旧制。

洪武二十五年(1392),皇太子朱标去世,朱元璋按照传统的做法,册立朱标之子朱允炆为皇太孙,即法定的继承人。洪武三十一年(1398)朱元璋去世,皇太孙朱允炆即位,改年号为"建文",朱允炆即建文皇帝,这是史实,毋庸置疑。朱棣起兵"靖难",以武力夺取其侄儿建文帝的皇位,按照传统的宗法制度,可以说是缺乏起码的合法性,难怪时人刘璟所言:"殿下百世后,逃不得一'篡'字。"[①]

按照明人对正统观的阐释,所谓正统即:

> 君始立,则大书其国号、谥号、纪年之号。凡所为必书,所言必书,祀典必书,封拜必书。书后曰皇后,书太子曰皇太子,后及太子殁,皆曰崩,葬必书其陵、其谥。有事可纪者,纪其事。所措置更革,曰诏、曰令、曰制。兵行曰讨、曰征、曰伐……

所谓变统:

> 始一天下而正统绝,则书甲子而分注其下曰,是为某帝、某元年;书国号而不书大,书帝而不书皇,书名而不著谥。其所为非大故不书,常祀不书,或书以志失礼,或志礼之所从变则书,立后不书,尊封其属不书……。[②]

故朱棣即位以后,动辄声称"朕太祖高皇帝孝慈高皇后嫡子",意在制造作为嫡子继统的合法依据。同时,他还通过革除建文年号、改纂《明太祖实录》、禁毁建文君臣诗文等手段以抹除建文朝的影响,达到将建文一系排除于帝系正统之外[③]。《大明会典》在庙号、谥号等的确立、在纪年的书写以及在祭祀上典制的记载都肯定了成祖的皇位是直承太祖,具有合法性。

---

① 《明史》卷一百二十八《刘璟列传》。

② 参见吴怀祺主编,向燕南著《中国史学思想通史 · 明代卷》,黄山书社,2002,第85~86页。

③ 赵克生:《明朝嘉靖时期国家祭礼改制》,北京,社会科学文献出版社,2006,第27页。

对于成祖庙号、谥号等的确立,《大明会典》中的弘治《敕谕内阁》说:“我太宗文皇帝继正大统,益弘远图,列圣相承,至于皇考,皆因时制宜,或损或益,盖有不得不然者,期不失乎,圣祖之意而已。”①此敕谕已道出“太宗文皇帝”是“继正大统”。万历《大明会典》卷八十六《庙祀一》载,永乐二十二年(1424),上文庙尊谥称“体天弘道高明广运圣武神功纯仁至孝文皇帝”,庙号太宗。太宗之后徐氏称“仁孝慈懿诚明庄献配天齐圣文皇后”。嘉靖十七年(1538),加上文庙尊谥称“启天弘道高明肇运圣武神功纯仁至孝文皇帝”,庙号称成祖②,卷八十九《奉先殿》中以“成祖文皇帝”的神位于“太祖高皇帝”神位之次。

唐代以前,帝王庙号是根据故去的皇帝在本朝代的治绩和地位来评定为“祖”或“宗”的,并不是每一个帝王都能享受此“殊荣”的。从唐代开始,确立了开国之主称“祖”,以后各朝君王一律称“宗”的庙号制度。明太宗庙号由“太宗”改为“成祖”,足以说明对太宗“治绩和地位”的肯定。在太宗庙号改称成祖之前,“嘉靖十年定孟春特享仪”曾确立了太宗位太祖之次的班序。书中记“孟春特享仪”曰:“一正祭日,上乘舆由庙街门入,至灵星门西降舆;导引官导上由灵星左门入,上至戟门东帷幕,具祭服出;导引官导上由戟门左门入,至寝殿;同捧主官出,主升太庙,至太祖室安主,次至太宗以下昭庙安主,次至仁宗以下穆庙安主”③,还特设有“太宗庙”一目。

但从两部存世的《会典》来看,没有留下任何有关建文帝的痕迹,表现在纪年上,整部《大明会典》中都未出现建文年号,而将建文帝统治四年的典制或不记载,或用洪武纪年来替代“惠帝建文年号”。如卷一百六《比试》载:“永乐初令,洪武三十一年至三十五年奉天征讨,获功升职者为新官,子孙年十六出幼,袭替免比试”④。此记载不仅书有成祖的年号,而且建文元年至四年称为“洪武三十一年至三十五年”,并“纪”在“奉天征讨”中“获功升职者子孙年十六出幼”,可以“袭替免比试”令。“太宗”与“建文”则形成了鲜明的对比,其中蕴涵着否认建文帝,则肯定成祖之正统合法地位。

又如:“洪武三十二年奏准,官吏行移错误,果有害于事者,官收赎吏,每季类决不必附过。”⑤此条文所记“洪武三十二年奏准”,是不合《春秋》之法的,把建文史事写在洪武纪年里。再如《大明会典》载:“洪武三十五年,徒罪囚人拨充国子监膳夫,照年限拘役。”⑥而《钦定续文献通考》则载:“惠帝建文四年时成祖已即位,令徒罪囚人拨充国子监膳夫,照年限拘役。”⑦《钦定续通典》亦有同样的记载。由此说明后代史家是承认建文帝的。《大明会典》的做法无疑是为了肯定成祖的正统,体现了统治者的思想。明孝宗为《大明会典》作序,强调说“洪惟我太祖高皇帝以至圣之德,……我太宗文皇帝、仁宗昭皇帝、宣宗章皇帝、英宗睿皇帝、宪宗纯皇帝,圣圣相承,先后一心。虽因时损益,而率由是

---

① 弘治十年三月初六日《皇帝敕谕内阁》,载万历《明会典》卷首。

② 万历《明会典》卷八十六《礼部四十四·庙号》。

③ 万历《明会典》卷八十六《礼部四十四·时享》。

④ 《正德大明会典》卷一百六《兵部一·比试》。

⑤ 《正德大明会典》卷一百四十五《刑部二十·官吏过名》。

⑥ 《正德大明会典》卷一百四十三《刑部十八·拘役囚人》。

⑦ 《钦定续文献通考》卷一百三十七《刑考·徒流》。

道，百有余年之太平，端有在矣。"[①]明孝宗的序道出了其曾曾祖"太宗文皇帝"即成祖是继明太祖高皇帝的正统，仁宗昭皇帝、宣宗章皇帝、英宗睿皇帝、宪宗纯皇帝，"圣圣相承"，此统系是合法的。

然而，在明代乃至后代官修史籍中也并非仅有《大明会典》一部书不用"建文"年号，仍称洪武三十二年(1399)，以至洪武三十五年(1402)。传世的明代官修史书如《明实录》《礼部志稿》等与《大明会典》的做法基本上是一致的，亦是把"建文"年号取消，将这一代史事或典制归于"洪武"纪年之下，即改建文纪年为洪武纪年，其显然就是为了抹煞建文朝，以此造成朱棣是直接继承朱元璋正统帝位的假象。

对此，同时代的私修史书却与之有着很大的差异。如徐学聚《国朝典汇》书中不但用建文年号，而且议论道：建文年号虽革除，但"有一代之君，则有一代君临之位号。作史者，纪其行事以昭当年之实录，乃建文年号之革除，人心终有疑，而未安者。夫太祖在位实惟三十一年，而三十二年以后，安得尚蒙洪武之号？建文既已负扆临朝薄海内外，奉正朔矣，一旦革而除之，何以信万世？说者谓一时归命，诸臣避嫌曲讳，非出文皇本心，臣惟是前代更朝易位，非一见矣。即余分闰位，犹得存其年，而俾后世有所考，建文继绪，孰不知君之有孙，特以辅佐。非人致发难启衅，旋知天命有属，处逊位而出亡，可谓达天不昧时者，顾令名号泯泯乎，此其于理似有未顺者。原所以革除，不过欲使后人不复知有建文耳。今历二百年朝野，靡不知有建文，即今日之闻已不可涂，何况后世窃意天下，万世自有耳目。稗官野史各有纪载，而欲以建文之纪年作洪武之虚号得乎？此其于理似亦有难掩者。太祖之天下国统者，我明之国统，世世相承，以及皇上未尝有一日闲也。以太祖而视后，则成祖、建文等子孙耳；以我皇上而视前，则成祖、建文均统承也。太祖以天下挈而授之，建文所以昭立嫡之大义；建文委天下旋而归之，成祖所以彰拨乱之弘功，太祖亦何所择于若子若孙哉！以太祖之所亲授而革除之，无乃非贻谋之意，或亦非成祖善继之心乎！此其于情亦容有未惬者"[②]。

徐学聚之言虽不无道理，但《大明会典》作为官修典制体史书，为当时政治服务的本质决定了它必然要通过一切可用的手段以肯定和维护成祖的正统地位。比如，崇享历代帝王和对祖先的追尊，证明其在人间的尊贵身份，是君主申明其统治的神圣性、正统性以及合法性的基本手段。《大明会典》卷九十一记载：

> 洪武六年，始建帝王庙于京师，以祀三皇五帝三王及汉唐宋创业之君。每岁春秋致祭。……唐高祖本太宗力，勿设主，止各祀于其陵庙。
>
> 七年秋，上亲临祭焉。庙同堂异室：中一室祀三皇，东一室五帝，西一室三王，又东一室汉高祖、光武、隋文帝，又西一室唐太宗、宋太祖、元世祖。凡五室十七帝。[③]

---

① 朱祐樘：《御制明会典序》，载万历《明会典》卷首。

② 徐学聚：《国朝典汇》卷二《朝端大政·靖难》，北京，书目文献出版社，1996，第98页。

③ 万历《明会典》卷九十一《群祀一·历代帝王》。

从此序文中可以清楚地看出:洪武六年(1374),于京师所建帝王庙是为了祭祀“三皇五帝三王及汉唐宋创业之君”,而唐王朝的建立者唐高祖却不在帝庙中,而以其次子、唐朝的第二代皇帝唐太宗代之,并为此给予“唐高祖本太宗力”的理由。这里,《大明会典》藉祭祀手段凸显了唐太宗的历史功绩和作用,同时亦肯定了其正统地位。

然而,唐太宗李世民“玄武门之变”,弑兄胁父夺位的表现,显然与传统宗法思想与道德观念相悖。为变相悖为相符,一方面,贞观君臣改史,以不义为正义,从为尊者讳的角度出发,对唐史做了有利于李世民的修改,使事变的真相被掩盖,留下颂扬李世民而贬低李建成的记载。另一方面,唐太宗上台后励精图治,采取一系列切合时宜的政策,政绩卓著,成就了历史上著名的“贞观之治”。故此,“得民心,民斯尊之矣;民尊之,则天与之矣,安得不贵之乎?”[①]其后历代史家多从政绩角度肯定唐太宗的正统地位。

笔者认为,《大明会典》如此极力推崇唐太宗,目的是以古喻今。朱棣以藩王起兵发动“靖难之变”夺得皇帝宝座,按正统观来说,这是不合礼法的。他上台以后,为了标榜自己的统治合法,三修《明太祖实录》,将有关建文的史籍一概禁毁,以掩盖历史事实。然而,朱棣毕竟是一个有作为的皇帝,其削弱诸藩势力,强化中央政权,迁都,修《永乐大典》等,他的业绩显著,为后人称道。明人称他“英武神授,决机应变,爽发川流,群臣莫窥其际。爱惜下民,屡蠲租赋”。[②]《大明会典》卷八十六《太宗庙》“迎神太和之曲”亦称:“于维文皇,重光是宣。克戡内难,转坤旋干。外詟百蛮,威行八埏。诒典则于子孙,不忘不愆。圣德神功,格于皇天。作庙奕奕,百世不迁。祀事孔明,亿万斯年。”[③]

由此看来,《大明会典》对唐太宗历史地位的推崇,隐含着对明太宗政权合法性的肯定,同时也表明了《大明会典》所反映的正统观基于现实政治需要。对统治者政绩因素的关注,这无疑具有进步意义。

三、“土木之变”前后对王位合法性的辩说

前面已述,在朝代更迭时是以君权天授来说明政权合法性的,而对一朝内政权传承统绪的合法性的认识与看法,主要是王位的正统。按照古代的宗法制,王位的合法性处处强调嫡庶,时时讲究正闰。

明英宗朱祁镇因“土木之变”被瓦剌也先俘虏北去,由其弟祁王朱祁钰监国。朱祁钰被拥立为帝,是谓景帝,年号景泰。朱祁钰一登帝位,便极力要完全夺得帝统,首先便将朱祁镇的长子,原已被册立为皇太子的朱见深废黜,改立自己的儿子朱见济为皇太子,他还一再阻止也先送回朱祁镇,怕英宗皇帝回来威胁到自己的皇位。后来,朱祁镇终于被送回北京,朱祁钰竟将他禁锢在“南宫”。据《皇明祖训》规定:“凡朝廷无皇子,必兄终弟及。”显然,景帝的做法违背了《皇明祖训》。

严格按照传统的宗法思想,《大明会典》将景帝排除于帝系正统之外,没有景帝的庙

---

① 方孝孺:《逊志斋集》卷二《杂著·释统中》。

② 转引许大龄,王天有:《明朝十六帝》,北京,紫禁城出版社,1991,第66页。

③ 万历《明会典》卷八十六《庙祀一·时享》。

号，也无谥号，更不将他列入庙寝。《御制明会典序》亦说："我太宗文皇帝、仁宗昭皇帝、宣宗章皇帝、英宗睿皇帝、宪宗纯皇帝，圣圣相承，先后一心，"①此序无视景帝的存在，而且在正文中，亦没有景帝的一席之地。如万历《大明会典》卷八十六载："寝殿神主，则太祖居中。成祖、宣宗、宪宗、睿宗序于左，仁宗、英宗、孝宗、武宗序于右。"②明人黄汝亨批评说："所谓宗庙者，君长海内明尊亲正统，自非异姓更代一日为君，何可废置？建文、景泰之不列于庙寝也，余其惑之。"③但《大明会典》继承传统的宗法思想，充分体现了明代统治者的旨意。

另外，在万历《大明会典》卷九十一《历代帝王庙》中记载了"风后、皋陶、龙、伯益、传说、召公奭、召穆公虎、张良、曹参、周勃、冯异、房玄龄、李靖、李晟、潘美、岳飞、木华黎、博而忽、伯颜（今黜木华黎等三人）、力牧、夔、伯夷、伊尹、周公旦、太公望、方叔、萧何、陈平、邓禹、诸葛亮、杜如晦、郭子仪、曹彬、韩世忠、张浚、博尔术、赤老温（今黜博尔术等二人）等37人从祀历代帝王庙。"④此为洪武二十一年（1388）太祖诏以历代名臣从祀帝王庙，《大明会典》将此如实地记载了下来。

对此，明人丘濬曾说："凡三十有七人，是皆前代之君臣同德、始终一心者。"⑤清代礼学家秦蕙田说："配享之典，国家所以报功而劝忠也。"⑥清人孙承泽提出："至于从祀云者，以臣事君耳，……梁公之伐，远过西平、淮阴之冤，有同武穆，而舍彼取此，义复何居也。"⑦他们达成了共识，即从祀的安排是以"忠"作为从祀人选的标准，"报功"是为了"劝忠"，教化臣民忠君一心。由此看来，《大明会典》记载岳飞、韩世忠、张浚等名臣从祀是为了达到弘扬忠君，以忠为教的目的。

依笔者浅见，这还只是一个方面。岳飞、韩世忠、张浚等为南宋的抗金名将，尤其岳飞力主抗金，而南宋高宗赵构为保持皇位，拒绝迎回被金兵掳去的父兄（徽、钦二帝），害死岳飞，以免陷自己于合法性危机中。若把南宋、明两朝的历史相参，不难发现其中还隐含着对景帝不救英宗，而且禁锢被送回的英宗行为的指责，从这个意义上讲，《大明会典》还包含有否认景帝皇位合法性的思想。

四、"大礼议之争"中皇位合法性的辩说

正德十六年（1521）三月，明武宗病逝。武宗既无皇子又无同父兄弟，皇位继承只有从皇族旁支中选择。孝宗-武宗帝系因此彻底断裂。《皇明祖训》规定："凡朝廷无皇子，必兄终弟及，须立嫡母所生者，庶母所生虽长不得立。"这一规定完全不适合于武宗无同

① 朱祐樘：《御制明会典序》，载万历《明会典》卷首。
② 万历《明会典》卷八十六《庙祀一》。
③ 黄汝亨：《狂言纪略·庙典》，《说郛》本。
④ 万历《明会典》卷九十一《历代帝王庙》。
⑤ 丘濬：《大学衍义补》卷六十二《内外群祀之礼》，《文渊阁四库全书》本。
⑥ 秦蕙田：《五礼通考》卷一百二十二《功臣配享》，《文渊阁四库全书》本。
⑦ 孙承泽：《春明梦余録》卷二十《帝王庙》。

父兄弟的情况,所以,选取新君只能采取变通的做法。否则,将选不出新君。当时,可供选择的变通途径只有一条,那就是在承认武宗无亲弟的前提下将“兄终弟及”做一新的解释,即“兄”为明孝宗,“弟”为兴献王,他们共同的父亲是明宪宗。孝宗为宪宗第三子,兴献王为宪宗第四子,只有按此选立新君,才不会引起皇室内部的争斗。兴献王已逝,由其独子朱厚熜继位,故世宗即位所遵循的原则不是“兄终弟及”,而是“父死子继”。换言之,在以“兄终弟及”确立兴献王帝系之后,朱厚熜按“父死子继”成为明朝的第 11 代皇帝。这一选君原则在武宗遗诏中是很明确的。遗诏言:

> 朕绍承祖宗丕业十有七年,深惟有孤先帝付托,惟在继统得人,宗社先民有赖,皇考孝宗敬皇帝亲弟兴献王长子聪明仁孝,德器夙成,伦序当立,遵奉《祖训》“兄终弟及”之文告于宗庙,请于慈寿皇太后与内外文武群臣合谋同词,即日遣官迎取来京嗣皇帝位。①

朱厚熜奉武宗遗诏即位,并认定自己为宪宗纯皇帝之孙,孝宗敬皇帝之侄,兴献王之子,武宗之弟,伦叙当立。世宗皇帝要为自己死去的父亲兴献王朱佑杬争得一个皇帝的谥号。这是由于中国古代王位继承与宗法制的交织,旁支继承大统,在礼制上都要面临如何“尊亲”的问题,即怎样对待自己亲生父母、与前任皇帝的关系。历史上,西汉成帝无子,立定陶王刘欣为(哀)帝;北宋仁宗无子,立濮王赵曙为(英)帝,当时都有一番礼制上的争议。

在明大礼议之争中,张璁等人坚决反对杨廷和提出的继统必先继嗣的主张,而主张继统不继嗣,因为“统”为太祖之统,而非孝宗之统。他们认为继太祖之统是“大义”,继孝宗之嗣是“私恩”;“继统公,立后私”;“统为重,嗣为轻”;不能舍“公”而利“私”,弃重而就轻;在太祖之“统”面前,孝宗和武宗是平等的,不能厚孝宗而薄武宗。方献夫说:“夫天下者,祖宗之天下也,自祖宗列圣而传之武宗,孝宗不得而私也,武宗无嗣而传之皇上,武宗不得而私也。此正所谓兄终弟及而不必为后者也。”又说:“夫天下者,受诸其兄者也,既不必为其兄立后,又何必追为其伯立后乎?”②张璁也说:“今者必欲我皇上为孝宗之嗣,承孝宗之统,则孰为武宗之嗣,孰承武宗之统乎?”③他进一步说道:“今之天下,皇祖之天下,非今日君臣所能创立。”④他认为朱厚熜之所以能够由藩王入继大统,并不是因为杨廷和或慈寿皇太后个人的恩赐,而是由“祖训”这一根本之法所决定的。张璁说:“皇上遵《祖训》入继大统,固非执政之所能援,亦非执政之所能舍者也。”他认为杨廷和为了借助慈寿皇太后来扶持世宗,故意夸大慈寿皇太后的“拥立之恩”,是为“谬妄之罪”。为此,张璁提出了天下乃祖宗之天下而非孝宗之天下的思想。他说:“今天下者,祖宗之天下,

① 《明武宗实录》卷一百九十七“正德十六年三月戊辰”条。

② 《明世宗实录》卷三十八“嘉靖三年四月庚申”条。

③ 《张文忠公集》“奏疏”卷一《大礼或问》。

④ 张璁:《谕对录》,《丛书集成初编》本。

天下之天下也，孝宗于我皇上固不得以私相授受者也。”①

大礼之争的结果就是“祖宗之天下”思想的胜利，朱厚熜最终以宪宗之孙、孝宗之侄和兴献王长子的身份继承了皇位②。为了确认正统，世宗便追尊原为兴献王的先父为皇考“兴献皇帝”，强加庙号为“睿宗”，其母后为“兴献后”；后又将“兴献帝”“兴献后”改称“皇考恭穆献皇帝”“圣母章圣皇太后”。将一个已逝藩王硬挤入先皇序列，用以衬托外藩列入帝统的正当；世宗还将以“靖难”篡位的朱棣庙号，从“太宗”提升为“成祖”，实际上也是借朱棣篡统的历史事实来确认自己的正统。万历重修《大明会典》时将大礼议的成果一一记载。如万历《大明会典》卷八十六《庙祀一》载：

（嘉靖）十七年，改上太宗庙号曰成祖。加上皇考献皇帝庙号曰睿宗。先是特建世庙以祀皇考。后改建献皇帝庙，又改题曰睿宗庙，特享则于本庙行礼。时祫则奉主合享于太庙。二十四年，重建太庙成，奉睿宗升祔，而罢睿宗庙祭。寝殿神主则太祖居中，成祖、宣宗、宪宗、睿宗序于左，仁宗、英宗、孝宗武宗序于右，皆南向。③

万历《大明会典》卷八十六《庙号》载：

嘉靖三年，上献皇帝尊谥曰恭穆献皇帝。七年，加上曰恭睿渊仁宽穆纯圣献皇帝。十七年，加上曰知天守道洪德渊仁宽穆纯圣恭俭敬文献皇帝，庙号睿宗。嘉靖十八年，上后蒋氏曰慈孝贞顺仁敬诚一安天诞圣献皇后。④

并且载“嘉靖间，称六庙皇祖考妣太皇帝后，皇伯考孝宗敬皇帝，皇伯妣孝康敬皇后，皇考睿宗献皇帝，皇妣慈孝献皇后，皇兄武宗毅皇帝，孝静毅皇后”⑤。本卷还专设“睿庙”与“孝庙”之后，“武庙”之前，详述各种礼仪。万历《大明会典》卷八十七《升祔》载：“嘉靖十七年睿宗献皇帝祔庙仪”。卷八十八《荐谥号》载：“嘉靖十七年上成祖文皇帝、睿宗献皇帝庙号仪”，睿宗献皇帝的位置十分凸显，竟与“成祖”平起平坐。卷九十《陵寝》载：“睿宗献皇帝陵曰显陵，在湖广承天府之松林山。献皇后蒋氏合葬”等等。从上述记载来看，《大明会典》不仅仅是记载了世宗父亲的庙号、谥号、陵寝号等制度，而且在许多方面还刻意提升睿宗的地位，以表示世宗皇位的正统和延续性。这一点，从《大明会典》卷首所载的二篇“上御”中亦能清楚地看出。如世宗《敕谕内阁》说：

朕躬承天命，入继祖宗大统，君临天下，凡致治保邦之道，远稽古典，近守祖

① 《张文忠公集》“奏疏”卷一《正典礼第三》《正典礼第七》《大礼或问》。

② 田澍：《论明代大礼议中的革新思想》，《中国社会科学院研究生院学报》，1999 年第 1 期。

③ 万历《明会典》卷八十六《礼部四十四 · 庙祀一》。

④ 万历《明会典》卷八十六《礼部四十四 · 庙号》。

⑤ 万历《明会典》卷八十六《礼部四十四 · 时享》。

宗成法，夙夜祗慎，罔敢违越，仰惟我皇伯考孝宗皇帝，命儒臣纂修《大明会典》一书。我圣祖神宗累朝以来，创业垂统，守成致治。……我皇兄武宗皇帝又命儒臣再加参校重进。①

世宗在《敕谕内阁》中，首肯自己是“躬承天命，入继祖宗大统”，称孝宗皇帝为“皇伯考”，称武宗为“皇兄”，字里行间都显示自己的正统。神宗也不忘自己合法性的塑造。他在重修《大明会典》敕谕内阁说：

朕仰承祖宗列圣之鸿庥，获缵丕绪，夙夜祇慎，图惟治理，则亦惟我祖宗之旧章成宪，是守是遵。仰惟皇曾伯祖孝宗皇帝，命儒臣所纂《大明会典》一书，其于我祖宗列圣创业垂统，……我皇祖世宗皇帝尝见其一二舛误，申命儒臣重加校辑，比及进览，讫未颁行。②

《大明会典》所载祀典礼仪以及行文所体现出的正统观是传统宗法思想的发展与创新，亦正是统治者思想的体现，更包含有编纂者的思想。张璁、桂萼、方献夫等在“大礼议”之争中起了巨大作用，他们皆为续修《大明会典》时的总裁，所以在续修此书的过程中，肯定要掺入他们的认识和观点，强调以兴献王为宗，这是毫无疑问的。

（原载《第十六届明史国际学术研讨会暨建文帝国际学术研讨会论文集》，有删改）

① 嘉靖八年四月初六日《皇帝敕谕内阁》，载万历《明会典》卷首。

② 万历四年六月二十一日《皇帝敕谕内阁》，载万历《明会典》卷首。

从万历《大明会典》看明代监察体系的构建

明代统治者为维护其封建统治秩序，吸取了以前历代王朝兴衰的经验教训，制定、实行了系统的监察制度，且通过有关法规制度的调整、改革和完善，逐渐建构了在机构设置、人员选配、运转协调诸方面系统而缜密的监察体系。作为一部明代官修的专述有明一代典章制度的典制体史书，万历《大明会典》“反映了明代皇权之下各部职能的结构和诸司职掌的基本情况和历史变化”①，对明代监察体系及其构建有较为详实的记载。本文在已有研究的基础上②，拟就万历《大明会典》中的有关记载作一梳理和分析。

一、明代监察体系之机构设置

明代监察机构是一个庞大的组织体系，从国家行政监察机构属性判断和万历《大明会典》的记载来看，都察院和六科是其两大主要系统。这些内容在万历《大明会典》卷二〇九至卷二一一《都察院》和卷二一三《六科》等卷有详细的记载。

（一）都察院系统

1. 从御史台到都察院

明代都察院前身是御史台。据史书记载，朱元璋很重视御史台的作用，曾告诫这些监察官员说：“国家新立，惟三大府总天下之政。中书政之本，都督府掌军旅，御史台纠察百司，朝廷纪纲，尽系于此。”③当时，御史台与中书省、都督府是中央并列的最高一级政府机构。洪武十四年（1381），朱元璋对御史台进行了改组，把御史台改称都察院，仅设监察御史，正七品。洪武十六年（1383），升都察院为正三品，设司务。次年（1384），才重新将都察院升为正二品衙门，左右御史与六部尚书品秩同为正二品。④ 至永乐元年（1403），都

---

① 瞿林东：《中国史学史纲》，北京出版社，1999，第598页。

② 有关明代监察制度的研究文章很多，但先贤们就万历《大明会典》中的有关明代监察体系的构建记载的梳理和分析笔者目前还未曾见到。

③ 《明太祖实录》卷二六“吴元年冬十月壬子”条。

④ 万历《明会典》卷一〇《吏部九》。

察院的地位、规模、设置基本固定下来。据《大明会典》所载，定制后的都察院设正官左、右都御史二人，正二品；左、右副都御史二人，正三品；左、右佥都御史四人，正四品；经历司经历一人，正六品；都事一人，正七品；首领官、司务二人，从九品；照磨所照磨一人，正八品；检校一人，正九品；司狱司司狱一人，从九品①。

2. 都御史的职权

对于都御史的职权，万历《大明会典》有明确记载。从总体来说，都御史"职专纠劾百司、辩明冤枉、提督各道及一应不公不法等事。"②其首要职责是"纠劾百官"，既对文武大臣"系奸邪小人、构党为非、擅作威福、紊乱朝政，致令圣泽不宣、灾异迭见"者，"凡百官有司，才不胜任、猥琐阘茸、善政无闻、肆贪坏法"者，"凡在外有司，扰害善良、贪赃坏法、致令田野荒芜、民人受害"者，"凡学术不正之徒、上书陈言变乱成宪、希求进用，或才德无可称述而挺身自拔"者均要加以弹劾。③

同时，参与考察官吏也是都御史的主要职权。万历《大明会典》载："吏部考功司掌天下官吏选授、勋封、考课之政令"④，而都察院都御史的重要职掌之一亦是"遇朝觐、考察，同吏部司贤否黜陟"⑤。这两个机构既分工合作，又互相监督。官吏的考核，主要有考满和考察两大系统。万历《大明会典》卷一二和卷一三分别较系统地记载了"考满"和"外官考察"。如关于京官的考满，万历《大明会典》规定："凡在京各衙门郎中、员外郎、主事等官，及直隶府州等官，各卫所首领官，在外按察司首领官考满，本院俱发河南道考核，各出考语牒送吏部该司候考。"⑥即官员考满到部，由都察院及河南道监察御史考核。如：《大明会典》卷一二记载：

> 洪武二十六年定，凡在京各衙门属官考满，六部、太常司……俱从本衙门正官考核。又定：六部五品以下官，太常司、光禄司、通政司、大理寺、国子监、太仆寺、钦天监、翰林院、太医院、仪礼司属官，历任三年，听于本衙门正官察其行能、验其勤惰，从公考核明白，开写"称职、平常、不称职"词语，送监察御史考核，本部覆考。其在京军职文官，俱从监察御史考核，各以九年通考。
>
> 弘治元年，令各衙门属官考满，堂上官出与考语，送都察院并本部覆考。
>
> 嘉靖二十七年奏准：在京各衙门给由官员，堂上官务要严加考核，从公填注贤否的实考语，封送本部，以凭覆考。
>
> 隆庆二年议准：三、六、九年考满官到部，仍照旧例，分别三等，不得概考"称职"。其"平常"与"不称职"各官，或量行别处，或请旨罢斥。⑦

---

① 万历《明会典》卷二，《吏部一》，万历《明会典》卷十，《吏部九》。

② 万历《明会典》卷二〇九，《都察院》。

③ 万历《明会典》卷二〇九，《都察院》。

④ 万历《明会典》卷二，《吏部一》。

⑤ 《钦定续文献通考》卷五四，《职官考·御史台》。

⑥ 万历《明会典》卷二〇九，《都察院》。

⑦ 万历《明会典》卷一二《考核一·官员》。

万历《大明会典》关于考察的记载，主要集中在对外官的考察，其中不仅记载了外察的期限，还制定了外察的程序以及内容。规定考察官明白写出该官在任期间的政、勤、德、能等方面情况，如实上报，"以凭考察"。对考察官有诬枉不公，如有毁誉任情、是非淆乱及枝词蔓语、自相矛盾者，允许科道官劾奏，听本部都察院"指实参奏"，根据情节轻重，进行处理，以保证考察顺利进行。

3. 十三道监察御史的职权

十三道监察御史是下属于都察院，又主要联系中央和地方的监察机构，其职责是"各理本布政司，及代管内府监局、在京各衙门，直隶府州卫所刑名等事"①，万历《大明会典》卷二〇九至卷二一一《都察院》对十三道监察御史的职权有明确而具体的分工。

其一，凡大朝会行礼，若有失仪，听纠仪御史举劾。常朝，大小衙门官员奏事，理有未当及失仪者，听侍班御史并给事中劾奏，依律罚俸。凡朝会行礼，敢有搀越班次，言语喧哗，有失礼仪及不具服者，随即纠问。

其二，凡大小祭祀，敢有临事不恭，牲币不洁，亵渎神明，有乖典礼，失于举行，及刑余疾病之人陪祭执事者，随即纠劾。凡祭祀郊社宗庙山川等神，若有怠于执事及失仪者，并听纠仪御史举劾，依律责罚。②

其三，分别监察在京各衙门的日常事务。比如，两京刷卷，巡视京营，监临乡、会试及武举，巡视光禄，巡视仓场，巡视内库、皇城五城，轮值登闻鼓等都在监察之列。如万历《大明会典》记载："凡监察御史并按察司分司巡历去处，先行立案，令各该军民衙门抄案，从实取勘。本衙门并所属有印信衙门合刷卷宗，分豁已未照刷、已未结绝，号计张缝，依左粘连刷尾，同具点检单目，并官吏不致隐漏结罪文状。责令该吏亲赍赴院，以凭逐宗照刷。"③

其四，巡按地方。对于巡按御史的职掌，万历《大明会典》卷二一〇《出巡事宜》载：

> 凡出巡考察，洪武六年，令御史察举各处有司官员。
>
> 永乐元年，令巡按御史及按察司，凡府州县官到任半年之上，察其廉贪，具实奏闻。
>
> 宣德十年奏准：凡在外都司卫所首领官，并断事等官，从巡按御史、按察司考察，阘茸无能者，起送赴部。
>
> 天顺元年奏准：每年，巡按御史将司、府、州、县见任官员从公诘察，除贪污不法者，就便拿问；其老疾、罢软等项，起送吏部，查例定夺。如有奉公守法、廉能超卓者，更替回京之日，指实具奏，吏部记其姓名，候考满到部，查考升用。若御史考察不公、颠倒是非者，参奏如律。④

① 万历《明会典》卷二〇九，《都察院一·各道分隶》。

② 万历《明会典》卷二一一，《都察院三·监礼纠仪》。

③ 万历《明会典》卷二一〇，《都察院二·照刷文卷》。

④ 万历《明会典》卷二一〇，《都察院二·出巡事宜》。

另外,明代都察院还定期派遣监察御史"清理军役""巡察盐务""攒运""巡视茶马""巡关""屯田""提督学校"等。如万历《大明会典》规定:"每年八月终仍具清解过军数,回京具奏"。天顺二年(1458)奏准,"清军御史三年一次,赴京查考更替。"弘治十年(1497)又奏准,"清军御史三年满日,敢有枉道回家及年限未满,捏造册籍回京,本院严加考察,奏请黜退。"至于巡察盐务,正统三年(1438),"令两淮、两浙、长芦等运司每岁各差御史一员,领敕巡视禁约,催督盐课",[①]等等。

(二)六科系统

明代监察制度的一个重要发展是设立"六科给事中"。六科是平行于都察院的另一套中央监察机构,其建置在明初也有很大变化。万历《大明会典》载:

> 国初,设给事中,正五品。洪武四年,改正七品。六年,始分吏、户、礼、兵、刑、工、六科,各设给事中二员,秩从七品,推年长者一人掌科事,寻隶承敕监,隶通政司。十三年,置谏院,设左右司谏各一人,左右正言各二人,已改名元士,又曰士源,或增至八十一人。二十四年始更定六科给事中品秩,每科设都给事中一人,正八品;左右给事中二人,从八品;给事中,吏科四人,户科八人,礼科六人,兵科十人,刑科八人,工科四人,俱正九品。三十三年,定都给事中正七品,给事中从七品,而不置左右。永乐间,仍设左右给事中,亦从七品。正统七年,更铸六科印。万历八年,裁户科给事中四员,兵科五员,刑科四员,礼科二员。十一年复户、兵、刑科给事中各二员,礼科一员,今共为五十员。[②]

洪武二十四年(1391),六科的编制基本上确定,定六科各设都给事中1人,正八品;左、右给事中各1人,从八品;给事中,正九品。其中,吏科4人,户科8人,礼科6人,兵科10人,刑科8人,工科4人。洪武三十三年(1400),即建文年间,六科官员及品秩稍有变更,将都给事中品秩升至正七品,给事中为从七品,不设左、右给事中。成祖初恢复旧制,仍置左、右给事中,亦从七品。经过万历八年(1580),裁员,万历九年(1581)的革除,到万历十一年(1583)又复设[③],六科官员定为50人。明代六科成为特设的独立机构,六科给事中"俱系近侍官员,与内外衙门并无行移"[④],直接对皇帝负责。

关于六科给事中的职掌,万历《大明会典》载:六科给事中"职专主封驳、纠劾等事"[⑤]。即六科给事中的职掌首先是纠举弹劾稽察官员,其弹劾的对象仅为"两京大臣方面"之违法失职等官。在职权范围上,虽然六科给事中不如监察御史广泛,但六科作为自成一曹的独立监察衙门,在组织上完全独立,与都察院无隶属关系,给事中独无堂上官之

---

① 万历《明会典》卷二一〇,《都察院二》。

② 万历《明会典》卷二一三,《六科》。

③ 参见万历《明会典》卷二,《吏部一》。

④ 万历《明会典》卷七六,《行移署押体式》。

⑤ 万历《明会典》卷二一三,《六科》。

约束，直接向皇帝言事弹劾。万历《大明会典》载，正统四年(1439)定："都察院具事目，请旨点差，回京之日，不须经由本院，径赴御前复奏。"①其次，六科给事中有考察拾遗的权力。万历《大明会典》规定："凡外官三年考察，京官六年考察，自陈之后，本科官同各科具奏拾遗。"②

另外，六科给事中有督察六部百司执行朝廷政令的权力。万历《大明会典》卷二一三载：

> 凡每日早朝，六科轮官一员于殿廷左右，执笔纪录圣旨，仍于文簿内注写某日、某官、某钦记相同，以防壅蔽。
>
> 凡各衙门题奏本状，奉旨发落事件，开坐具本。户、礼、兵、工、刑五科，俱送吏科。每日早朝，六科掌科官，同于御前进呈。
>
> 凡内官内使传旨，各该衙门补本覆奏，再得旨，然后施行。
>
> 凡六科每日收到各衙门题奏本状，奉有圣旨者，各具奏目送司礼监交收。又置文簿陆续编号，开具本状，俱送监交收。
>
> 凡六科每日接到各衙门题奏本章，逐一抄写书册，五日一送内阁，以备编纂。
>
> 凡各衙门题奏过本状，俱附写文簿，后五日，各衙门具发落日期，赴科注销，过期延缓者参奏。③

由此可见，六科与六部对口登记，稽查有关案卷文书，以监督六部百司行政执行及完成情况。六科每日收到的各衙门的题奏本章，需御批的，要具奏目置文簿陆续编号，开具本状送司礼监，其余的逐一抄写书册，五日一送内阁以备编纂。此表明六科对过往的旨章均须在五天内作出批决。

同时，《大明会典》还载明了六科给事中分科稽查和监督六部执行情况：

> 凡吏部引选文职官员，掌科官一员，与本部尚书侍郎，同赴御前请旨选用。
>
> 凡吏部初选有司官，该领为政须知，俱先赴本科画字。
>
> 凡督抚官，三年考满到部，俱以交代入境之日为始，足三十六个月为一考。其在京在途月日，俱不准。如月日不足，未满先奏及隐匿过名者，本科参奏。
>
> 凡天下诸司官吏，三年朝觐到京，奏缴须知文册到科，查出钱粮等项数目差错者，经该官吏参奏究治。④

此外，万历《大明会典》中关于六科给事中职权的还有："礼仪边务"等事，"轮值登闻

① 万历《明会典》卷二一〇，《都察院二·奏请点差》。
② 万历《明会典》卷二一三，《六科》。
③ 万历《明会典》卷二一三，《六科》。
④ 万历《明会典》卷二一三，《六科》。

鼓楼”“论辩”“劾奏”之权等等，凡此种种，共计36条，恕不一一赘述。

二、明代监察体系之官员整治

明代监察体系的构建，不仅在于其庞大而严密的监察机构的设置，更重要的还体现在其对监察官员的整治。对各类各级监察官员管理的具体规定，在万历《大明会典》“百官责任条例”“考复百官”“急缺选用”“奏请点差”“出巡事宜”“照刷文卷”“回道考察”“问拟刑名”“追问公事”“审录罪囚”“监礼纠仪”“抚按通例”，“巡抚六察”“巡按七察”“监官条款”“满日选报册式”“监纪九款”等条款中有非常明确的记载。

(一)关于监察官员的选任

据万历《大明会典》记载，明初就非常重视对监察官员的选任。洪武元年(1368)，“诏御史台监察御史、提刑按察司，耳目之寄，肃清百司。今后慎选贤良方正之人，以副朕意。”①关于监察官员的品质，明代统治者都提出了很高的要求。朱元璋提出，监察官员作为“绳愆纠谬、拾遗补过、谏诤之臣”，“必国而忘家、忠而忘身之士方可任之”②。明代统治者认为，“御史当用清谨介直之士，清则无私，谨则无忽，介直则敢言，不能是者悉黜之”③。基于上述对监察官员的品质标准，明代统治者挑选他们认为优秀的官员进入监察机构。如万历《大明会典》载：“宣德三年，令都察院选进士、监生、教官堪任御史者，于各道历政三个月，考其贤否，第为三等。上、中二等授御史，下等送回吏部。”④

万历《大明会典》记载了许多有关监察官员选任的具体要求，这些要求主要集中在关于监察官的出身、资历、年龄和能力等方面，它们虽然在不同时期有所变化，但从总体上看一直是很严格的。正统四年(1439)，要求“凡都察院各道监察御史并首领官、按察司官并首领官，自今务得公明廉重、老成历练之人，奏请除授。不许以新进初仕及知印承差吏典出身人员充用。”“御史缺，从吏部于进士、监生、教官、儒士出身曾历一任者，选送都察院，理刑半年，考试除授。”⑤到正统六年(1441)，对监察官员的选任的要求更为具体，提出“凡御史员缺，于行人、博士、知县、推官、断事理问，及各衙门司务、各按察司首领官，进士、监生出身，一考、两考者，吏部拣选送院，问刑半年，堂上官考试除授。”⑥早在洪武四年还规定，都察院及按察司吏典须于“考退生员与应取吏员相参补用，不许用曾犯奸贪罪名之人。”⑦而后，为了保证监察官员的品质，除先前的要求外，又增加了监察官任职年龄的要求。如万历《大明会典》记载：

---

① 万历《明会典》卷二〇九，《都察院一·考核百官》。

② 徐学聚：《国朝典汇》卷六八，《吏部·六科》。

③ 《明太宗实录》卷五三“永乐四年四月甲申”条。

④ 万历《明会典》卷二〇九，《都察院一·考核百官》。

⑤ 万历《明会典》卷二〇九，《都察院一·考核百官》。

⑥ 万历《明会典》卷二〇九，《都察院一·考核百官》。

⑦ 万历《明会典》卷八，《吏部七·吏役参拨》；万历《明会典》卷二〇九，《都察院》。

景泰六年奏准：进士年三十以上并历事听选监生，原系举人者，及考满在部，教官该升者，通取赴吏部考选试职。

成化十年，令御史缺，选进士年三十以上者，问刑半年，考试除授。博士、行人、推官、知县、兼选，仍试职。①

(二)关于监察官员的考核

据万历《大明会典》记载，各类监察官员均有相应的考核机构。"洪武二十六年定，监察御史从都御史考核，给事中从都给事中考核。都给事中从本衙门，将行过事迹，并应有过犯备细开写，送本部考核。"还规定，"监察御史系耳目风纪之司，任满黜陟，取自上裁。"②

万历《大明会典》载有各级职官包括察官的职掌和事例，这也是对监察官员进行考核的依据。如其"百官责任条例"载有按察使的职责的规定；"都察院"载有对监察御史的选任、考核、权责、监察程序等规定；"巡抚六察""巡按七察"划定了巡抚和巡按御史的职责范围；"监纪九款""监官条款"载有监察官员应该遵循的行为规范。其中，万历《大明会典》卷二一一《都察院三·回道考察》具有代表性：

正统六年，诏中外风宪系纲纪之司，须慎选识量端弘、才行老成者任之。其有不谙事体、用心酷刻者，并从都察院堂上官考察降黜。

十四年，令御史差回，都察院堂上官考其称否具奏。

成化六年奏准，各处巡按御史俱要亲理词讼，仍将本院递年发去勘合逐一问结缴报。御史回还，备开接管已未完勘合件数，具呈本院查考。

七年奏准，巡按公差御史回京，本院堂上官依旧例查勘考察。保结称职者，具奏照旧管事；若有不称，奏请罢黜。

弘治十年奏准，各处清军并巡按等项御史回京，本院考察，果有不职事迹及过违限期者，参奏罢黜。③

(三)关于对不法监察官员的惩戒

万历《大明会典》卷二〇九《都察院一·纠劾官邪》中对监察官员的纠劾行为制定了严格的规范。其一，指陈实迹，明白具奏。要求"其纠举之事，须要明著年月，指陈实迹，明白具奏。若系机密重事，实封御前开拆，并不许虚文泛言。若挟私搜求细事及纠言不实者，抵罪。""凡不公不法之事，奉有明旨令科道官记著者，务要实时纠举，不许隐匿遗

① 万历《明会典》卷二〇九，《都察院一·考核百官》。

② 万历《明会典》卷一二，《吏部十一·考核一》。

③ 万历《大明会典》卷二一一，《都察院三·回道考察》。

漏。"[①]其二,秉公办事。"凡都察院、按察司、堂上官及首领官、各道监察御史、吏典,但有不公不法及旷职废事、贪淫暴横者,许互相纠举,毋得徇私容蔽。""不许科道官挟私报复。巡按清军巡盐刷卷御史,同事地方,固宜同寅协恭亦要互相纠察,以清宪体。"[②]

又如,在万历《大明会典》卷二一〇《都察院二·出巡事宜》中对作为监察官员的"风宪"的行为举止有明确要求。一要宣上德,达下情。提出"风宪为朝廷耳目,宣上德、达下情,乃其职任。所至之处,须访问军民休戚及利所当兴、害所当革者,随即举行。或有水旱灾伤当奏者,即具奏。不可因循苟且,旷废其职。"[③]二要明白正大。要求"风宪存心须要明白正大,不可任一己之私,昧众人之公。凡考察官吏廉贪贤否,必于民间广询密访,务循公议,以协众情。毋得偏听及辄凭里老、吏胥人等之言,颠倒是非。亦毋得搜求细事,罗织人过,使奸人得志,善人遭屈。"[④]三要存心忠厚,即"风宪官当存心忠厚。其于刑狱,尤须详慎。若刻薄不仁,专行酷雨,不思罪有大小,罚有重轻,一概毒刑以逞,动辄棰人致死,不惟有失朝廷钦恤之意,抑且祸及身家,虽悔无及"。[⑤] 四要持身端肃,公勤谨慎。要求"风宪须持身端肃,公勤谨慎,毋得亵慢怠惰。凡饮食供帐,只宜从俭,不得踰分。"[⑥]五要循理守法。提出"风宪之任至重。行止语默须循理守法。"另外,还要求监察官员"所至之处,博采诸司官吏,廉勤公谨者,礼待之,荐举之;污滥奸佞者,戒饬之,纠劾之"[⑦],等等。

在此基础上,万历《大明会典》中还规定了大量惩治不法官吏的条款。其中除规定了对所有官吏违法行为的惩罚外,还特别设立了对监察官员犯罪加重处罚的规定,等等。

三、明代监察体系之协调运转

为使监察体系真正发挥作用,对监察范围的框定以及对监察官吏职权的分配与分工也是至关重要的。明初,统治者就通过行政法规、钦颁敕书确定监察职能的范围以及分工,以利于其监察体系的协调运转。

(一)确定广泛的监察范围

1. 监察对象广泛

明代监察体系不仅包括对百官的监察,还有对皇帝的监察。在当时,监察官弹劾的对象自皇帝以下几乎已无任何限制,上至朝廷要臣,下至普通官员,无不网罗其中;而监察官自身也要相互接受监督,如万历《大明会典》卷二一一《都察院三·回道考察》就是都察院对出巡御史的监察法规;对皇帝的监督,虽然称不上真正意义上的监察,更无可能

① 万历《明会典》卷二〇九,《都察院一·纠劾官邪》。
② 万历《明会典》卷二〇九,《都察院一·纠劾官邪》。
③ 万历《明会典》卷二一〇,《都察院二·出巡事宜》。
④ 万历《明会典》卷二一〇,《都察院二·出巡事宜》。
⑤ 万历《明会典》卷二一〇,《都察院二·出巡事宜》。
⑥ 万历《明会典》卷二一〇,《都察院二·出巡事宜》。
⑦ 万历《明会典》卷二一〇,《都察院二·出巡事宜》。

对其进行纠劾，但是对其可以进行言谏。

2. 监察职权的内容广泛

明代监察体系最基本的职责是纠察百官，弹劾结党营私、贪污渎职、徇私舞弊的不法官吏，同时还兼有推鞫狱讼即参与审理案件以及监督财政收支的职责。如万历《大明会典》卷二〇九记载："都御史职专纠劾百司、辩明冤枉、提督各道及一应不公不法等事。"①除此之外，监察官职掌还包括监察礼仪、学校、军队、治安、馆驿以及言事谏诤、荐举人才、赈济灾荒等等，可谓涉及方方面面。

3. 监察的程序涉及事前、事中和事后

万历《大明会典》对监察官所作的一些特别规定中诸如禁止官吏"宿娼""娶部民妇女为妻妾""奸部民妻女""任所置买田宅"等条款，都属于有关事前监察的规定，旨在规范官吏的言行作风，防止腐败等不法现象的滋生；有关巡按御史的监察程序规定是典型的事后监察规定。因为巡按出巡专掌监察，对其出巡地区的事务，可以在事情进行过程当中享有一定的干预、指挥、处置的权力，严格监督所巡地方行政是否按照正常合法程序进行，代表中央进行纠举督察，以减少不法现象以及危害结果的发生。

(二)监察主体之间相互监督、相互纠举

除了详细规定各监察官吏的具体职权，明代统治者还规定不同类型、不同级别的监察主体之间可以相互监督、相互纠举，以保证监察体系的内部纯洁、稳定以及办事效率。

1. 都御史与监察御史、巡按

都御史与监察御史、巡按之间是一种上下监督关系。由于都御史职掌"纠劾百司"，故隶属都察院的监察御史须接受其监察和弹劾。《大明会典》记载：

> 成化六年奏准，各处巡按御史俱要亲理词讼，仍将本院递年发去勘合逐一问结缴报。御史回还，备开接管已未完勘合件数，具呈本院查考。
>
> 七年奏准，巡按公差御史回京，本院堂上官依旧例查勘考察。保结称职者，具奏照旧管事；若有不称，奏请罢黜。
>
> 弘治十年奏准，各处清军并巡按等项御史回京，本院考察，果有不职事迹及过违限期者，参奏罢黜。②

反之，十三道监察御史"主察内外百司之官邪"，都察院自然也在其监察范围之内。

2. 都御史与六科给事中

都察院与六科给事中均系直接听命于皇帝的中央监察机关，地位相互独立，然"都御史职专纠劾百司、辩明冤枉、提督各道及一应不公不法等事。"③故都御史可以监督弹劾给事中。同时，为了牵制朝廷大臣，明太祖设立六科给事中并赋予其种种监察特权，使之能

① 万历《明会典》卷二〇九，《都察院》。

② 万历《大明会典》卷二一〇，《都察院三·回道考察》。

③ 万历《明会典》卷二〇九，《都察院》。

揭发检举出朝廷要官中的腐败不法分子。

3. 御史与按察司

御史与按察使都是监察地方的风宪官。明初，监察御史及按察司分巡官巡历所属各府州县，颉颃行事，即指二者双方共同行事，地位不相上下，可以互相举纠。当然，作为地方常设的监察官，按察使也享有对御史的纠劾权。洪武朝以后，随着权力的加重，巡按御史获得了对按察使的举劾权。弘治九年(1496)，“在外布、按二司府州县等官及教官有政绩才行者，并许抚按奏举”[①]，赋予了巡按御史对布政司、按察司官员的举荐权，并随着巡按御史权力不断加大，按察司官员职权日渐缩小，监察御史及按察司并重的监察体制遭到破坏。万历《大明会典》载：“迨后按察司官听御史举劾，而御史始专行出巡之事。”[②]

另外，六科内部以吏、户、礼、兵、刑、工分隶，各部之间同样也实行互相监督，“其事属重大者，各科皆得通奏。但事属某科，则列某科为首。”[③]

总之，万历《大明会典》在记载明代的纲举目张、系统而缜密的监察法律法规体系的同时，还记载了一个以都察院为中心覆盖面广、功能强大的监察体系。明代监察体系，对于维护明代封建统治秩序发挥了重要作用，其经验教训对于我们今天做好监察工作以及反腐廉政建设有诸多有益的启示。

(原载《第十七届明史国际学术研讨会暨纪念明定陵发掘六十周年国际学术研讨会论文集》，有删改)

① 万历《明会典》卷一三，《吏部十二·举劾》。

② 万历《明会典》卷二一〇，《都察院二·出巡事宜》。

③ 张廷玉：《明史》卷七四，《职官三》。

从《大明会典》看明代云南土司制度之嬗变

土司制度起源于元代，在明代达到完备，此制度是中央王朝针对少数民族地区的特殊形势而采用的统治方式。云南处于我国西南边疆地区，境内有众多的民族，对于语言各异、民族众多的特殊地区，中央王朝在其统治过程中，根据民族地区实况亦采取了土司政策。

《大明会典》是一部明代官修的专述有明一代典章制度的典制体史书。关于土司的设置、土司的承袭、对于土司犯科惩罚措施等，《大明会典》都有记载，另外，明政府对于土司地区的子弟文化教育在《大明会典》中也有进一步的规定。因此，从《大明会典》的记载中即可窥见其发展与嬗变。

关于云南土司制度发展与嬗变的研究许多学者早已开始，比如云南大学人文学院历史系罗群教授曾撰文《云南土司制度发展与嬗变的制度分析》[①]，以新制度经济学的制度变迁理论考查云南土司制度，分析历史现象后以政治经济利益为纽带的社会各阶层、集团的制度安排与选择，进而对土司制度进行更深入的研究。云南大学梁新伟2015年的硕士论文《明清时期云南府土司研究》，梁新伟在文中说"《明史》《清史稿》中对云南府土司的具体情况也作了具体的叙述，记述了大量学者对土司研究的资料。此外，还有一些明清时期的学者，如明代赵用贤(1535—1596)等纂的《大明会典》、明代谢肇淛(1567—1624)的《滇略》、清代毛奇龄(1623—1716)的《蛮司合志》等"，从这段话和他的行文中得知他运用了《大明会典》，但整篇下来他仅仅用了3则《大明会典》的史料，而且也仅用了弘治《大明会典》，即人们常说的正德《大明会典》中的记载.这是有所偏颇的。从他的研究中笔者受到了很大的启发，早就想写一篇《从〈大明会典〉看明代云南土司制度之嬗变》。因为《大明会典》是一部明代官修的专述有明一代典章制度的典制体史书。《大明会典》历经弘治、嘉靖、万历三朝先后编修、续修和重修，但问世流传的仅有两部，除弘治《大明会典》外，还有万历年间申时行等编写的万历《大明会典》.要说明一个制度的演变发展仅从一部而且只是明代前期撰写的《大明会典》中的记载是说明不了问题的。本文仅从《大明会典》的记载来论说云南土司制度的发展及嬗变。

---

① 罗群:《云南土司制度发展与嬗变的制度分析》,《中国边疆史地研究》2013年第1期,第20~29页。

一、土司的承袭

明代较元代对土司的袭职要求更严格，不仅有对土司的袭职的各种规定，还有诸多明朝对土司的继承管理的规定。这些在《大明会典》中均有所体现。如《大明会典》卷一百二十一《兵部四·铨选四·土夷袭替》记载：

> 凡土官袭替，洪武二十七年，令土官无子许弟袭。三十年，令土官无子弟而其妻或婿为夷民信服者，许令一人袭。永乐十五年，令土官告袭，虽出十年亦准袭。正统二年奏准：土官应袭者，预为勘定造册在官，依次承袭。弘治二年，令土官应袭子孙年五岁以上者，勘定立案；年十五以上，许令袭；如年未及，暂令协同流官管事。
>
> 五年，令土官袭职后，习礼三月，回任管事。
>
> 嘉靖六年奏准：土官袭替及土舍年久不得承袭者，镇守抚按严督三司等官，从公作急勘明具奏。若展转推托及贪官作弊者，指实参究。
>
> 二十九年题准：土舍袭替，查无违碍，即与照例起送，年终抚按镇守官将告袭土舍姓名，并行查年月日期缘由，经该官员职名奏报，虽有升迁，必待事完呈请抚按衙门详允，方许离任。如再故违，留难阻滞，展转驳勘，致启边衅者，抚按指实参奏处治。
>
> 凡土官就彼袭替，天顺八年，令土官告袭勘明会奏，就彼冠带。
>
> 嘉靖二年，令土官衙门，设在荒远，兼因争竞雠杀等项，不能赴京者，抚按等官勘实代奏，就彼袭替，仍依先年户部原拟等级，令其纳谷备赈。
>
> 六年奏准：地方有事调遣，镇守抚按等官查明具奏，就彼袭替。
>
> 十五年议准：纳谷冠带土舍，曾经兵部题奉钦依者，不必再勘。其止曾纳获实收，未奉钦命本布政司径札冠带者，备勘明白，免赴京。类具供结，兵部查照，上请降给凭札，方许实授管事。其有不服起送与擅自冠带管事者，听抚按从重参究革职，另取应袭之人，赴部袭职。
>
> 十八年，令安南都统使子孙袭替，照土官例，听镇巡官勘实具奏，就彼承袭。
>
> 二十八年题准：应袭土舍，曾经调遣，效有功劳，暂免赴京，就彼冠带署职，管束夷民，待后功劳显著，方许实授。其余不曾调遣及无功可录者，照例起送赴京袭替。各官授职之后，若能建立奇功，平定大盗，应合重加赏赉。或诰敕褒奖。如有骄纵违误征调愆期，听镇巡官临时议拟，奏请明旨，遵奉施行。
>
> 三十三年议准：云贵土舍应袭，令照品纳米，抚按查明具奏，就彼袭替。
>
> 万历九年题准：停止云贵土舍输纳事例。凡土司告袭，所司作速勘明，具呈抚按，覆实批允，布政司即为代奏，该部题选，填凭转给，就彼冠带袭职。有愿赴京亲袭者，听其效忠进献驯象土物，并疏奏闻，抚按仍设告袭文簿，将土舍告袭、

藩司代奏日期登记明白，年终报部备考。[①]

关于土官袭替还制定了禁例。《大明会典》卷一百二十一《铨选四 · 土夷袭替》记载：

弘治十三年奏准：土官袭替，其通事、把事人等及各处逃流军囚、客人，拨置不该承袭之人，争夺仇杀者，俱问发极边烟瘴地面充军。

嘉靖十年议准：各边军职及勘事人员，索取土夷财物，致生他变者，依激变良民律例。

十四年议准：云南、四川两省土官各照旧分管地方，如有不遵断案，互相仇杀，及借兵助恶，残害军民，并经断未久，辄复奏扰变乱者，土官子孙不许承袭，所争村寨平毁入官，仍追究主使、扛帮、教唆积年通把人役，问以重罪。[②]

关于土官土舍嫁娶也有严格的规定。《大明会典》卷一百二十一《铨选四 · 土夷袭替》云：嘉靖三十三年题准，"土官、土舍嫁娶，止许本境本类，不许越省，并与外夷交结往来，遗害地方。每季兵备道取具重甘结状，如再故违，听抚按官从实具奏，兵部查究，量情轻重，或削夺官阶，或革职闲住，子孙永不许承袭。"[③]这条规定说明土官土舍嫁娶，只允许在本境内，不允许越省。若有违反，"量情轻重，或削夺官阶，或苣职闲住，子孙永不许承袭。"

对于土司承袭还有具体的操作规程：《大明会典》载："凡各处土官承袭。洪武二十六年定，湖广、四川、云南、广西土官承袭，务要验封司委官体勘，别无争袭之人，明白取具宗支图本，务要验封司委官体勘，别无争袭之人，明白取具宗支图本，并官吏人等结状，呈部具奏，照例承袭。移付选部附选，司勋贴黄，考功附写行止，类行到任。见到者，关给札付，颁给诰敕。"[④]这种完善的承袭制度在一定程度上维持了土官承袭的秩序，有利于地方的安定。

二、对于土司犯科惩罚措施很严格

明王朝对于土司犯科惩罚措施很严格，如《大明会典》记载："云、贵军职及文职五品以上官，及各处大小土官，犯该笞、杖罪名，不必奏提。有俸者，照罪罚俸；无俸者，罚米。其徒、流以上情重者，仍旧奏提。"[⑤]"凡土官犯恶逆被戮。嘉靖十年题准：即推伦序相应，素为夷众所服者，授以原职，管束夷民。"[⑥]"各处土官袭替，其通事人等及各处逃流军囚、

① 万历《明会典》卷一百二十一《兵部四 · 铨选四 · 土夷袭替》。
② 万历《明会典》卷一百二十一《兵部四 · 铨选四 · 土夷袭替》。
③ 万历《明会典》卷一百二十一《兵部四 · 铨选四 · 土夷袭替》。
④ 万历《明会典》卷六《吏部五 · 验封清吏司 · 土官承袭》。
⑤ 万历《明会典》卷一百六十《刑部二 · 律例一 · 职官有犯》。
⑥ 万历《明会典》卷六《吏部五 · 验封清吏司 · 土官承袭》。

客人,拨置土官亲族不该承袭之人争袭、劫夺、仇杀者,俱问发极边烟瘴地面充军。”①“凡土官衙门人等,除叛逆机密,并地方重事,许差本等头目赴京奏告外,其余户婚、田土等项,俱先申合干上司,听与分理。若不与分理及阿徇不公,方许差人奏告,给引照回,该管上司,从公问断。若有蓦越奏告及已奏告,文书到后三月,不出官听理,与已问理,不待归结,复行奏告者,原词俱立案不行。其妄捏叛逆重情,全诬十人以上,并教唆受雇,替人妄告,与盗空纸用印奏诉者,递发该管衙门,照依土俗事例发落。若汉人投入土夷地方,冒顶夷人亲属、头目名色,代为奏告,报雠、占骗财产者,问发边卫充军。”②《大明会典》嘉靖二年规定:“令土官衙门,设在荒远,兼因争竞雠杀等项,不能赴京者,抚按等官勘实代奏,就彼袭替,仍依先年户部原拟等级,令其纳谷备赈。”③争论土官子孙是否需要赴京袭职的问题一直是大臣们上疏的主要内容。

三、明政府对于土司地区的子弟文化教育

明政府对于土司地区的子弟文化教育也有进一步的规定。《大明会典》记载了成化十七年(1481)土官入学的规定,曰:“令土官嫡子许入附近儒学。”同时还记载了正德十六年(1521)奏准:“归顺土官子孙,但经一次送顺天府学食廪者,不论事故及中式,俱不许再补。”嘉靖二十六年(1547)(题准:“归顺土官子孙,照旧例送学食廪读书。”万历四年(1576)题准:“广西、云南、四川等处,凡改土为流州县,及土官地方建有学校者,令提学官严加查试,果系土著之人,方准考充附学,不许各处士民冒籍滥入。”④明代云南府地区的文教事业基于这些基础设施及政策的出现而发展很快,明政府对土司地区的子弟文化教育,对提高少数民族地区整体的文化素质做出了不可磨灭的贡献。

明政府在土司地区兴办学校的基础上,明初就又开始在土司地区实施选贡,实行开科取士。《大明会典》记载:“永乐元年,令广西、湖广、四川土官衙门生员照云南例选贡。”⑤从《大明会典》的记载中还能看出,在开科取士的过程中,明朝政府对土司地区采取的政策是非常优越的:不仅逐渐增加云南、贵州两省数额,还缩短了土司地区儒学生员贡期的时间。如《大明会典》记载了嘉靖十四年(1535)令贵州另自开科,其解额为:“云南四十名,贵州二十五名。”嘉靖二十五年(1545)令增贵州乡试解额五名。万历元年(1573)令增云南解额五名。”⑥又载:“弘治十三年奏准:自十四年为始,各处州学俱四年三贡。其云南、四川、贵州等处,除军民指挥使司儒学军民相间一年一贡,其余土官及都司学各照先年奏准事例三年二贡。”⑦等等。

---

① 万历《明会典》卷一百六十二《刑部四·律例三·吏律·官员袭荫》。

② 万历《明会典》卷一百六十九《刑部十一·律例十·刑律二·诉讼·越诉》。

③ 万历《明会典》卷一百二十一《兵部四·铨选四·土夷袭替》。

④ 万历《明会典》卷七十八《礼部三十六·学校·儒学》。

⑤ 万历《明会典》卷七十七《礼部三十五·贡举·岁贡》。

⑥ 万历《明会典》卷七十七《礼部三十五·贡举·乡试》。

⑦ 万历《明会典》卷七十七《礼部三十五·贡举·岁贡》。

四、土巡检的设置

明代在云南府设置土司最多的就是土巡检。明王朝为了统治的需要，在州县境内，距城较近的关隘，以设巡检司来进行分治。《大明会典》卷一百三十九《关津二》记载：

（云南府有）昆明县赤水鹏巡检司（土人）、清水江巡检司（有土人）；宜良县汤池巡检司（土人）；安宁州禄巡检司（土人）、贴流巡检司（土人）；罗次县炼象关巡检司（有土官）；禄丰县南平关巡检司（土人）；大理府（旧有宾川州白羊市巡检司，革。）；太和县太和巡检司（土人）；赵州定西岭巡检司（土人）；干海子巡检司、迷渡市巡检司；云南县楚场巡检司（又有土人冠带把事）、安南坡巡检司（有土官）、你甸巡检司（土人）；邓川州青索鼻巡检司（土人，有两巡检）；浪穹县上江嘴巡检司、下江嘴巡检司（土人）、顺荡井巡检司（土人）、上五井巡检司、师井巡检司（土人）、十二关巡检司（土人）、箭杆场巡检司（有土人）、蒲陀崆巡检司（土人）、凤羽乡巡检司（有土人）；宾川州神摩洞巡检司、金沙江巡检司（土人）、宾居巡检司（土人旧属赵州，又改蔓神寨，万历九年改）、赤石崖巡检司（旧属云南县）；云龙州云龙甸巡检司；临安府（旧有阿迷州部旧村巡检司，革）；建水州曲江巡检司（土人）、纳更山巡检司（土人）；石屏州宝秀巡检司；阿迷州东山口巡检司（土人）；宁州甸直巡检司；河西县曲陀巡检司；习峨县伽罗巡检司、兴衣乡巡检司；蒙自县箐口关巡检司；楚雄府（旧有定远县黑盐井、罗平关各巡检司，俱革）；楚雄县吕合巡检司（有土人）；广通县回蹬关巡检司（土人，正、副两巡检）、沙矣旧巡检司、舍资巡检司；定远县琅井巡检司、会基关巡检司；镇南州沙桥巡检司、镇南巡检司（土人）、英武关巡检司（土人）、阿雄村巡检司（土人）；澄江府川县关索岭巡检司（有土人）、新兴州铁炉关巡检司（土人）；路南州革泥巡检司；景东府三河巡检司（土人把事）、保甸巡检司（土人）。①

此说明《大明会典》卷一百三十九《关津二》所载楚雄府下“阿雄村巡检司”有土人。洪武二十六年（1393）规定，“凡天下要卫去处，设立巡检司，专一盘诘往来奸细及贩卖私盐犯人、逃军、逃囚，无引面生可疑之人，须要常加提督。或遇所司呈禀设置巡检司，差人踏勘，果系紧关地面，奏闻准设，行移工部盖造衙门，吏部铨官，礼部铸印，行移有司照例于丁粮相应人户内，佥点弓兵应役。”②其中有些巡检司是由土官管辖，而这些巡检司的修建也在云南府基础建设的范围之内，土司制度在云南府基础建设中起到了一定的作用。

（原载中国明史学会《明代云南治理与开发国际学术研讨会论文集》2016 年 6 月，有删改）

① 万历《明会典》卷一百三十九《兵部二十二 · 关津二》。

② 万历《明会典》卷一百三十九《兵部二十二 · 关津二》。

从万历《大明会典》看明代养老之政

关于明代养老方面的研究，前人已积累了一定的成果，如王兴亚的《明代养济院研究》(《明清史》1989 年第 8 期)，《明代的老年人政策》(《南都学坛》1994 年第 4 期)，林金树的《明朝老年政策述论》(《中国史研究》1998 年第 2 期)，周桂林的《论朱元璋兴孝以行养老之政》(《河南大学学报》1988 年第 4 期)，赵克生的《老吾之老:明代官吏养亲问题探论》(《史学月刊》2008 年第 2 期)，张志斌的《明清敬老制度述略》(《学术论丛》1997 年第 5 期)，戴卫东的《略论明代社会保障政策实施中的弊端》(《安徽师范大学学报》2004 年第 1 期)，等等，集中探讨了明代社会养老和官员养亲的问题，但关于《大明会典》是如何记载养老问题的，目前尚无专文讨论。

《大明会典》作为明代官修的专述有明一代典章制度的典制体史书，对养老问题多有涉及，特别是在其专设的“致仕”“养老”和“侍养”等目中，更是从物质供给及生活侍养等方面详细记载了明代养老的具体规定，集中反映出了明代统治者的养老思想。本文拟通过分析万历《大明会典》的有关记述，对明代养老政策作进一步的梳理，为当今养老政策的制定与实施提供借鉴。

一、强调尊高年、养国老

明代的养老政策具有鲜明的等级政治属性，总体上是严格按照尊卑贵贱决定是否优待，特别突出强调“老”的政策性，很多情况下以 70 岁作为享有老年优待的起点，若文武官年未及 70 岁但有疾不能任事者亦享有优待；以 80 岁作为是否赐爵和存问的分界线。明代的养老制度在年龄上的区分，又与个体官阶位置及健康状况相联系。如万历《大明会典》卷十三《吏部十二·致仕》载：

> 洪武元年，令凡内外大小官员年七十者，听令致仕。
>
> 永乐十九年，诏文武官七十以上、不能治事者，许明白具奏放回致仕。若无子嗣、孤独不能自存者，有司月给米二石，终其身。
>
> 宣德十年，诏文武官年未及七十、老疾不能任事者，皆令冠带致仕，免其杂泛差徭。

成化二十二年，诏在京文职以礼致仕者，五品以上年及七十进散官一阶。其中廉贫不能自存，众所共知者，有司岁给米四石。①

另据万历《大明会典》卷八十《礼部三十八·养老》载：

永乐十九年，诏民年八十以上，有司给与绢二匹、布二匹、酒一斗、肉十斤，时加存恤。

二十二年，令民年七十以上及笃废残疾者，许一丁侍养。不能自存者，有司赈给。八十以上者，仍给绢二匹、绵二斤、酒一斗，时加存问。

天顺二年，诏军民有年八十以上者，不分男妇，有司给绢一匹、绵一斤、米一石、肉十斤。年九十以上者倍之。男子百岁，加与冠带荣身。

又诏四品以上官，年七十以礼致仕。不能自存者，有司岁给米五石。

八年，诏凡民年七十以上者，免一丁差役，有司每岁给酒十瓶、肉十斤。八十以上者，加与绵二斤、布二匹。九十以上者，给与冠带，每岁设宴待一次。百岁以上，给与棺具。②

从上述材料可知，明代养老政策首先是“尊高年”，依据年龄层的划分其对应的赡养和赏赐制度，主要手段在于提供物质利益以满足老人衣食方面的基本需求；另外，在注重年龄因素而“尊高年”的同时，又注重个体身份，体现了“养国老”的等级政治观念。万历《大明会典》卷八十《养老》开篇言：“天顺以后，始令致仕官七十以上者，皆得给酒、肉、布、帛，或进阶。其大臣八十、九十者，特赐存问。盖古者尊高年、养国老之遗意。”③在“养国老”方面，不仅指向官员本身，还扩大到官员的父母。例如万历《大明会典》卷十一《侍养》载：“洪武二十六年定，凡官员父母年七十之上，许令移亲就禄侍养。”④

其次，明代养老政策还表现在对70岁以上不能治事、又无子嗣，孤独不能自存的，或年龄虽然未达到70岁，但老疾不能任事的文武官的照顾上。永乐十九年(1421)规定：文武官七十岁以上，不能治事者，许致仕。宣德十年(1435)又修订为：文武官年未及七十，老疾不能任事者，皆令冠带致仕。⑤ 针对王府官万历《大明会典》还规定：“凡王府官，弘治十五年题准，各府长史等官，但有年踰七十不肯告老，或未及七十有病愿告致仕者，该府径自具奏，照依诏书恩例，俱加升本府相应官员职衔，行令致仕；如无职衔可升者，授以该升品级散官致仕。”⑥

第三，“尊高年、养国老”还体现在从法律上制定了对老人减、免刑的特权，而且特别

① 万历《明会典》卷十三《吏部十二·致仕》，中华书局，1989，第81页。

② 万历《明会典》卷八十《礼部三十八·养老》，第459页。

③ 万历《明会典》卷八十《礼部三十八·养老》，第459页。

④ 万历《明会典》卷十一《吏部十·侍养》，第69页。

⑤ 万历《明会典》卷十三《吏部十二·致仕》，第81页。

⑥ 万历《明会典》卷十三《吏部十二·致仕》，第82页。

强调了对不同年龄阶段老人的处置规范,以法律的外在强制力保障和强化了"尊高年"的理念。如万历《大明会典》卷一百六十一《刑部三·律例二》载:

凡年七十以上、十五以下及废疾,犯流罪以下收赎;

八十以上、十岁以下及笃疾,犯杀人应死者,议拟奏闻,取自上裁;盗及伤者,亦收赎。余皆勿论;

九十以上、七岁以下,虽有犯罪不加刑(九十以上犯反逆者,不用此律)。其有人教令,坐其教令者。若有赃应偿,受赃者偿之(谓九十以上、七岁以下之人,皆少智力,若有教令之者,罪坐教令之人。或盗财物,傍人受而将用,受用者偿之。若老小自用,还著老小之人追征)。①

在律文之下,还有相应详细的条例:

凡军职犯该杂犯死罪,若年七十以上、十五以下及废疾,并例该革职者,俱运炭、纳米等项发落,免发立功。

年七十以上、十五岁以下及废疾,犯该充军者,准收赎,免其发遣。若有壮丁教令者,止依律坐罪。其真犯死罪免死,及例该永远充军者,不准收赎。

凡老幼及废疾犯罪,律得收赎者,若例该枷号,一体放免,照常发落。②

从万历《大明会典》的上述记载可以看出,明代对于70岁以上的老人在法律上是持宽待态度的。70岁以上犯流罪的可以收赎;80岁以上犯杀人应死的,"议拟奏闻,取自上裁",亦可收赎。对于军职70岁以上犯死罪的,"并例该革职,俱运炭、纳米等项发落,免发立功";犯该充军的,"准收赎,免其发遣"。对于犯罪时未老疾的,而事发时老疾的,万历《大明会典》卷一百六十一《刑部三·律例二》规定:"六十九以下犯罪,年七十事发;或无疾时犯罪,有废疾后事发,得依老疾收赎。或七十九以下犯死罪,八十事发;或废疾时犯罪,笃疾时事发,得入上请。八十九犯死罪,九十事发,得入勿论之类。"③"若家人共犯,止坐尊长。若尊长年八十以上及笃疾,归罪于共犯罪以次尊长。"④尊长年80岁以上及笃疾,于律不坐罪,充分体现出对老人的优待。这从万历《大明会典》之"老幼不拷讯"和"见禁囚不得告举他事"的规定亦能窥见一斑。如万历《大明会典》卷一百七十一《刑部十三·律例十二·刑律四》载:

年七十以上、十五以下,若废疾者,并不合拷讯,皆据众证定罪。违者,以故失入人罪论。其于律得兼容隐之人及年八十以上、十岁以下,若笃疾,皆不得令

① 万历《明会典》卷一百六十一《刑部三·律例二》"老小废疾收赎"条,第828页。

② 万历《明会典》卷一百六十一《刑部三·律例二》"老小废疾收赎"条,第828~829页。

③ 万历《明会典》卷一百六十一《刑部三·律例二》"犯罪时未老疾"条,第829页。

④ 万历《明会典》卷一百六十一《刑部三·律例二》"共犯罪分首从"条,第830页。

其为证。违者，笞五十。①

万历《大明会典》卷一百六十九《刑部十一·律例十·刑律二》载：

> 其年八十以上、十岁以下及笃疾者，若妇人，除谋反、逆叛、子孙不孝，或已身及同居之内为人盗诈、侵夺财产及杀伤之类，听告。余并不得告。官司受而为理者，笞五十。②

综上，明代的养老政策总体上在强调“尊高年”，更多的是强调“养国老”。这里所谓的高年者，在实际社会生活中除少数急需物质救济的贫民外，绝大多数是指那些富民和致仕官员，他们被明代统治者视为“国老”“国宝”。③ 因此，明代养老政策，在实际社会生活中更多的是体现出一种荣誉授予和政治地位的认定。这不仅仅是弘扬古来“尊高年、养国老”传统的需要，其实质更是维护统治阶级利益的根本需要。

二、范围由平民扩大到致仕官

明代有着森严的社会等级制度，国家将社会中的每个人都划分到某个特定的等级，良贱有别、官民有别。明代洪武、永乐年间，以年龄为依据把老人划分为不同阶段，70岁为界，每十岁为一个自然年龄段，不同年龄段的老人享受不同的养老待遇。但同时也可以看出这个时期的养老之政基本上只论及年龄界限，强调“惟及于编民”，此平民有贫富之分。可谓“贫者给米肉，富者赐爵。”尤其是应天、凤阳二府的富民，年龄在80岁以上的赐爵里士，90岁以上的赐爵社士，皆与县官平起平坐，且免除杂差。万历《大明会典》卷八十《养老》记载：

> 洪武元年，诏民年七十之上者，许一丁侍养，与免杂泛差役。十九年，诏所在有司审耆老不系隶卒倡优，年八十、九十邻里称善者，备其年甲行实，具状奏闻。贫无产业者，八十以上，月给米五斗、肉五斤、酒三斗；九十以上，岁加给帛一匹、絮五斤。虽有田产，仅足自赡者，所给酒、肉、絮、帛亦如之。其应天、凤阳二府富民年八十以上，赐爵里士；九十以上，赐爵社士，皆与县官平礼，并免杂差。④

另据万历《大明会典》卷二十《户口二·赋役》载：

---

① 万历《明会典》卷一百七十一《刑部十三·律例十二》“老幼不拷讯”条，第878页。

② 万历《明会典》卷一百六十九《刑部十一·律例十》“见禁囚不得告举他事”条，第870页。

③ 林金树：《明朝老年政策述论》，《中国史研究》1998年第2期。

④ 万历《明会典》卷八十《礼部三十八·养老》，第459页。

凡优免差役。洪武元年，诏民年七十之上者许一丁侍养，免杂泛差役。

二年，令凡民年八十之上止有一子，若系有田产应当差役者，许令雇人代替出官；无田产者，许存侍丁，与免杂役。①

随着时间的推移，后来明朝的养老政策发生了变化，其总的变化趋势，是逐步加大对致仕官僚的利益照顾。即在同一个年龄段中的老人，官民有别，官吏的待遇明显优厚于平民；官吏也有别，官员的待遇显著优厚于吏员；官官之间亦有别，官员被分为了九品十八个等级，不同等级的官员对应不同的待遇。这些在万历《大明会典》卷八十《养老》和卷十三《致仕》有不同程度的记载。如万历《大明会典》卷八十《养老》载：

天顺以后，始令致仕官七十以上者，皆得给酒、肉、布、帛，或进阶。其大臣八十、九十者，特赐存问。天顺二年，诏军民有年八十以上者，不分男妇，有司给绢一疋、绵一斤、米一石、肉十斤。年九十以上者倍之。男子百岁，加与冠带荣身。又诏四品以上官，年七十以礼致仕，不能自存者，有司岁给米五石。②

从此记载可知，从天顺年起，明朝养老政策发生了一个重大转变，养老的范围逐步扩大，赐酒肉之制由原来的平民扩及70岁以上致仕文武官员。同时，注重官民之别，富民可以赐爵，贫民只能得到物质资助，而致仕官员除物质优待“给酒肉布帛”外，还可以进官阶，以致“大臣八十、九十者，特赐存问”。又如万历《大明会典》卷十三《吏部十二·致仕》记载：

成化二十二年，诏在京文职以礼致仕者，五品以上年及七十，进散官一阶。其中廉贫不能自存众所共知者，有司岁给米四石。③

万历《大明会典》卷八十《礼部三十八·养老》又载：

成化二十三年，诏在京文职以礼致仕。五品以上年及七十者，进散官一阶。其中廉贫不能自存，众所共知者，有司仍每岁给与食米四石，不许徇情滥给。④

从这两则记载可知，成化二十二年(1486)和成化二十三年(1487)，下诏五品以上在京文职且年龄在70岁以上的，进散官一阶，并提高了为人所知的清廉贫困官员的月米数额，国家每年赐其四石粮米。明代致仕官所能享受的待遇包括“升秩、给俸、赐敕”，“或给驿还乡，或命有司岁拨人夫、月给食米有差。其尤宠异者或赐敕，或加赐白金、文绮，或又

① 万历《明会典》卷二十《户口二·赋役》，第134页。

② 万历《明会典》卷八十《礼部三十八·养老》，第459页。

③ 万历《明会典》卷十三《吏部十二·致仕》，第81页。

④ 万历《明会典》卷八十《礼部三十八·养老》，第459页。

官其子孙,皆特恩云。"[①]嘉靖元年(1522)的规定重申了"升秩、给俸、赐敕之典":

> 嘉靖元年,诏文职致仕一品未受恩典者,有司月给食米二石,岁拨人夫二名应用。二品以上年及八十者,备采币羊酒问劳;九十以上者,具实奏来,遣使存问。五品以上以礼致仕,年七十以上者,进散官一阶。其中廉贫不能自存,众所共知者,岁给米四石,以资养赡。[②]

上述记载,带有鲜明的时代色彩,当时的政治、经济实力、消费水平对其养老政策产生了极大的影响和制约。明初,统治者注重平民权益、整顿吏治,对包括致仕官员在内的官吏有较为严厉的限制,赐米肉之类养老政策只限于廉贫不能自存的高年,不许徇情滥给。明中叶以后,随着吏治松弛和走向腐败,明代的养老政策日益遭到破坏,从初始较为关怀平民一步步变为更多地关照致仕官员的利益。

三、恤孤老与问高年的分离

在明初,统治者为了建立和巩固其政治统治,比较重视恤孤老。万历《大明会典》卷八十《礼部三十八·恤孤贫》云:"国初,立养济院以处无告,立义冢以瘗枯骨。累朝推广恩泽,又有惠民药局,漏泽园、幡竿蜡烛二寺。其余随时给米给棺之惠,不一而足。"[③]

恤孤老属于社会救济范围,目的是维持一部分孤贫老人最低限度的生活需要,以避免社会矛盾的激化。为此,明代统治者采取了多种措施,如万历《大明会典》卷八十《礼部三十八·恤孤贫》记载:

> 洪武初,令天下置养济院,以处孤贫残疾无依者。三年,令民间立义冢,仍禁焚尸。若贫无地者,所在官司择近城宽闲之地,立为义冢。十九年,诏所在鳏寡孤独取勘明白,田粮未曾除去差拨者,即与除去。若不能自养,官岁给米六石。
>
> 嘉靖六年,诏在京养济院止收宛、大二县孤老。户部于在官仓库每人日给米一升。巡城御史稽考,毋得虚应故事。[④]

明中叶以后,恤孤老之制日趋松废,恤孤老与问高年严重分离。恤孤老与问高年两者的主要对象、内容、性质各有不同,管理体制方面也不同。恤孤老的对象,包括一些军户、匠户的年老孤贫无告之人。在政策上,恤孤老是救助贫困,只给米,不给酒、肉、帛等物,其出发点在于保障这部分人最低限度的生活需要。问高年的对象,除去一些平民外,

---

① 万历《明会典》卷十三《吏部十二·致仕》,第81页。
② 万历《明会典》卷八十《礼部三十八·养老》,第459页。
③ 万历《明会典》卷八十《礼部三十八·恤孤贫》,第459页。
④ 万历《明会典》卷八十《礼部三十八·恤孤贫》,第459页。

主要是那些告老还乡的致仕官员。所谓问高年，虽然也是以养为主，赐于物资，但更多的是给予名利，直至派官慰问一下，更多的是体现出一种荣誉和政治地位。就像万历《大明会典》卷十三《致仕》所言："国初，官员凡以礼致仕者与见任同，朝廷待以优礼，又有升秩、给俸、赐敕之典。其后大臣致仕，或给驿还乡，或命有司岁拨人夫、月给食米有差。其尤宠异者或赐敕，或加赐白金、文绮，或又官其子孙，皆特恩云。"①

四、从注重官养到多途径养老

明代在对待老年人群体的养老问题时，其政策重心还是放在官员身上的，但与此同时也极力制定关于庶民中的老人赡养措施。明政府在借鉴前朝经验的基础上，利用各种手段，发动社会中的各个阶层来共同解决养老问题。如万历《大明会典》卷十一《吏部十一·侍养》载：

> 洪武二十六年定，凡官员父母年七十之上，许令移亲就禄侍养。如果父母老疾，去官路远，户内别无以次人丁者，方许亲身赴京面奏，揭籍定夺。及吏员人等，父母年老，别无人丁者，务要经由本部移文体勘事实，明白奏准，方令离役。俱候亲终服满起复，赴部听用。
>
> 嘉靖十三年奏准，亲老而兄弟俱仕在外，无人侍养者，许放回终养。
>
> 十五年奏准，亲老虽有兄弟，笃疾不能服事者，准令终养。
>
> 十七年奏准，母老虽有兄弟同父异母者，亦准令终养。②

从上述规定来看，洪武二十六年(1393)就规定了终养官员的资格即官员的父母年龄须达到70岁以上，允许移亲就养。对于父母年老有疾，官员就任远离家乡，家里又无其他人照顾的，方许其亲身赴京面奏，情况属实的，揭籍定夺。吏员人等父母年老，别无人丁者，务要经由本部移文体勘是实，明白奏准，方可离役。到嘉靖时期，朝廷对终养官员资格有所限定，使其制度进一步完善。亲老而兄弟俱仕在外无人侍养者、亲老虽然有兄弟但笃疾不能服事者、母老虽有兄弟同父异母者，皆准令终养。还下诏："各处学校廪膳生员，有亲老无人侍养，愿告侍亲者，听。亲终复学。"③由此可见，嘉靖时期的规定主要强调当事者的兄弟情况，对终养官员资格的规定更为具体、详尽。嘉靖朝规定乃是顺应形势对洪武朝规定做出的调整与完善。

对于不得离职官员的父母年老的养老，可以分俸于原籍奉养。这在万历《大明会典》中也有记载："洪熙元年，诏官员有父母年老，不得离职侍养，愿分俸于原籍奉养者，听。"④

---

① 万历《明会典》卷十三《吏部十二·致仕》，第81页。

② 万历《明会典》卷十一《吏部十一·侍养》，第69页。

③ 万历《明会典》卷七十八《礼部三十六·学校·儒学》，第452页。

④ 万历《明会典》卷三十九《户部二十六·廪禄二·俸给》，第277页。

"天顺二年，诏在外官员有父母年老在家愿分俸助养者，准于原籍关支。"①对于僧道有父母者，成化二十三年(1487)下令："僧道有父母见存，无人侍养者，不问有无度牒，许令还俗养亲。"②

明代还特别强调通过法律来维护各种养老措施，并对其进行了严格的监督以确保养老举措在社会中的落实和正常运行。同时，倡导了社会上养老、敬老的良好风气，通过法律对于"不孝"的行为给予严惩。明代对于孝养方面制定了专门的律法，颁布了惩治子女不孝的专门条款。如万历《大明会典》中记载："凡子孙殴祖父母、父母，及妻妾殴夫之祖父母、父母者，皆斩；杀者，皆凌迟处死；过失杀者，杖一百、流三千里；伤者，杖一百、徒三年"，"凡骂祖父母、父母，及妻妾骂夫之祖父母、父母者，并绞"③，等等。

但是对于老人触犯刑法以及具有"孝养"思想和有孝行的子女却宽刑以待。在对老人的宽刑方面，洪武元年(1368)规定，"年七十以上、十五以下及废疾，散收，轻重不许混杂。"④明代对老年人犯罪和老年人家属犯罪的给予法律优待。万历《大明会典》专立"犯罪存留养亲"一目，内容如下：

> 凡犯死罪，非常赦所不原者，而祖父母、父母老疾应侍，家无以次成丁者，开具所犯罪名奏闻，取自上裁。若犯徒流者，止杖一百，余罪收赎，存留养亲。⑤

若家有祖父母在80岁以上生病者，且家里没有人可照顾老人而自己将老人置之不理者，以及谎称老人生病需回家侍养者，均罚杖八十。其依据是律例中专有"弃亲之任"条："凡祖父母、父母年八十以上及笃疾，别无以次侍丁，而弃亲之任及妄称祖父母、父母老疾求归入侍者，并杖八十。"⑥另外，律例中"收养孤老"条则规定："凡鳏寡孤独及笃废之人，贫穷无亲属依倚，不能自存。所在官司收养而不收养者，杖六十。若应给衣粮而官吏克减者，以监守自盗论。"⑦这些措施，虽然无法摆脱其时代的局限性和统治阶级利益的狭隘性，但对于稳定明代社会政局和传承中华民族养老、敬老的优秀传统，具有重要作用。

从内容上看，《大明会典》有关明代养老政策的记载十分丰富，上述只是具有代表性的几个方面。从中可以看出，明代养老政策，一方面体现统治者重高年、恤孤老的思想，表现出统治者对社会上普通老人，尤其是孤寡、贫困老人的关怀；另一方面，特别体现了统治者"养国老"的思想，着重优待高龄、致仕官员或官员的老年亲属。前者在明代初期表现比较突出，强调对社会民众的普遍关照，主要基于社会存续的保障和社会稳定的维护；后者在明中后期比较明显，表现出统治者对统治阶级自身利益的特别保护，主要基于

---

① 万历《明会典》卷三十九《户部二十六 · 廪禄二 · 俸给》，第278页。
② 万历《明会典》卷一百四《礼部六十二 · 僧道》，第569页。
③ 万历《明会典》卷一百六十九《刑部十一 · 律例十》，第867～868页。
④ 万历《明会典》卷一百七十八《刑部二十 · 提牢》，第906页。
⑤ 万历《明会典》卷一百六十一《刑部三 · 律例二》"犯罪存留养亲"条，第827页。
⑥ 万历《明会典》卷一百六十五《刑部七 · 律例六》"弃亲之任"条，第849页。
⑦ 万历《明会典》卷一百六十三《刑部五 · 律例四》"收养孤老"条，第838页。

统治者对统治集团阶级基础的巩固。虽然具体政策各有侧重,但二者的实质都是为了满足统治者政治统治的需要。

从形式上看,《大明会典》作为明代官修的专述有明一代典章制度的典制体史书,是明统治者施政之纲目,其中多处涉及并有专章记载明代养老政策,其本身就说明了明代统治者对明代养老政策的高度重视以及明代养老政策对于保障明代政权有序运行的重要价值。同时,《大明会典》记载的有关明代养老政策的历史资料,不仅可以深化人们对明代养老政策及其落实的认识,而且它所记载的明代养老方面许多行之有效的管理经验,对于当今国家养老政策的制定与实施,对于现代社会养老事业的发展也可以提供宝贵的借鉴。

(原载《廊坊师范学院学报(社会科学版)》2019 年第 3 期,有删改)

下编

《大明会典》律例部分整理

《大明会典》卷一百六十　《刑部二》

律例一

按《祖训》有云:守成之君止守《律》与《大诰》,并不许用黥刺、剕、劓之刑。臣下敢有奏用此刑者,文武群臣实时劾奏。故颁《令》制《律》,永为遵守。其后以累减从轻,无复流罪,杂犯幸免,不足示惩。累朝间有损益,因事定例,皆推广《律》意补所未备。弘治中,会官详议,定为《问刑条例》,颁布有司。嘉靖中,又以事例繁多、引拟失当重加删正。近复将新旧条例参订画一,题请颁行。今备载《大明律》文,而以《条例》各附本《律》之下(《例》俱以"一"①字冠,别于《律》文)。

【名例上】

五刑

笞刑五:一十、二十、三十、四十、五十;
杖刑五:六十、七十、八十、九十、一百;
徒刑五:一年杖六十、一年半杖七十、二年杖八十、二年半杖九十、三年杖一百;
流刑三:二千里杖一百、二千五百里杖一百、三千里杖一百;
死刑二:绞、斩。

——凡军民诸色人役及舍余总小旗审有力者,与文武官吏、举人、监生、生员、冠带官、知印、承差、阴阳生、医生、老人、舍人,不分笞、杖、徒、流、杂犯死罪,俱令运炭、运灰、运砖、纳米、纳料等项赎罪。若官吏人等,例该革去职役,与舍余总小旗、军民人等,审无力者,笞、杖罪的决,徒、流、杂犯死罪,各做工、摆站、哨瞭。情重者,煎盐炒铁。死罪五年,流罪四年,徒罪照徒年限。其在京军丁人等,无差占者,与例难的决之人,笞杖亦令做工。

——赎罪囚犯,除在京已有旧例外,其在外审有力、稍有力二项,俱照原行则例拟断,

① 原文以"一"区别,本书改以"——"区别之。

不许妄引别例，致有轻重。其有钱钞不行去处，若妇人审有力，与命妇、军职正妻及例难的决之人赎罪，应该兼收钱钞者，笞杖每一十折收银一钱。其老幼废疾及妇人、天文生余罪收赎钞贯者，每钞一贯折收银一分二厘五毫。若钱钞通行去处，仍照旧例收纳，不在此限。

——凡在京、在外运炭、纳米赎罪等项囚犯，监追两月[①]之上，如果贫难，改拨做工、摆站的决等项发落。若军职监追三个月之上，及守卫上直旗军人等，纳钞赎罪；监追一月之上各不完者，俱先发还职著役，扣俸粮、月粮准抵完官。其一应纳纸囚犯，追至三月不能完者，放免。

——凡囚犯遇蒙恩例通减二等者，罪虽遇例减等，若律应仍尽本法及例该充军、为民、立功、调卫等项者，仍依律例，一体拟断发遣。

——问刑衙门以赃入罪，若奏行时估则例该载未尽，及虽系开载而货物不等，难照原估者，仍各照时值估钞拟断。

——在外军卫有司，但有差遣及供送人来京犯罪，审无力者，笞、杖的决，徒罪以上，递回原籍官司，各照彼中事例发落。

十恶

一曰谋反（谓谋危社稷）；

二曰谋大逆（谓谋毁宗庙、山陵及宫阙）；

三曰谋叛（谓谋背本国，潜从他国）；

四曰恶逆（谓殴及谋杀祖父母、父母，夫之祖父母、父母，杀伯叔父母、姑、兄、姊、外祖父母及夫者）；

五曰不道（谓杀一家非死罪三人及支解人，若采生、造畜蛊毒、魇魅）；

六曰大不敬（谓盗大祀神御之物、乘舆服御物，盗及伪造御宝，合和御药误不依本方及封题错误，若造御膳误犯食禁，御幸舟船误不坚固）；

七曰不孝（谓告言、咒骂祖父母、父母，夫之祖父母、父母；及祖父母、父母在，别籍异财，若奉养有缺；居父母丧，身自嫁娶，若作乐释服从吉；闻祖父母、父母丧，匿不举哀；诈称祖父母、父母死）；

八曰不睦（谓谋杀及卖缌麻以上亲，殴告夫及大功以上尊长、小功尊属）；

九曰不义（谓部民杀本属知府、知州、知县，军士杀本管指挥、千户、百户，吏卒杀本部五品以上长官，若杀见受业师，及闻夫丧匿不举哀，若作乐释服从吉及嫁娶[②]）；

十曰内乱（谓奸小功以上亲、父祖妾及与和者）。

八议

一曰议亲（谓皇家袒免以上亲及太皇太后、皇太后缌麻以上亲，皇后小功以上亲，皇太子妃大功以上亲）；

---

① “两月”，《问刑条例》记作：“半年”；舒化《万历问刑条例》记作：“两月”。

② “嫁娶”，《大明律》记作：“改嫁”。

二曰议故(谓皇家故旧之人,素得侍见,特蒙恩待日久者);

三曰议功(谓能斩将夺旗,摧锋万里;或率众来归,宁济一时;或开拓疆宇,有大勋劳,铭功太常者);

四曰议贤(谓有大德行之贤人君子,其言行可以为法则者);

五曰议能(谓有大才业,能振军旅、治政事,为帝王之辅佐、人伦之师范者);

六曰议勤(谓有大将吏谨守官职,早夜奉公。或出使远方,经涉艰难,有大勤劳者)。

七曰议贵(谓爵一品及文武职事官三品以上、散官二品以上者);

八曰议宾(谓承先代之后为国宾者)。

应议者犯罪

凡八议者犯罪,实封奏闻取旨,不许擅自勾问。若奉旨推问者,开具所犯及应议之状,先奏请议,议定奏闻,取自上裁(议者,谓原具本情议其犯罪,于奏本之内开写或亲、或故、或功、或贤、或能、或勤、或贵、或宾应议之人所犯之事,实封奏闻取旨。若奉旨推问者,才方推问。取责明白招伏,开具应得之罪,先奏请,令五军都督府、四辅、谏院、刑部、监察御史、断事官集议,议定奏闻。至死者,唯云"准犯依律合死",不敢正言绞、斩,取自上裁)。

○其犯十恶者,不用此律。

——弘治三年二月二十七日节该钦奉孝宗皇帝圣旨:"钟镑、奇浥、奇淠①,节次重出领状,冒支官粮,好生不遵《祖训》,就将他每禄米革去十分之二,以示惩戒。今后将军、仪宾有犯,都照这例行。"钦此。

——各处亲王妾媵,许奏选一次,多者止于十人。世子及郡王额妾四人,长子及各将军额妾三人,各中尉额妾二人。世子、郡王选婚后,二十五岁嫡配无出,许选妾二人,以后不拘嫡庶,如生有子,即止于二妾。至三十岁无出,方许娶足四妾。长子及将军、中尉选婚后,三十岁嫡配无出,许选妾一人,以后不拘嫡庶,如生有子,即止于一妾。至三十五岁无出,长子、将军方许娶足三妾,中尉娶足二妾。庶人四十以上无子,许选娶一妾。各王府仍备将妾媵姓氏来历,并入府年月,造册送部。其子女生年月日,即开注本妾项下,以备名封查考。如有不遵限制,私合多收,或年未及而预奏,已生子而复娶及滥选流移过犯,与本府军校厨役之女为妾等项,抚按官将本宗参奏,分别罚治。辅导等官隐匿不举,事发,一体降黜。

——凡王府、将军、中尉及仪宾之家,用强兜揽钱粮,侵欺及骗害纳户者,事发参究,将应得禄粮价银扣除完官给主。事毕,方许照旧关支。在京勋戚有犯者,亦照此行。

——各王府不许擅自招集外人,凌辱官府,扰害百姓,擅作威福,打死人命,受人役献地土,进送女子及强取人财物,占人妻妾,收留有孕妇女,以致生育不明,冒乱宗枝,及蓄养术士,招尤惹衅,无故出城游戏,违者,巡抚、巡按等官实时奏闻,先行追究设谋拨置之人,应提问者提问,应奏提者奏提。不分徒、流、杖罪,官员系文职,罢黜;武职,降一级,调

① "奇淠",《问刑条例》记作:"奇遇";舒化《万历问刑条例》记作:"奇淠"。

边卫;旗校、舍余人等,发边卫充军。

——各处郡王并将军、中尉,除机密重情,或与亲王事有干涉,及郡王分封相离窎远,不在一城居住者,许令径自差人具奏外,其余凡有奏请,务令长史司启王查勘参详,应该具奏,然后给批差人赍奏。违者,听该衙门将赍奏人员拿送法司,照依拨置事例,问发边卫充军。奏词仍行本府参勘。若已经奏行,勘问未结,或已问结,又行摭拾他事,重复奏扰及诬奏勘官,并以不干己事捏奏抚按管[①]官者,通照《节题事例》奏请区处。奏词俱立案不行。该府辅导等官通行参究。若有坐视刁难,不与启王分理者,巡按御史参奏罢黜。其无藉之徒,诓挟各府财物来京,交通歇家,潜住打点例不该行事务者,缉事衙门拿送法司,俱照前例问发。

——凡宗室悖违《祖训》,越关来京奏扰,若已封者,即奏请先革为庶人,伴回。其无名封及花生、传生等项,径札顺天府递回。宗妇、宗女顺付公差人等伴送回府。其奏词应行勘者,行巡按衙门查勘,果有迫切事情,曾启王转奏而辅导官刁难,曾具告抚按守巡等衙门,而各衙门阻抑者,罪坐刁难阻抑之人。其越关之罪,题请恩宥已封者,叙复爵秩。若曾经过府、州、县驿递等处,需索折乾,挟去马匹铺陈等项,勘明,仍将禄米减革。若非有迫切事情,不曾启王转奏及具告各衙门,辄听信拨置,蓦越赴京,及犯有别项情罪,有封者,不复爵秩,送发闲宅拘住,给与口粮养赡。其无名封及花生、传生等项,著该府收管,不送闲宅,致冒口粮。宗妇、宗女有封号者,革去封号,仍罪坐夫男,削夺封职。奏词一概立案不行。其同行拨置之人,问发极边卫分,永远充军。辅导等官失于防范者,听礼部年终类参,一府岁至三起以上者,仍于王府降调;一起、二起者,行巡按御史提问。

职官有犯

凡京官及在外五品以上官有犯,奏闻请旨,不许擅问。六品以下,听分巡御史、按察司并分司取问明白,议拟闻奏区处。

〇若府、州、县官犯罪,所辖上司不得擅自勾问,止许开具所犯事由,实封奏闻。若许准推问,依律议拟回奏,候委官审实,方许判决。

〇其犯应该笞决、罚俸、收赎纪录者,不在奏请之限。

〇若所属官被本管上司非理凌虐,亦听开具实迹,实封径直奏陈。

——文武职官有犯,众证明白,奏请提问者,文职行令住俸,武职候参提明文到日住俸[②],俱不许管事。问结之日,犯该公罪,准补支;私罪不准补支。其有因事罚俸,任内未满升迁者,仍于新任内住支扣补。

——文武职官,犯该充军为民、枷号,与军民罪同者,照例拟断。应奏请者,具奏发落。

——两京孝陵、长陵等陵祠祭署奉祀祀丞、太常寺典簿、神乐观提点、协律郎、赞礼郎、司乐等官,并乐舞生及养牲官军,有犯奸盗、诈伪、失误供祀,并一应赃私罪名,官及乐舞生各罢黜,仍照例发落,军发原伍。若讦告词讼及因人连累,并一应公错,犯该笞、杖

① "管",舒化《万历问刑条例》记作:"等"。

② "住俸",《问刑条例》记作:"支俸"。

者，纳钞。徒罪以上不碍行止者，运炭等项，各还职著役。

——凡王府文职因人连累，并一应过误，律该笞、杖罪名者，纳钞还职，就彼奏请发落。

——各处郡王、将军、中尉、郡主、县主、郡君、县君、乡君，事有违错，与长史、教授无干者，不坐。若有事不与转达，出城不行劝阻，长史等官，参奏提问。

——云、贵军职及文职五品以上官，及①各处大小土官，犯该笞、杖罪名，不必奏提。有俸者，照罪罚俸；无俸者，罚米。其徒、流以上情重者，仍旧奏提。

——凡王府文武官有犯，俱请旨提问。若遇例加纳典膳、引礼、舍人等项名色，候缺未经授任者，并听经该衙门径自提问发落。

——内官、内使、小火者，阍者等犯罪，请旨提问，与文职运炭、纳米等项一例拟断，但受财枉法满贯，不拟充军，俱奏请发落。

——僧道官系京官，具奏提问。在外依律径自提问。受财枉法满贯，亦问充军。及僧道有犯奸盗，诈伪，逞私争讼，怙终故犯，并一应赃私罪名，有玷清规，妨碍行止者，俱发还俗。若犯公事失错，因人连累及过误致罪，于行止戒规无碍者，悉令运炭、纳米等项，各还职为僧、为道。

军官有犯

凡军官犯罪，从本管衙门开具事由，申呈五军都督府，奏闻请旨取问。

○若六部、察院、按察司并分司及有司见问公事，但有干连军官及承告军官不公不法等事，须要密切实封奏闻，不许擅自勾问。

○若奉旨推问，除笞罪收赎，明白回奏，杖罪以上，须要论功定议，请旨区处。

○其管军衙门首领官有犯，不在此限。

——在京、在外大小军职，问革见任带俸差操者，俱不许管军管事。若在外犯该充军降调者，奏行兵部施行。其余照例发落。

——凡军职并土官，有犯强盗、人命等项真犯死罪者，先行该管衙门拘系，备由奏提。若军职有犯别项罪名，散行拘审，果有干碍，然后参提。若问发守哨立功，未满再犯者，径自提问。其致仕、优给、退职、借职、笃疾、残疾者，止参提，不论功定议。

——军职被告，若不奉养继祖母、继母，及殴本宗大功以上尊长，小功尊属，并殴伤外祖父母及妻之父母者，俱要行勘明白，方许论罪。

——军职强盗自首免罪，及犯该充军遇蒙恩宥者，俱不得复还原职，发本卫所，随舍余食粮差操。仍候身故之日，保送应袭之人，赴部袭替。

——南京皇城守卫官军，点闸不到者，照奉英宗皇帝圣旨，先行提问，按季类奏。

——护卫仪卫司军职有犯私罪、杖罪以上者，奏行兵部上请改调。若犯笞罪，与一应公罪，俱照文职罚赎管事。

---

① “及”，舒化《万历问刑条例》记作：“并”。

文武官犯公罪

凡内外大小军民衙门官吏犯公罪该笞者，官，收赎；吏，每季类决，不必附过。杖罪以上，明立文案，每年一考，纪录罪名；九年一次通考所犯次数、重轻，以凭黜陟。

文武官犯私罪

凡文官犯私罪，笞四十以下，附过还职；五十，解见任别叙；杖六十，降一等；七十，降二等；八十，降三等；九十，降四等；俱解见任。流官于杂职内叙用，杂职于边远叙用。杖一百者，罢职不叙。

○若军官有犯私罪，该笞者，附过收赎；杖罪，解见任，降等叙用；该罢职不叙者，降充总旗；该徒、流者，照依地里远近，发各卫充军。若建立事功，不次擢用。

○若未入流品官及吏典有犯私罪，笞四十者，附过各还职役；五十，罢见役，别叙；杖罪，并罢职役不叙。

——文职官吏、举人、监生、生员、冠带官、义官、知印、承差、阴阳生、医生，但有职役者，犯赃、犯奸，并一应行止有亏，俱发为民。

——文武官吏人等犯罪，例该革去职役，遇革者，取问明白，罪虽宥免，仍革去职役，各查发当差。

应议者之祖父有犯

凡应八议者之祖父母、父母、妻及子孙犯罪，实封奏闻取旨，不许擅自勾问。若奉旨推问者，开具所犯及应议之状，先奏请议，议定奏闻，取自上裁。

○若皇亲国戚及功臣之外祖父母、伯叔父母、姑、兄弟、姊妹、女婿、兄弟之子，若四品、五品官之父母、妻及应合袭荫子孙犯罪，从有司依律追问，议拟奏闻，取自上裁。

○其犯十恶、反逆缘坐及奸、盗、杀人、受财枉法者，不用此律。

○其余亲属、奴仆、管庄、佃甲，倚势虐害良民，凌犯官府者，加常人罪一等，止坐犯人，不在上请之律（其余亲属，谓皇亲国戚及功臣之房族兄弟、伯叔、母舅、母姨夫、姑夫、妻兄弟、两姨夫、外甥、妻侄之类，及家人、伴当、管庄、佃甲，倚仗威势，虐害良民，凌犯官府者，事发不须奏闻，比常人加罪一等科断，止坐犯人本身）。

○若各衙门追问之际，占吝不发者，并听当该官司，实封奏闻区处（谓有人于本管衙门告发，差人勾问，其皇亲国戚及功臣占吝不发出官者，并听当该官司实封奏闻区处）。

——凡先系应议，以后革爵者之子孙犯罪，径自提问发落。

——凡王妃父母及仪宾，俱请旨提问。其仪宾犯该充军，如郡县主君、乡君见在，止革去冠带为民，照罪纳赎，免其发遣。已故者，照例发遣，仍各奏请。

——文职本身并同祖亲枝，有女为王妃，男为郡县主仪宾，俱各见在，不许升除京职。其不系同祖，与夫人以下之亲，及为郡、县、乡君仪宾之家，并虽系同祖，而妃与仪宾郡县主已故者，行京官或原籍官司保勘是实，一体升除。若保勘隐情，以存作亡，以有作无，扶同申结者，正犯问发边卫充军。保勘之人，属有司者，发口外为民；属军卫者，发边卫充军。

——凡王府旗军、舍余、匠校人等,犯该笞杖者,纳钞;及徒罪以上无力者,在京俱做工,在外俱发将军、中尉、仪宾府,充当仪从。

——凡王府人役犯罪,巡抚、巡按、都布按三司官径自提问,卫所、府、州、县俱要行文。长史司及教授,提人会官约问。王府各官,不许占吝不发。若犯该奸盗、诈伪及抢夺、斗殴人命等项重情,事须急捕者,所在官司捉拿监候,然后移文会问。

——王府选婚,若先通媒合,纳贿营求及扶同保勘,婚配不当者,经该官吏、媒合人等,通坐以枉法罪名。营求拨置之人,问发边卫充军。

——凡王府人役,假借威势,侵占民田,攘夺财物,致伤人命,除真犯死罪外,徒罪以上,俱发边卫充军。

——成化十五年十月二十二日节该钦奉宪宗皇帝圣旨:"管庄佃仆人等,占守水陂关隘抽分,掯取财物,挟制把持害人的,都发边卫永远充军。"钦此。

——各王府违例收受子粒,并争讼地土等事,与军民相干者,听各衙门从公理断。长史司不许滥受词讼及将干对之人占吝不发。

——王府禄米,若本府官员、内使、旗校、管庄人等干预拨置折收银两,多收米麦,索要财物及邀截纳户,用强兑支,并擅自差人下府、州、县催征骚扰者,旗校人等杖罪以上,发边卫充军;官员、内使监候,奏请发落。若辅导官、布政两司守巡官纵容不举,并府、州、县官听从差来人役征扰者,俱参问,奏请。辅导官仍于王府,与布按等官各降调。

——弘治十一年十一月内节该钦奉孝宗皇帝圣旨:"今后各王府军校逃回在京潜住的,著锦衣卫、五城兵马各照地方,严加访察,务要得获,都牢固押发极边卫分充军。窝藏及两邻不首,事发,一体发遣充军。"钦此。

——拨置王府军民人等,问发充军逃回再犯者,许邻里火甲诸人首告,所在官司即便缉拿问罪,枷号三个月,改调极边烟瘴卫分,永远充军。若影射藏匿及占吝不发者,就将辅导官参究。邻里火甲知而不首①,各治以罪。

——投充王府及镇守总兵,两京内臣、功臣、戚里、势豪之家作为家人伴当等项名色,事干吓骗财物,拨置打死人命,强占田地等项,情重者,除真犯死罪外,其余俱问发边卫充军。各该势豪之家容留及占吝不发者,参究治罪。

---

① 此后当加"者"。

《大明会典》卷一百六十一 《刑部三》

律例二

【名例下】

军官军人犯罪免徒流

凡军官、军人犯罪，律该徒流者，各决杖一百。徒五等，皆发二千里内卫分充军。流三等，照依地里远近，发各卫充军。该发边远充军者，依律发遣，并免刺字。

○若军丁、军吏及校尉犯罪，俱准军人拟断，亦免徒流刺字（军丁，谓军官、军人余丁。军吏，谓入伍请粮军人能识字选充军吏者，犯罪与军人同。若系各处吏员发充请俸司吏者，与府、州、县司吏一体科断）。

——军职有犯监守常人盗，受财枉法满贯，律该斩绞罪者，俱发边方立功五年，满日还职，仍于原卫所带俸差操。若监守常人盗，枉法不满贯，与吓诈[①]、求索、科敛、诓骗等项，计赃满贯，问该流罪，减至杖一百、徒三年者，俱运炭、纳米等项，完日还职，带俸差操。其减至杖九十、徒二年半以下，与别项罪犯，俱照常发落。原系管事者，照旧管事。原系带俸者，照旧带俸。若犯前项流罪，遇例通减二等，至杖九十、徒二年半者，仍带俸差操。

——军职犯该窃盗、掏摸、盗官畜产、白昼抢夺，并纵容抑勒女及妻妾、子孙之妇、妾与人通奸，或典与人及奸内外有服亲属、同僚部军妻女，一应行止有亏，败伦伤化者，俱问革，随本卫所舍余食粮差操。

——军职宿娼及和娶乐人为妻妾，与盗娶有夫之妻者，俱问调别卫带俸差操。

——在京五军都督府，选差官舍押解充军犯人，若受财卖放，犯该枉法绞罪者，官发立功，满日还职，调外卫带俸差操。徒罪以下，照徒年限立功，满日还职，带俸差操。舍人抵充军役，候拿获替放。中间有犯奸淫囚犯妇女者，官发守哨，满日，革职，随本卫所舍余食粮差操。舍人枷号三个月，发遣。若酷害军犯，搜检财物，纵不脱放，各问罪，官调外

---

① 《问刑条例》无“吓诈”二字，而舒化《万历问刑条例》有。

卫,舍人发外卫充军。其该府原选差掌印首领官吏,参究治罪。

——武职有犯容止僧尼在家与人奸宿者,公、侯、伯问拟住俸,戴平头巾闲住。都督、都指挥、指挥、千百户、镇抚住俸闲住。若有犯挟妓饮酒者,公、侯、伯罚俸一年,不许侍卫、管军、管事。都督以下革去见任管事,带俸差操。原系带俸者,常川带俸。

——上班京操及运粮官员、旗军人等,犯该人命、强盗等项重罪者,官拘系奏提,旗军人等就便提问外,其余一切小事,候下班回还交粮毕日,官参奏,与旗军人等各提问。

——纳粟军职有犯,若原系总小旗、千百户、指挥等官,遇例纳粟补官者,俱照见任军职立功等项事例施行。若由白衣纳粟授职者,止照常例运炭、纳米等项发落。其犯奸盗、诈伪、说事过钱、诓骗财物,行止有亏者,俱问罪,革职。

——凡由将军历升千百户,犯该徒罪以上,行止有亏者,革去见任冠带,闲住。

——凡各卫所舍人、舍余、总小旗,犯该笞、杖罪名,有力运炭、纳米等项外,或令纳钞,无力的决。其操备舍余勇士人等,犯前罪者,有力俱令纳钞,若无力纳钞,亦的决发落。

——舍余军民人等,遇例纳授都指挥等官,犯罪径自提问,干碍行止,革去冠带。

——锦衣卫总小旗并将军校尉,犯该一应奸盗、抢夺、诓骗、恐吓、求索、枉法、不枉法等项罪名,但系行止有亏者,俱各调卫。总小旗仍充原役,将军、校尉各充军。其户内人丁有犯,不在此例。

——凡锦衣卫旗校、军士,在逃一年之内者,听其首告,初犯复役,再犯调卫充军。其有侵欺拐骗及为事避难等弊,各从重科断。若一年之内,曾经造册清勾者,不准首补,另勾户丁补役。

——皇陵户、皇陵卫军、旗手卫军,与守卫上直操备官旗舍余、将军校尉、勇士、力士,运粮驾送黄马快船官旗,犯笞、杖罪,俱令纳钞。

——养象军奴,犯该杂犯死罪,无力做工,徒、流罪决杖一百,俱住支月粮,各照年限常川养象。满日,仍旧食粮养象;笞杖的决。

——沿边沿海旗军舍余,犯该监守常人盗、窃盗、掏摸、抢夺,至徒罪以上者,俱送总兵官处,查拨缺人墩台守哨,年限满日疏放。若总兵官截杀等项不在,就行本处巡抚、巡按或分巡官,一体查拨,仍行总兵官处知会。其别项徒罪以上者,有力、纳米等项,无力、巡哨。

——凡军职犯该立功,如有力者,许纳米,每年一十石,边方准折杂粮一十五石,完日免立功,发回原卫所闲住,待年限满日,方许带俸。

——凡应解军丁,除真犯死罪外,若犯监守常人盗、窃盗、掏摸、抢夺,至徒罪以上者,牢固钉解,该卫收伍,转发守哨,年限满日,著役。其犯别项徒罪以上,俱止杖一百,解发著役。

犯罪得累减

凡一人犯罪,应减者,若为从减、谓共犯罪,以造意者为首,随从者减一等。自首减(谓犯法知人欲告而自首者,听减二等)、故失减(谓吏典故出人罪,放而还获,止减一等。首领官不知情,以失论。失出减五等,比吏典又减一等,通减七等)、公罪递减之类(谓同僚犯公罪，失于人者，吏典减三等。若未决放，又减一等，通减四等，首领官减五等，佐贰官减六等，长官减七等之类）、并得累减（如此之类，俱得累减科罪）。

以理去官

凡任满得代、改除、致仕等官，与见任同（谓不应犯罪而解任者，若沙汰冗员、裁革衙门之类，虽为事解任降等，不追诰命者，并与见任同）。封赠官与正官同。其妇人犯夫及义绝者，得与其子之官品同（谓妇人虽与夫家义绝，及夫在被出，其子有官者，得与子之官品同。为母子无绝道故也）。犯罪者，并依职官犯罪律拟断。

无官犯罪

凡无官犯罪，有官事发，公罪亦得收赎、纪录。

○卑官犯罪，迁官事发；在任犯罪，去任事发；犯公罪，笞以下，勿论。杖以上，纪录通考。为事黜革，笞杖以上，皆勿论。若事干埋没钱粮，遗失官物，罪虽纪录勿论，事须追究明白。但犯一应私罪，并论如律（迁官者，谓改除及差委权摄邻近官司得代。去任者，谓考满、丁忧、致仕之类）。其吏典有犯公私罪名，亦依上拟断。

——舍人、舍余，无官犯罪，有官事发，若犯该杂犯死罪、运炭、纳米等项，完日还职，仍发原卫所带俸差操。若犯该流罪，减至杖一百、徒三年者，俱令运炭、纳米等项，还职。原管事者，照旧管事。原带俸者，照旧带俸。其犯该窃盗、掏摸、盗官畜产、白昼抢夺及一应奸罪，行止有亏，败伦伤化者，俱问革，随本卫所舍余食粮差操。

除名当差

凡职官犯罪，罢职不叙，追夺除名者，官爵皆除。僧道犯罪，曾经决罚者，并令还俗。军民、匠灶，各从本色，发还原籍当差。

流囚家属

凡犯流者，妻妾从之；父祖、子孙欲随者，听。迁徙、安置人家口，亦准此。若流徙人身死，家口虽经附籍，愿还乡者，放还。其谋反、逆叛及造畜蛊毒、若采生拆割人、杀一家三人，会赦犹流者，家口不在听还之律。

常赦所不原

凡犯十恶、杀人、盗系官财物，及强盗、窃盗、放火、发冢、受枉法不枉法赃、诈伪、犯奸、略人略卖、和诱人口，若奸党及谗言左使杀人、故出入人罪，若知情故纵、听行藏匿引送、说事过钱之类一应真犯，虽会赦并不原宥（谓故意犯事得罪者，虽会赦，皆不免罪）。其过误犯罪（谓过失杀伤人、失火及误毁、遗失官物之类），及因人连累致罪（谓因别人犯罪连累以得罪者，如人犯罪失觉察，关防钤束及干连听使之类）。若官吏有犯公罪（谓官吏人等因公事得罪、及失出入人罪，若文书迟错之类）。并从赦原（谓会赦皆得免罪）。其赦书临时定罪名特免（谓赦书不言常赦所不原，临时定立罪名宽宥者，特从赦原），及减降从轻者（谓降死从流、流从徒、徒从杖之类），不在此限（谓皆不在常赦所不原之限）。

徒流人在道会赦

凡徒流人在道会赦,计行程过限者,不得以赦放(谓如流三千里,日行五十里,合该六十日程。若未满六十日,会赦,不问已行远近,并从赦放。若从起程日总计行过路程,有违限者,不在赦限)。有故者,不用此律(有故,谓如沿路患病,或阻风被盗,有所在官司保勘文凭者,皆听除去事故日数,不入程限。故云不用此律)。若曾在逃,虽在程限内,亦不放免。其逃者身死,所随家口愿还者,听。迁徙、安置人准此。

〇其徒、流、迁徙、安置人已至配所,及犯谋反、逆叛缘坐应流,若造畜蛊毒、采生拆割人、杀一家三人,会赦犹流者,并不在赦放之限。

犯罪存留养亲

凡犯死罪,非常赦所不原者,而祖父母、父母老疾应侍,家无以次成丁者,开具所犯罪名奏闻,取自上裁。若犯徒流者,止杖一百,余罪收赎,存留养亲。

工乐户及妇人犯罪

凡工匠、乐户犯流罪者,三流并决杖一百,留住、拘役四年。

〇若钦天监天文生习业已成,能专其事,犯流及徒者,各决杖一百,余罪收赎(犯谋反、逆叛缘坐应流及造畜蛊毒、采生拆割人,杀一家三人,家口会赦犹流及犯窃盗者,不在留住之限。余罪收赎,谓犯杖一百、流三千里者,决杖一百,赎铜钱三十贯[①];杖一百、徒三年者,决杖一百,赎铜钱一十八贯之类。余条准此)。其妇人犯罪,应决杖者,奸罪去衣受刑,余罪单衣决罚,皆免刺字;若犯徒流者,决杖一百,余罪收赎。

——内府匠作犯该监守常人盗、窃盗、掏摸、抢夺者,俱问罪,送发工部做工、炒铁等项。其余有犯徒、流罪者,拘役,住支月粮,笞、杖准令纳钞。[②]

——在京军民各色匠役,犯该杂犯死罪,无力做工,徒、流罪拘役,俱住支月粮,笞、杖,纳钞,或的决。若犯窃盗、掏摸、抢夺,一应情重者,亦拟炒铁等项发落,不在拘役之限。民匠仍刺字充警。

——两京工部各色作头,犯该杂犯死罪,无力做工,与侵盗、诓骗、受财枉法,徒罪以上者,依律拘役,满日,俱革去作头,止当本等匠役。若累犯不悛,情犯重者,监候,奏请发落。杖罪以下,与别项罪犯拘役,满日,仍当作头。[③]

——太常寺厨役,但系讦告词讼及因人连累问该笞、杖罪名者,纳钞,仍送本寺著役。徒罪以上及奸盗、诈伪,并有误供祀等项,不分轻重,俱的决做工,改拨光禄寺应役。[④]

——太常寺、光禄寺厨役,私自逃回原籍潜住,许里甲人等首官解部,不许津贴盘缠。

---

① “赎铜钱三十贯”,《大明律》原作:“赎铜钱二十贯”。

② 此条与本《会典》卷一百八十九《工匠》互见。按:“本《会典》”指本次整理研究所依据的同一版本的万历《大明会典》,下同。

③ 此条与本《会典》卷一百八十九《工匠》互见。

④ 此条与本《会典》卷一百一十六《太常寺厨役》互见。

若在原籍、中途及到部挟诈诓骗，告害人者，问罪，立案不行。逃回至三次以上者，问发口外为民。[①]

——乐户杂犯死罪，无力做工，流罪，依律决杖一百，拘役四年。徒、杖、笞罪，俱不的决，止拟拘役满日，著役。若犯窃盗、掏摸、抢夺等项，亦刺字充警。[②]

——教坊司官俳，精选乐工演习听用。若乐工投托势要，挟制官俳及抗拒不服拘唤者，听申礼部送问，就于本司门首枷号一个月发落。若官俳徇私听嘱，放富差贫，纵容四外逃躲者，参究治罪，革去职役。[③]

——各处乐工纵容女子擅入王府，及容留各府将军、中尉在家行奸，并军民旗校人等，与将军、中尉赌博，诓哄财物及擅入府内教诱为非者，俱问发边卫充军，该管色长革役。[④]

——凡天文生有犯，查系习业已成，能专其事者，笞、杖，有力纳钞，无力的决；徒、流，依律决杖一百，余罪收赎；杂犯死罪，拘役五年，满日，照旧食粮充役。其例该充军者，将所犯徒杖依律决杖收赎，革去衣巾，量给月粮三分之一，拘役终身。如军罪遇宥，亦照旧食粮充役。其窃盗、掏摸、抢夺，应刺字充警，并例该永远充军及习业未成，未能专事者，不分轻重罪名，悉照本等律例科断。

——凡钦天监官，为事请旨提问，与文职运炭等项，一例问断。该为民者，送监，仍充天文生身役；该充军者，备由奏请定夺。其有不由天文生出身者，悉照例革职发遣。

——妇人有犯奸盗、不孝，并审无力，与乐妇各依律决罚。其余有犯笞、杖，并徒、流、杂犯死罪，该决杖一百者，审有力，与命妇、军职正妻，俱令纳钞。

徒流人又犯罪

凡犯罪已发又犯罪者，从重科断。已徒、已流而又犯罪者，依律再科后犯之罪。其重犯流者，依留住法，三流并决杖一百，于配所拘役四年。若犯徒者，依所犯杖数，该徒年限，决讫应役，亦总不得过四年（谓先徒三年，已役一年，又犯徒三年者，止加杖一百，徒一年之类，则总徒不得过四年。三流虽并杖一百，俱役[⑤]四年，若先犯徒年未满者，亦止总役四年）。其杖罪以下，亦各依数决之。其应加杖者，亦如之（谓工乐户及妇人犯者，亦依律科之）。

——先犯杂犯死罪，运炭、纳米等项未完，及做工等项未满，又犯杂犯死罪者，决杖一百。除杖过数目，准钞六贯，再收赎钞三十六贯。又犯徒流笞杖罪者，决其应得杖数，五徒三流，各依律收赎钞贯，仍照先拟发落。若三次俱犯杂犯死罪者，奏请定夺。

——先犯徒流罪，运炭、做工等项未曾完满，又犯杂犯死罪，除去先犯罪名，止拟后犯死罪，运炭、做工等项。若又犯徒流罪者，依已徒而又犯徒，将所犯杖数，或的决，或纳钞，

① 此条与本《会典》卷一百一十六《厨役》互见。

② 此条与本《会典》卷一百一十六《厨役》互见。

③ 此条与本《会典》卷一百四《艺术》互见。

④ 此条与本《会典》卷一百七十四《罪名二》互见。

⑤ “俱役”，误，当作“拘役”。

仍总徒不得过四年。又犯笞杖者，将后犯笞杖，或的决，或纳钞，仍照先拟发落。

——先犯笞杖罪，运炭、做工等项未曾完满，又犯杂犯死罪，除去先犯罪名，止拟后犯死罪，运炭、做工等项。又犯徒流罪，将先犯罪名或纳钞，或的决，止拟后犯徒流[①]。又犯笞杖罪，若等者，从先发落。轻重不等者，从重发落。余罪俱照前纳钞、的决。

——在京、在外问拟一应徒罪，俱免杖。其已徒而又犯徒，该决讫所犯杖数。总徒四年者，在京遇热审，在外遇五年审录，俱减一年。若诬告平人死罪未决，杖一百、流三千里、加役三年者，比照已徒而犯徒[②]；总徒四年者，虽遇例不减。

老小废疾收赎

凡年七十以上、十五以下及废疾，犯流罪以下，收赎（其犯死罪及犯谋叛，缘坐应流。若造畜蛊毒、采生拆割人、杀一家三人，家口会赦犹流者，不用此律。其余侵损于人，一应罪名，并听收赎）。八十以上、十岁以下及笃疾，犯杀人应死者，议拟奏闻，取自上裁。盗及伤人者，亦收赎（谓既侵损于人，故不许全免，亦令其收赎）。余皆勿论（谓除杀人应死者上请，盗及伤人者收赎之外，其余有犯，皆不坐罪）。九十以上、七岁以下，虽有死罪，不加刑（九十以上犯反逆者，不用此律）。其有人教令，坐其教令者。若有赃应偿，受赃者偿之（谓九十以上、七岁以下之人，皆少智力，若有教令之者，罪坐教令之人。或盗财物，傍人受而将用，受用者偿之。若老小自用，还著老小之人追征）。

——凡军职，犯该杂犯死罪，若年七十以上、十五以下及废疾，并例该革职者，俱运炭、纳米等项发落，免发立功。

——年七十以上、十五以下及废疾犯该充军者，准收赎，免其发遣。若有壮丁教令者，止依律坐罪。其真犯死罪免死及例该永远充军者，不准收赎。

——凡老幼及废疾犯罪，律得收赎者，若例该枷号，一体放免，照常发落。

犯罪时未老疾

凡犯罪时虽未老疾，而事发时老疾者，依老疾论（谓如六十九以下犯罪，年七十事发，或无疾时犯罪，有废疾后事发，得依老疾收赎；或七十九以下犯死罪，八十事发，或废疾时犯罪，笃疾时事发，得入上请；八十九犯死罪，九十事发，得入勿论之类）。若在徒年限内老疾，亦如之（谓如六十九以下，徒役三年，役限未满，年入七十；或入徒时无病，徒役年限内成废疾，并听准老疾收赎。以徒一年三百六十日为率，验该赎钱数，折役收赎。假如有人犯杖六十、徒一年，已行断罪，拘役五个月之后犯人老疾，合将杖六十、徒一年，总该赎钱一十二贯，除已受杖六十，准钱三贯六百文，该剩徒一年，赎钱八贯四百文。计算每徒一月，该钱七百文，已役五个月准钱三贯五百文外，有未役七个月，该收赎钱四贯九百文之类。其余徒役年限，赎钱不等。各行照数折算收赎）。犯罪时幼小，事发时长大，依幼小论（谓如七岁犯死罪，八岁事发，勿论。十岁杀人，十一岁事发，仍得上请。十五岁时作贼，十六岁事发，仍以赎论）。

---

① “犯徒流”后应加“罪”字。《问刑条例》有“罪”字。

② “已徒而犯徒”当改作：“已徒而又犯徒”。舒化《万历十三年问刑条例》记作：“已徒而又犯徒”。

给没赃物

凡彼此俱罪之赃(谓犯受财枉法、不枉法,计赃为罪者),及犯禁之物(谓如应禁兵器及禁书之类),则入官。若取与不和,用强生事逼取求索之赃,并还主(谓恐吓、诈欺、强买卖有余利、科敛及求索之类)。

○其犯罪应合籍没财产,赦书到后,罪虽决讫,未曾抄札入官者,并从赦免。其已抄札入官守掌及犯谋反、逆叛者,并不放免。若罪未处决,物虽送官,未经分配者,犹为未入。其缘坐人家口,虽已入官,罪人得免者,亦从免放。

○若以赃入罪,正赃见在者,还官、主(谓官物还官,私物还主。又若本赃是驴,转易得马,及马生驹,羊生羔,畜产蕃息,皆为见在)。已费用者,若犯人身死,勿征(别犯身死者,亦同),余皆征之。若计雇工赁钱为赃者,亦勿征。

○其估赃者,皆据犯处当时中等物价估计定罪。若计雇工钱者,一人一日为铜钱六十文。其牛马驼骡驴、车船、碾磨、店舍之类,照依犯时雇工赁直。赁钱虽多,各不得过其本价(谓船价值铜钱一十贯,却不得追赁钱一十一贯之类)。

○其赃罚金银,并照犯人原供成色从实追征入官给主。若已费用不存者,追征足色(谓人原盗或取受正赃金银使用不存者,并追足色)。

——在京、在外问过囚犯,但有还官赃物,值银一十两以上,监追年久,及入官赃二十两以上、给主赃三十两以上,监追一年之上,不能完纳者,果全无家产,或变卖已尽,及产虽未尽,止系不堪,无人承买者,各勘实,具本犯情罪轻重,监追年月久近,赃数多寡,奏请定夺。若不及前数及埋葬银监追一年之上,勘实全无家产者,俱免追,各照原拟发落。

——凡犯侵欺、枉法,充军追赃人犯,所在官司务严限监并,至一年以上,先将正犯发遣,仍拘的亲家属监追。如无的亲家属,仍将正犯监追。敢有纵令倩人代监及挨至年远,辄称家产尽绝,希图赦免者,各治以罪。

——军官旗军,但有监追入官还官给主赃物,值银十两以下,半年之上,不能完纳者,将犯人先发立功纳钞等项,各完满日,还职著役。仍将各人俸粮、月粮照赃数扣除入官,还官给主。

犯罪自首

凡犯罪未发而自首者,免其罪,犹征正赃(谓如枉法、不枉法赃,征入官。用强生事、逼取诈欺、科敛求索之类及强窃盗赃,征给主)。其轻罪虽发,因首重罪者,免其重罪(谓如窃盗事发自首,又曾私铸铜钱,得免铸钱之罪,止科窃盗罪)。若因问被告之事,而别言余罪者,亦如之(谓因犯私盐事发被问,不加考讯,又自别言曾窃盗牛,又曾诈欺人财物,止科私盐之罪,余罪俱得免之类)。

○其遣人代首,若于法得相容隐者为首及相告言者,各听,如罪人身自首法(其遣人代首者,谓如甲犯罪,遣乙代首,不限亲疏,亦同自首免罪。若于法得兼容隐者为首,谓同居及大功以上亲,若奴婢、雇工人为家长首及相告言者,皆与罪人自首同,得免罪。其小功、缌麻亲首告,得减凡人三等。无服之亲,亦得减一等。如谋反、逆叛未行,若亲属首告,或捕送到官者,其正犯人俱同自首律,免罪。若已行者,正犯人不免,其余应缘坐人,亦同自首律,免罪)。若自首不实及不尽者,以不实不尽之罪罪之。至死者,听减一等(自首赃数不尽者,止计不尽之数科之)。其知人欲告及逃叛而自首者,减罪二等坐之。其逃叛者虽不自首,能还归本所者,减罪二等。

○其损伤于人(因犯杀伤于人而自首者,得免所因之罪,仍从故杀伤法。本过失者,听从本法),于物不可陪偿(谓如印信、官文书、应禁兵器及禁书之类。私家既不合有,是不可偿之物,不准首。若本物见在首者,听同首法,免罪),事发在逃(虽不得首所犯之罪,得减逃走之罪二等),若私越度关及奸,并私习天文者,并不在自首之律。

○若强窃盗、诈欺取人财物,而于事主处首服,及受人枉法、不枉法赃,悔过回付还主者,与经官司自首同,皆得免罪。若知人欲告而于财主处首还者,亦得减罪二等。其强窃盗,若能捕获同伴解官者,亦得免罪,又依常人一体给赏。

——凡强盗,系亲属首告到官,审其聚众不及十人及止行劫一次者,依律免罪减等等项,拟断发落。若聚众至十人及行劫累次者,系大功以上亲首告,发附近;小功以下亲首告,发边卫,各充军。其亲属本身被劫,因而告诉到官者,径依亲属相盗律科罪,不在此例。

——窃盗自首不实不尽及知人欲告而于财主处首还,律该减等拟罪者,俱免刺。

——凡自首强盗,除杀死人命、奸人妻女、烧人房屋,罪犯深重,不准外,其余虽曾伤人,随即平复不死者,亦姑准自首,照凶徒执持凶器伤人事例,问拟边卫充军。其放火烧人空房及田场积聚之物者,依律充徒。若计所烧之物重于本罪者,亦止照放火延烧事例,俱发边卫充军。

二罪俱发以重论

凡二罪以上俱发,以重者论。罪各等者,从一科断。若一罪先发,已经论决,余罪后发,其轻若等勿论;重者更论之,通计前罪,以充后数(谓如二次犯窃盗,一次先发,计赃一十贯,已决杖七十;一次后发,计赃四十贯,该杖一百,合贴杖三十。如有禄人节次受人枉法赃八十贯,内四十贯先发,已杖一百、徒三年;四十贯后发,难同止累见发之赃,合并取前赃,通计八十贯,更科全罪,断从处绞之类)。其应入官、陪偿、刺字、罢职、罪止者,各尽本法(谓一人犯数罪,如枉法、不枉法赃,合入官;毁伤器物,合陪偿;窃盗,合刺字;职官私罪,杖一百以上,合罢职;不枉法赃,一百二十贯以上,罪止杖一百、流三千里之类,各尽本法拟断)。

犯罪共逃

凡犯罪共逃亡,其轻罪囚能捕获重罪囚而首告,及轻重罪相等,但获一半以上首告者,皆免其罪(谓同犯罪事发,或各犯罪事发而共逃者,若流罪囚能捕死罪囚,徒罪囚能捕流罪囚首告;又如五人共犯罪在逃,内一人能捕二人而首告之类,皆得免罪。若损伤人及奸者,不免,仍依常法)。其因人连累致罪,而罪人自死者,听减本罪二等(谓因别人犯罪连累以得罪者,如藏匿、引送、资给罪人及保勘供证不实,或失觉察、关防钤束,听使之类,其罪人非被刑杀而自死者,又听减罪二等)。若罪人自首告及遇赦原免,或蒙特恩减罪收赎者,亦准罪人原免减等赎罪法(谓因罪人连累以得罪,若罪人在后自首告,或遇赦恩全免，或蒙特恩减一等、二等，或罚赎之类，皆依罪人全免、减等、收赎之法）。

同僚犯公罪

凡同僚犯公罪者（谓同僚官吏联署文案，判断公事差错而无私曲者），并以吏典为首；首领官减吏典一等，佐贰官减首领官一等，长官减佐贰官一等（四等官内，如有缺员，亦依四等官递减科罪。本衙门所设无四等官者，止准见设员数递减）。

〇若同僚官一人有私，自依故出入人罪论；其余不知情者，止依失出入人罪论（谓如同僚联署文案官吏五人，若一人有私，自依故出入人罪论。其余四人，虽联署文案，不知有私者，止依失出入人罪论，仍依四等递减科罪）。

〇若申上司不觉失错准行者，各递减下司官吏罪二等（谓如县申州、州申府、府申布政司之类）；若上司行下所属，依错施行者，各递减上司官吏罪三等（谓如布政司行下府、府行下州、州行下县之类），亦各以吏典为首。

公事失错

凡公事失错自觉举者，免罪。其同僚官吏应连坐者，一人自觉举，余人皆免罪（谓缘公事致罪而无私曲者，事若未发露，但同僚判署文案，官吏一人能检举改正者，彼此俱无罪责）。

〇其断罪失错已行论决者，不用此律（谓死罪及笞杖已决讫，流罪已至配所，徒罪已役讫，此等并为已行论决。官司虽自检举，皆不免罪，各依失入人罪律，减三等，及官吏等级递减科之，故云不用此律。其失出入人罪，虽已决放，若未发露，能自检举贴断者，皆得免其失错之罪）。

〇其官文书稽程应连坐者，一人自觉举，余人亦免罪，主典不免（谓文案小事五日程，中事十日程，大事二十日程，此外不了是名稽程。官人自检举者，并得全免，惟当该吏典不免）。若主典自举者，并减二等（谓当该吏典自检举者，皆得减罪二等）。

共犯罪分首从

凡共犯罪者，以造意为首，随从者减一等。

〇若家人共犯，止坐尊长。若尊长年八十以上及笃疾，归罪于共犯罪以次尊长（谓如尊长与卑幼共犯罪，独坐尊长，卑幼无罪。如尊长年八十以上及笃疾，于例不坐罪，即以共犯罪次长者当罪。又如妇人尊长与男夫卑幼同犯，虽妇人为首，仍独坐男夫）。侵损于人者，以凡人首从论（侵，谓窃盗财物；损，谓斗殴杀伤之类。如父子合家同犯，并依凡人首从之法，为其侵损于人，是以不独坐尊长）。若共犯罪而首从本罪各别者，各依本律首从论（谓如甲引他人共殴亲兄，甲依弟殴兄，杖九十、徒二年半，他人依凡人斗殴论，笞二十。又如卑幼引外人盗己家财物一十贯，卑幼以私擅用财，加二等，笞四十；外人依凡盗从论，杖七十之类）。

〇若本条言“皆”者，罪无首从；不言“皆”者，依首从法。

〇其犯擅入皇城、宫殿等门及私越度关，若避役在逃及犯奸者，亦无首从（谓各自身犯，是以亦无首从，皆以正犯科罪）。

犯罪事发在逃

凡二人共犯罪，而有一人在逃，见获者称逃者为首，更无证佐，则决其从罪。后获逃者，称前人为首，鞫问是实，还依首论，通计前罪，以充后数。

○若犯罪事发而在逃者，众证明白，即同狱成，不须对问。

亲属相为容隐

凡同居（同，谓同财共居亲属，不限籍之同异，虽无服者亦是），若大功以上亲（谓另居大功以上亲属），及外祖父母、外孙、妻之父母、女婿，若孙之妇、夫之兄弟及兄弟妻，有罪相为容隐；奴婢、雇工人为家长隐者，皆勿论。

○若漏泄其事及通报消息，致令罪人隐匿逃避者，亦不坐（谓有得兼容隐之亲属犯罪，官司追捕因而漏泄其事，及暗地通报消息与罪人，使令隐避逃走，故亦不坐）。

○其小功以下相容隐，及漏泄其事者，减凡人三等；无服之亲，减一等（谓另居小功以下亲属）。

○若犯谋叛以上者，不用此律（谓虽有服亲属，犯谋反、谋大逆、谋叛，但容隐不首者，依律科罪，故云不用此律）。

吏卒犯死罪

凡在外各衙门吏典、祗候、禁子有犯死罪，从各衙门长官鞫问明白，不须申禀，依律处决，然后具由申报本管上司，转达刑部，奏闻知会。

处决叛军

凡边境城池，若有军人谋叛，守御官捕获到官，显迹证佐明白，鞫问招承，行移都指挥使司，委官审问无冤，随即依律处治，具由申达五军都督府，奏闻知会。若有布政司、按察司去处，公同审问处治。如在军前临阵擒杀者，不在此限。

杀害军人

凡杀死军人者，依律处死，仍将正犯人余丁抵数充军。

——凡谋故杀死总小旗者，正犯抵死，旗役仍令本户余丁补当。若无本户余丁，勾取犯人户内壮丁，抵充军数。

在京犯罪军民

凡在京军民，若犯杖八十以上者，军发外卫充军，民发别郡为民。

化外人有犯

凡化外人犯罪者，并依律拟断。

本条别有罪名

凡本条自有罪名与名例罪不同者，依本条科断。

○若本条虽有罪名，其有所规避罪重者，自从重论。

○其本应罪重而犯时不知者，依凡人论（谓如叔侄别处生长，素不相识，侄打叔伤，官司推问，始知是叔，止依凡人斗法。又如别处窃盗，偷得大祀神御之物，如此之类，并是犯时不知，止依凡论，同常盗之律）。本应轻者，听从本法（谓如父不识子，殴打之后，方始得知，止依打子之法，不可以凡殴论）。

加减罪例

凡称加者，就本罪上加重（谓如人犯笞四十，加一等，即坐笞五十；或犯杖一百，加一等，则加徒减杖，即坐杖六十、徒一年；或犯杖六十、徒一年，加一等，即坐杖七十、徒一年半；或犯杖一百、徒三年，加一等，即坐杖一百、流二千里；或犯杖一百、流二千里，加一等，即坐杖一百、流二千五百里之类）；称减者，就本罪上减轻（谓如人犯笞五十，减一等，即坐笞四十；或犯杖六十，徒一年，减一等，即坐杖一百；或犯杖一百、徒三年，减一等，即坐杖九十、徒二年半之类）。惟二死、三流，各同为一减（二死，谓绞、斩。三流，谓流二千里、二千五百里、三千里。各同为一减，如犯死罪，减一等，即坐流三千里；减二等，即坐徒三年。犯流三千里者，减一等，亦坐徒三年）。加者，数满乃坐（谓如赃加至四十贯，纵至三十九贯九百九十文，虽少一十文，亦不得科四十贯罪之类）。又加罪止于杖一百、流三千里，不得加至于死。本条加入死者，依本条（加入绞者，不加至斩）。

——两京法司，每年热审，在京以命下之日为始，至六月终止。南京以咨文到日为始，扣二个月止。其在外五年审录，以恤刑官入境日为始，出境日止。杂犯准徒五年者，减去一年，徒、杖以下俱减等，枷号并笞罪俱释放，悉遵照敕旨施行。

称乘舆车驾

凡称乘舆、车驾及御者，太皇太后、皇太后、皇后并同。称制者，太皇太后、皇太后、皇太子令并同。

称期亲祖父母

凡称期亲及称祖父母者，曾、高同。称孙者，曾、玄同。嫡孙承祖，与父母同（缘坐者，各从祖孙本法）。其嫡母、继母、慈母、养母与亲母同。称子者，男女同（缘坐者，女不同）。

称与同罪

凡称与同罪者，止坐其罪。至死者，减一等，罪止杖一百、流三千里，不在刺字，绞、斩之律。若受财故纵与同罪者，全科（至死者，绞）。其故纵谋反、逆叛者，皆依本律。

○称准枉法论、准盗论之类，但准其罪，亦罪止杖一百、流三千里，并免刺字。

○称以枉法论及以盗论之类，皆与真犯同。刺字，绞、斩，皆依本律科断。

——凡受财故纵，与囚同罪人犯，该凌迟、斩、绞，依律罪止拟绞者，俱要固监缓决，候逃囚得获，审豁。其卖放充军人犯者，即抵充军役。若系永远同罪者，止终本身，仍勾原犯应替子孙补伍。

称监临主守

凡称监临者,内外诸司统摄所属,有文案相关涉,及虽非所管百姓,但有事在手者,即为监临。称主守者,该管文案吏典,专主掌其事,及守掌仓库、狱囚、杂物之类官吏、库子、斗级、攒拦、禁子,并为主守。

○其职虽非统属,但临时差遣管领提调者,亦是监临主守。

称日者以百刻

凡称一日者,以百刻计工者,从朝至暮。称一年者,以三百六十日。称人年者,以籍为定(谓称人年纪,以附籍年甲为准)。称众者,三人以上。称谋者,二人以上(谋状显迹明白者,虽一人,同二人之法)。

称道士女冠

凡称道士、女冠者,僧尼同。若于其受业师,与伯叔父母同(受业师,谓于寺观之内,亲承经教,合为师主者)。其于弟子与兄弟之子同。

断罪依新颁律

凡律自颁降日为始,若犯在已前者,并依新律拟断。

断罪无正条

凡律令该载不尽事理,若断罪而无正条者,引律比附。应加应减,定拟罪名,转达刑部,议定奏闻。若辄断决,致罪有出入者,以故失论。

徒流迁徙地方

徒役,各照所徒年限,并以到配所之日为始。发盐场者,每日煎盐三斤;铁冶者,每日炒铁三斤;另项结课。

直隶府州:江南,发山东盐场;江北,发河间盐场。

福建布政司府分,发两淮盐场。

浙江布政司府分,发山东盐场。

江西布政司府分,发泰安、莱芜等处铁冶。

湖广布政司府分,发广东海北盐场。

河南布政司府分,发浙东盐场。

山东布政司府分,发浙东盐场。

山西布政司府分,发巩昌铁冶

北平布政司府分,发平阳铁冶。

陕西布政司府分,发大宁、绵州盐井。

广西布政司府分,发两淮盐场。

广东布政司府分,发浙西盐场。

海北、海南府分，发进贤、新喻铁冶。
四川布政司府分，发黄梅、兴国铁冶。
流三等，照依地里远近，定发各处荒芜及濒海州县安置。
直隶府州，流陕西。
福建布政司府分，流山东、北平。
浙江布政司府分，流山东、北平。
江西布政司府分，流广西。
湖广布政司府分，流山东。
河南布政司府分，流福建。
山东布政司府分，流福建。
山西布政司府分，流福建。
北平布政司府分，流福建。
陕西布政司府分，流福建。
广西布政司府分，流广东。
广东布政司府分，流福建。
四川布政司府分，流广西。
边远充军。

直隶府州

江南发：
定辽都指挥使司。
北平都指挥使司所辖永平卫。
山西都指挥使司。
陕西都指挥使司所辖兰州卫、河州卫。
江北发：
广东都指挥使司所辖海南卫。
四川都指挥使司所辖贵州卫、雅州千户所。
福建布政司府分，发北平都指挥使司所辖永平卫。
浙江布政司府分，发定辽都指挥使司。
江西布政司府分，发山西都指挥使司。
湖广布政司府分，发山西都指挥使司。
河南布政司府分，发广西都指挥使司所辖南宁卫、太平千户所。
山东布政司府分，发广东都指挥使司所辖海南卫。
山西布政司府分，发广东都指挥使司所辖海南卫。
北平布政司府分，发广西都指挥使司所辖南宁卫、太平千户所。
陕西布政司府分，发广西都指挥使司所辖南宁卫、太平千户所。
广西布政司府分，发陕西都指挥使司所辖兰州卫、河州卫。
广东布政司府分，发山西行都指挥使司。

四川布政司府分,发广西都指挥使司所辖南宁卫、太平千户所。

——凡问该充军者,在京行兵部定卫;在外系巡抚有行者,巡抚定卫;巡按有行者,巡按定卫。其所属自问者,有巡抚处,申呈巡抚;无巡抚处,巡按定拨;若系通详抚按者,听从巡抚定拨。俱抄招,行兵部知会。其问该口外为民者,亦抄招,解送户部编发。

——凡问发充军及口外为民者,免其运炭、纳米等项,并律该决杖,就拘当房家小,起发随住。其余人口,存留原籍,办纳粮差。若发边卫充军者,原系边卫,发极边;原系极边,常川守哨。其无极边字样者,远不过三千里,程限不过一、二月。发口外为民者,原系口外,并边境民人,发别处极边。前二项人犯,虽有共犯,本例不言不分首从者,仍依首从法科断。为从者,照常发落。

——凡永远充军,或奉有特旨,处发叛逆家属子孙,止于本犯所遗亲枝内勾补,尽绝即与开豁。若未经发遣,在监病故,免其勾补。其真犯死罪,免死充军者,以著伍后所生子孙替役,不许行勾原籍子孙。以万历十三年新例颁行到日为始,已前勾补过者,不得混行告脱。其余杂犯死罪,并徒、流等罪,照例充军;及口外为民者,俱止终。

——凡充军及口外为民人犯,属军卫者,军卫佥解。系王府军校人役,于护卫司佥解。无护卫者,行长史司。于本犯亲属,或本府人役内佥解,不许偏累有司。违者,查提究问。如无亲属或本府人役数少,难以佥解,仍行原问衙门议处。

《大明会典》卷一百六十二 《刑部四》

律例三【吏律】

【职制】

选用军职

凡守御去处千户、百户、镇抚有阙，一具阙本，实封御前开拆；一行都指挥使司，转达五军都督府奏闻，取自上裁选用。若先行委人权管、希望实授者，当该官吏各杖一百，罢职役充军。若选用总旗，须于戳过铁枪人内委用。其小旗从便选充，不拘此律。

——跟随内臣将官、头目，不分有无职役人等，若非奏带，不许报功。果系奏带获功，该升职役，只合注于本管衙门，不许希求注于锦衣卫。违者，该升职役俱革罢；扶同勘报者，参究治罪。若文武职官人等，不由铨选推举，径自朦胧奏请，希求进用，夤缘奔兢，乞恩传奉等项，阻坏祖宗选法者，俱问罪。武职降级调卫，旗军舍余发边卫，俱带俸食粮差操；文职黜退为民。[①]

——军职五年一次考选见任管军、管事。若营求嘱托者，就指名黜退，永令带俸差操。其刁泼之徒，不得与选，辄生事端，教唆陷害已选官员者，问罪。不分官军俱调边卫，带俸食粮差操。[②]

大臣专擅选官

凡除授官员，须从朝廷选用。若大臣专擅选用者，斩。

〇若大臣亲戚，非奉特旨，不许除授官职。违者，罪亦如之。

〇其见任在朝官员，面谕差遣及改除，不问远近，托故不行者，并杖一百，罢职不叙。

---

① 此条与本《会典》卷一百三十二《军务·奏带报功》和卷之一百一十八《兵部·武选清吏司》互见。

② 此条与本《会典》卷一百一十九《铨选二·考选》互见。

文官不许封公侯

凡文官非有大功勋于国家，而所司朦胧奏请辄封公侯爵者，当该官吏及受封之人皆斩。其生前出将入相、能除大患、尽忠报国者，同开国功勋一体封侯谥公，不拘此律。

官员袭荫

凡文武官员应合袭荫职事，并令嫡长子孙袭荫。如嫡长子孙有故，嫡次子孙袭荫。若无嫡次子孙，方许庶长子孙袭荫。如无庶出子孙，许令弟侄应合承继者袭荫。若庶出子孙及弟侄不依次序搀越袭荫者，杖一百、徒三年。

○其军官子孙年幼未能承袭者，申闻朝廷，纪录姓名，关请俸给，优赡其家，候年一十六岁，方令袭职，管军办事。如委绝嗣，无可承袭者，亦令本人妻小，依例关请俸给，养赡终身。若将异姓外人乞养为子，瞒昧官府，诈冒承袭者，乞养子杖一百、发边远充军；本家所关俸给，截日住罢。他人教令者，并与犯人同罪。

○若当该官司知而听行，与同罪；不知者，不坐。

——凡军职袭替，有不由军功，例该减革，却行捏奏，兵部官吏，阻坏选法者，问调边卫，带俸差操。[①]

——凡军官子孙，告要袭替，移文保勘。如云南、贵州、四川、广东、广西、福建、江西、浙江十五年之外，南北直隶、湖广、陕西、河南、山东、山西、辽东十二年之外，人文不曾到部者，不准袭替，发原卫所，随舍余食粮差操。中间果因追征钱粮未完，缘事提问未结及年幼例不应袭，以完事出幼之日为始，亦照前云南等处十五年，直隶等处十二年之内，但有抚按官给与明文及限内告有执照者，照旧袭替。若都司本卫所官，勒措财物，故意刁难，不与保送者，问发带俸差操。[②]

——凡保到军职应袭儿男弟侄，但有姻族，并无干人奏告奸生、乞养、伦序不明等情，已经勘明，缴报兵部，原告又行捏词奏告者，问罪。属军卫者，调边卫差操；属有司者，发口外为民。应袭者，即与入选。原词立案不行。[③]

——官军军丁有将户内弟侄、子、孙过房与人，或被官豪势要和买改易姓名者，不分年岁远近，许其赎取归宗听继。若占吝不发者，所在官司追究治罪。其诱买各边军丁者，问发极边卫分充军。[④]

——军职犯该人命、失机、强盗、真犯死罪及饶死充军，不分已决遣监故，并强盗脱逃自缢，子孙俱不准承袭。其有例前袭过，若洪武、永乐年间犯事，就在洪武、永乐年间承袭者，子孙照旧承袭。若洪熙以后犯事，子孙虽袭过三五辈，一体查革。其犯该永远充军者，若洪武、永乐年间有功之人子孙，除本人子孙革袭外，许保送立功之人次房无碍子孙于祖职上降一级承袭。如无次房，即行停革。若洪熙元年以后有功升职者子孙，不分有

① 此条与本《会典》卷一百二十《铨选三 · 袭替禁例》互见。

② 此条与本《会典》卷一百二十《铨选三 · 袭替禁例》互见。

③ 此条与本《会典》卷一百二十《铨选三 · 袭替保勘》互见。

④ 此条与本《会典》卷一百五十五《军政二》）互见。

无次房，通不准承袭。

——凡军职犯该侵盗钱粮，问拟永远军罪，例应次房子孙承袭者，除正犯见在及有子孙，务要追赃完日，方许保送得袭之人承袭。若正犯故绝，遗有该追钱粮，准令得袭之人，先行承袭，扣俸还官。若赃银至数百两、米数百石以上，扣至十年，犹不能完者，余赃应否开豁，抚按官勘明，奏请定夺。

——凡各处保送卫所袭替军职，务要严加查核，但系管运，曾经漕司参提，应追还官、入官赃银，或挂欠京通仓库各项钱粮，或犯该充军降级，曾经完结，果无违碍，方许保送。如有朦胧保送者，掌印官及首先出结之人，问罪，带俸差操。有赃，以枉法从重论。承袭之人，照旧监追，完日，降一级承袭。其有不系充军降级，勘产尽绝，不能办纳者，许其先行袭替，扣俸还官。

——军职犯知强盗后分赃满贯，充军者，子孙袭职或优给，俱于应袭职事上降三级。

——凡军职，将乞养异姓，与抱养族属疏远之人，用财买嘱冒袭及受财将官职卖与同姓或异姓人冒袭，已经到部袭过者，俱照奉成祖皇帝钦定："妄告冒袭不实的官，连那保勘的官，都罢了职，揭了黄，永不得袭。"其保勘官，将受财首先出与保结者，为坐。卫所并都司掌印、佥书官连名保结者，俱依律减等科断。有赃者，并以枉法论。若朦胧保送违碍子孙弟侄者，俱照常发落。其异姓买袭之人，比照乞养子冒袭律，发边卫充军。

——各处土官袭替，其通事人等及各处逃流军囚、客人，拨置土官亲族不该承袭之人争袭、劫夺、仇杀者，俱问发极边烟瘴地面充军。①

——应袭舍人，若父见在诈称死亡，冒袭官职者，事发问罪，调边卫充军，候父故之日，令以次儿男承袭。如无以次儿男，令次房子孙承袭。

——凡校尉事故，必须册籍有名亲生儿男弟侄替补。若官旗将别姓朦胧诈冒替补者，问罪。官旗调外卫带俸食粮差操，冒替之人亦调卫充军。②

滥设官吏

凡内外各衙门，官有额定员数，而多余添设者，当该官吏一人杖一百，每三人加一等，罪止杖一百、徒三年。

〇若吏典、知印、承差、祗候、禁子、弓兵人等，额外滥充者，杖一百，迁徙。容留一人，正官笞二十，首领官笞三十，吏笞四十，每三人各加一等，并罪止杖一百，罪坐所由。

〇其罢闲官吏在外干预官事、结揽写发文案、把持官府，蠹政害民者，并杖八十，于犯人名下追银二十两付告人充赏；仍于门首书写过名，三年不犯，官为除去；再犯，加二等迁徙；有所规避者，从重论。

〇若官府税粮由帖、户口籍册，雇募攒写者，勿论。

——京官假托雇役名色，受财卖放办事吏典者，官以赃论，吏发原籍为民。若吏典恃顽私自在逃一年以上者，亦问发为民。

——内外大小衙门，拨到吏典，照缺收参。若旧吏索要顶头钱者，事发，问罪，不分得

① 此条与本《会典》卷一百二十一《铨选四 · 土官袭替》互见。

② 此条与本《会典》卷一百四十四《力士校尉》互见。

财多寡，俱照行止有亏事例，革役为民。

——吏典撒泼，抗拒诬告本管官员，及犯该诓骗、诈欺、恐吓取财未得入己并偷盗自首者，俱发原籍为民。

——在京大小衙门当该吏典，有患病一个月者，勘实，就将该支俸粮截日住支；名缺行移吏部拨补。待病痊日，仍送原役衙门收候参补。若有奸懒，托故以图改拨者，问发原籍为民。

——各处司、府、州、县卫所等衙门主文、书算、快手、皂隶、总甲、门禁、库子人等，久恋衙门、说事过钱、把持官府、飞诡税粮、起灭词讼、陷害良善及卖放强盗、诬执平民，为从，事发有显迹，情重者，旗军问发边卫，民并军丁发附近，俱充军；情轻者，问罪，枷号一个月。纵容官员，作罢软黜退。失觉察者，照常发落。若各乡里书飞诡税粮二百石以上者，亦问发边卫充军。

贡举非其人

凡贡举非其人，及才堪时用应贡举而不贡举者，一人杖八十，每二人加一等，罪止杖一百。所举之人知情，与同罪；不知者，不坐。

○若主司考试艺业、技能而不以实者，减二等。

○失者，各减三等。

——应试举监生儒及官吏人等，但有怀挟文字、银两，并越舍与人换写文字者，俱遵照世宗皇帝圣旨，拿送法司问罪，仍枷号一个月，满日，发为民。其旗军夫匠人等，受财代替夹带、传递及纵容不举察捉拿者，旗军调边卫，食粮差操，夫匠发口外为民。官纵容者，罚俸一年；受财，以枉法论。若冒顶正军入场看守，属军卫者，发边卫；属有司者，发附近，俱充军。其武场有犯怀挟等弊，俱照此例拟断。①

——监生、生员撒泼、嗜酒、挟制师长、不守监规、学规者，问发充吏；挟妓、赌博、出入官府、起灭词讼、说事过钱、包揽物料等项者，问发为民。②

举用有过官吏

凡官吏曾经断罪罢职役不叙者，诸衙门不许朦胧保举。违者，举官及匿过之人，各杖一百，罢职役不叙。

——文职官员、举贡官恩援例监生，并省祭、知印、承差人等，曾经考察论劾罢黜及为事问革，年老事故，例不入选者，若买求官吏，增减年岁，改洗文卷，隐匿公私过名，或诈作丁忧起复，以图选用，事发，问罪，吏部门首枷号一个月。已除授者，发边卫；未除授者，发附近，各充军终身。其起送官吏，不分军卫、有司，但知情受贿者，亦发附近充军。若原不知情，止是失于觉察者，照常发落。

---

① 此条与本《会典》卷七十七《科举》互见。

② 此条与本《会典》卷二百二十《考选》互见。

擅离职役

凡官吏无故擅离职役者，笞四十。若避难因而在逃者，杖一百，罢职役不叙。所避事重者，各从重论。

○其在官应直不直，应宿不宿，各笞二十。若主守仓库、务场、狱囚、杂物之类，应直不直，应宿不宿，各笞四十。

——监生不分在监、在历，私逃回籍三个月之上，发回原学肄业，半年以上，问革为民。

——监生不分在监、在历及各衙门办事官吏、承差，不许倩人代替。违者，俱问罪，照行止有亏事例，问革为民。其代替者，别有职役，一体问革。

官员赴任过限

凡已除官员，在京者以除授日为始，在外者以领照会日为始，各依已定程限赴任。若无故过限者，一日笞一十，每十日加一等，罪止杖八十，并附过还职。

○若代官已到，旧官各照已定限期，交割户口、钱粮、刑名等项及应有卷宗、籍册完备，无故十日之外不离任所者，依赴任过限论，减二等。

○其中途阻风、被盗，患病、丧事不能前进者，听于所在官司给凭，以备照勘；若有规避、诈冒不实者，从重论；当该官司符同保勘者，罪同。

——凡官员赴任，两司方面，行太仆苑、马寺卿、少卿及盐运司、府、州、县正官，除原定朱限外，有违至一月以上，问罪；三月以上，送部别用；半年以上，罢职。两京凡领札凭官员及在外佐贰、首领杂职等官，违限一月以上，问罪；半年以上，降级别用；八个月以上，罢职。虽有中途患帖，并不准理。其进表、朝觐、给由、公差等项复任官员，违限者，各照前例拟断。

——升除出外文职，已经领敕领凭，若无故迁延过半月之上，不辞朝出城者，参提问罪。若已辞出城，复入城潜住者，改降别用。

无故不朝参公座

凡大小官员，无故在内不朝参、在外不公座署事，及官吏给假限满，无故不还职役者，一日笞一十，每三日加一等，各罪止杖八十，并附过还职。

擅勾属官

凡上司催会公事，立案定限，或遣牌，或差人，行移所属衙门督并，如有迟错，依律论罪。若擅勾属官，拘唤吏典听事，及差占推官、司狱、各州县首领官，因而妨废公务者，笞四十。若属官承顺逢迎及差拨吏典赴上司听事者，罪亦如之。其有必合追对刑名、查勘钱粮、监督造作重事，方许勾问，事毕随即发落。无故稽留三日者，笞二十，每三日加一等，罪止笞五十。

官吏给由

凡各衙门官吏给由，到吏部，限五日付勘完备，以凭类选铨注。若不即付勘完备者，迟一日，吏典笞一十，每一日加一等，罪止笞四十；首领官减一等。

○若公私过名隐漏不报者，以所隐之罪坐之。若罚赎记过者，亦各以所罚所记之罪坐之。若报重罪为轻罪者，坐以所剩罪。当该官司符同隐漏者，与同罪。承报而差漏，及上司失于查照者，并以失错漏报卷宗科断。

○其漏附行止者，一人至三人，吏典笞一十，每三人加一等，罪止笞四十。

○若有增减月日、更易地方、改换出身、蔽匿过名者，并杖一百，罢职役不叙。

○有所规避及受赃者，各从重论。

——凡官员三年任满给由，以领文日为始。若到部过限四个月之上，送问；一年之上，发回，致仕。其九年任满者，一年之上，送问；二年之上，发回，致仕。虽有事故，并不准理。若九年已满，托故在任久住，不行赴部及不申缺者，参提究问，就彼革职回籍[①]，冠带闲住。[②]

——在外吏典，除役内丁忧及人多缺少，在官服役听参外，若一考满后，不行转参，两考满后，不行给由，展转捏故，在役管事，或歇役三年之上（按：加"者"字），就彼问发为民。中间虽有事故，亦不准理。其故违收参起送官吏，参问治罪。若两考役满，接丧丁忧服满，迁延三年之上，不行起复者，亦发为民。其未及三年者，果有事故实迹，各该衙门保结起送，吏部查照定夺。虽在三年之内起送过限到部者，送问重历。[③]

奸党

凡奸邪进谗言、左使杀人者，斩。

○若犯罪律该处死，其大臣小官巧言谏免、暗邀人心者，亦斩。

○若在朝官员交结朋党、紊乱朝政者，皆斩；妻子为奴，财产入官。

○若刑部及大小各衙门官吏不执法律，听从上司官主使，出入人罪者，罪亦如之。若大不避权势，明具实迹，亲赴御前执法陈诉者，罪坐奸臣，言告之人与免本罪，仍将犯人财产均给充赏，有官者，升二等；无官者，量与一官，或赏银二千两。

交结近侍官员

凡诸衙门官吏，若与内官及近侍人员互相交结，漏泄事情，夤缘作弊，而符同奏启者，皆斩，妻子流二千里安置。

——弘治元年四月初二日节该钦奉孝宗皇帝圣旨："罢闲官吏在京潜住，有擅出入禁门交结的，各门官仔细盘诘，拿送锦衣卫，著实打一百，发烟瘴地面，永远充军。"钦此。

上言大臣德政

凡诸衙门官吏及士庶人等，若有上言宰执大臣美政才德者，即是奸党。务要鞫问，穷究来历明白，犯人处斩，妻子为奴，财产入官。若宰执大臣知情，与同罪；不知者，不坐。

---

① "就彼革职回籍"，《问刑条例》记作："就彼放回原籍"。

② 此条与本《会典》卷十二《考核》互见。

③ 此条与本《会典》卷十二《考核》互见。

【公式】

讲读律令

凡国家律令，参酌事情轻重，定立罪名，颁行天下，永为遵守。百司官吏务要熟读，讲明律意，剖决事务。每遇年终，在内从察院，在外从分巡御史、提刑按察司官，按治去处考校。若有不能讲解、不晓律意者，初犯，罚俸钱一月；再犯，笞四十，附过；三犯，于本衙门递降叙用。其百工技艺诸色人等，有能熟读讲解、通晓律意者，若犯过失及因人连累致罪，不问轻重，并免一次。其事干谋反、逆叛者，不用此律。

〇若官吏人等挟诈欺公，妄生异议，擅为更改，变乱成法者，斩。

制书有违

凡奉制书有所施行而违者，杖一百。违皇太子令旨者，同罪。违亲王令旨者，杖九十。失错旨意者，各减三等。

〇其稽缓制书及皇太子令旨者，一日笞五十，每一日加一等，罪止杖一百。稽缓亲王令旨者，各减一等。

弃毁制书印信

凡弃毁制书及起马御宝圣旨、起船符验，若各衙门印信及夜巡铜牌者，斩。若弃毁官文书者，杖一百。有所规避者，从重论。事干军机、钱粮者，绞。当该官吏知而不举，与犯人同罪；不知者，不坐。误毁者，各减三等。其因水火盗贼毁失，有显迹者，不坐。

〇凡遗失制书、圣旨、符验、印信、巡牌者，杖九十，徒二年半。若官文书，杖七十；事干军机、钱粮者，杖九十、徒二年半。俱停俸责寻，三十日得见者，免罪。

〇若主守官物，遗失簿书，以致钱粮数目错乱者，杖八十；限内得见者，亦免罪。

〇其各衙门吏典考满替代者，明立案验，将原管文卷交付接管之人。违者，杖八十。首领官吏不候交割，符同给由者，罪亦如之。

上书奏事犯讳

凡上书，若奏事犯御名及庙讳者，杖八十。余文书误犯者，笞四十。若为名字触犯者，杖一百。其所犯御名及庙讳，声音相似，字样分别，及有二字止犯一字者，皆不坐罪。

〇若上书及奏事错误，当言原免而言不免，当言千石而言十石之类，有害于事者，杖六十。申六部错误，有害于事者，笞四十。其余衙门文书错误者，笞二十。若所申虽有错误，而文案可行，不害于事者，勿论。

事应奏不奏

凡军官犯罪，应请旨而不请旨，及应论功上议而不上议，当该官吏处绞。

〇若文职有犯，应奏请而不奏请者，杖一百；有所规避，从重论。

〇若军务、钱粮、选法、制度、刑名、死罪、灾异及事应奏而不奏者，杖八十；应申上而不申上者,笞四十。

○若已奏已申,不待回报而辄施行者,并同不奏不申之罪。

○其合奏公事,须要依律定拟,具写奏本。其奏事及当该官吏佥书姓名,明白奏闻。若有规避,增减紧关情节,朦胧奏准施行,已后因事发露,虽经年远,鞫问明白,斩。

○若于亲临上司官处,禀议公事,必先随事详陈可否,定拟禀说。若准拟者,上司置立印署文簿,附写略节缘由,令首领官吏书名画字,以凭稽考。若将不合行事务,妄作禀准,及窥伺公务冗并,乘时朦胧禀说施行者,依诈传各衙门官员言语律科罪。有所规避者,从重论。

——凡王府发放一应事务,所司随即奏闻,必待钦准,方许奏行。若不奏闻及已奏不待回报,擅自承行者,一体治以重罪。其在京各王出府之日,法司即查前例,通行长史司知会遵守。

出使不复命

凡奉制敕出使不复命,干预他事者,杖一百。各衙门出使不复命,干预他事者,常事杖七十。军情重事杖一百。若越理犯分,侵人职掌行事者,笞五十。

○若回还后,三日不缴纳圣旨者,杖六十,每二日加一等,罪止杖一百。不缴纳符验者,笞四十,每三日加一等,罪止杖八十。

○若有所规避者,各从重论。

漏泄军情大事

凡闻知朝廷及总兵将军调兵讨袭外番,及收捕反逆贼徒机密大事,而辄漏泄于敌人者,斩。若边将报到军情重事而漏泄者,杖一百、徒三年。仍以先传说者为首,传至者为从,减一等。

○若私开官司文书印封看视者,杖六十;事干军情重事者,以漏泄论。

○若近侍官员漏泄机密重事于人者,斩;常事杖一百,罢职不叙。

——在京、在外军民人等,与朝贡夷人私通往来,投托管顾,拨置害人,因而透漏事情者,俱问发边卫充军。军职有犯,调边卫带俸差操。通事并伴送人等,系军职者,从军职之例;系文职者,革职为民。[①]

官文书稽程

凡官文书稽程者,一日,吏典笞一十,三日加一等,罪止笞四十。首领官各减一等。

○若各衙门遇有所属申禀公事,随即详议可否,明白定夺回报。若当该官吏不与果决,含糊行移,互相推调,以致耽误公事者,杖八十。其所属将可行事件不行区处,作疑申禀者,罪亦如之。其所行公事已果决,行移或有未绝,或不完者,自依官文书稽程论罪。

① 此条与本《会典》卷一百八《朝贡四》互见。

照刷文卷

凡照刷有司有印信衙门文卷，迟一宗二宗，吏典笞一十；三宗至五宗，笞二十；每五宗加一等，罪止笞四十。府州县首领官及仓库、务场、局所、河泊等官，各减一等。

○失错及漏报一宗，吏典笞二十；二宗三宗，笞三十；每三宗加一等，罪止笞五十。府州县首领官及仓库、务场、局所、河泊等官，各减一等。其府州县正官、巡检，一宗至五宗，罚俸钱一十日，每五宗加一等，罚止一月。

○若钱粮埋没，刑名违枉等事，有所规避者，各从重论。

磨勘卷宗

凡磨勘出各衙门未完文卷，曾经监察御史、提刑按察司照刷驳问迟错，经隔一季之后，钱粮不行追征足备者，提调官吏以未足之数十分为率，一分笞五十，每一分加一等，罪止杖一百。刑名造作等事，可完而不完、应改正而不改正者，笞四十，每一月加一等，罪止杖八十；受财者，计赃以枉法从重论。

○若有隐漏不报磨勘者，一宗笞四十，每一宗加一等，罪止杖八十。事干钱粮者，一宗杖八十，每一宗加一等罪止杖一百；有所规避者，从重论。

○若官吏闻知事发，旋补文案以避迟错者，钱粮计所增数，以虚出通关论；刑名等事，以增减官文书论。同僚若本管上司知而不举，及符同作弊者，同罪；不知情及不同署文案者，不坐。

同僚代判署文案

凡应行官文书，而同僚官代判署者，杖八十。若因遗失文案而代者，加一等。若有增减出入，罪重者，从重论。

增减官文书

凡增减官文书者，杖六十。若有所规避，杖罪以上各加本罪二等，罪止杖一百、流三千里。未施行者，各减一等。规避死罪者，依常律。其当该官吏，自有所避，增减文案者罪同。若增减以避迟错者，笞四十。

○若行移文书，误将军马、钱粮、刑名重事紧关字样传写失错而洗补改正者，吏典笞三十；首领官失于对同，减一等。干碍调拨军马及供给边方军需钱粮数目者，首领官、吏典皆杖八十。若有规避，故改补者，以增减官文书论；未施行者，各减一等；因而失误军机者，无问故、失，并斩。若无规避，及常行字样偶然误写者，皆勿论。

封掌印信

凡内外各衙门印信，长官收掌，同僚佐贰官用纸于印面上封记，俱各画字。若同僚佐贰官差故，许首领官封印。违者，杖一百。

漏使印信

凡各衙门行移出外文书，漏使印信者，当该吏典对同首领官并承发，各杖六十。

○全不用印者，各杖八十。

○干碍调拨军马、供给边方军需钱粮者，各杖一百。因而失误军机者，斩。

漏用钞印

凡印钞不行仔细，致有漏印及倒用印者，一张笞一十，每三张加一等，罪止杖八十。若宝钞库不行用心检闸，朦胧交收在内者，罪亦如之。

擅用调兵印信

凡总兵、将军及各处都指挥使司印信，除调度军马、办集军务、行移公文用使外，若擅出批帖，假公营私，照送物货者，首领官吏各杖一百，罢职役不叙；正官奏闻区处。

信牌

凡府州县置立信牌，量地远近，定立程限，随事销缴。违者，一日笞一十，每一日加一等，罪止笞四十。

○若府州县官遇有催办事务，不行依律发遣信牌，辄下所属守并者，杖一百（谓如府官不许入州衙，州官不许入县衙，县官不许下乡村之类）。其点视桥梁圩岸、驿传递铺、踏勘灾伤，检尸、捕贼、抄札之类，不在此限。

《大明会典》卷一百六十三 《刑部五》

律例四【户律一】

【户役】

脱漏户口

凡一户全不附籍,有赋役者,家长杖一百;无赋役者,杖八十,附籍当差。

〇若将他人隐蔽在户不报,及相冒合户附籍,有赋役者,亦杖一百;无赋役者,亦杖八十。若将另居亲属隐蔽在户不报,及相冒合户附籍者,各减二等。所隐之人,并与同罪,改正立户,别籍当差。其同宗伯叔弟侄及婿,自来不曾分居者,不在此限。

〇其见在官役使办事者,虽脱户,止依漏口法。

〇若隐漏自己成丁人口,不附籍及增减年状,妄作老幼废疾以免差役者,一口至三口,家长杖六十,每三口加一等,罪止杖一百;不成丁,三口至五口,笞四十,每五口加一等,罪止杖七十,入籍当差。

〇若隐蔽他人丁口不附籍者,罪亦如之。所隐之人与同罪,发还本户,附籍当差。

〇若里长失于取勘,致有脱户者,一户至五户,笞五十,每五户加一等,罪止杖一百;漏口者,一口至十口,笞三十。每十口加一等,罪止笞五十。本县提调正官、首领官吏脱户者,十户笞四十,每十户加一等,罪止杖八十;漏口者,十口笞二十,每三十口加一等,罪止笞四十。知情者,并与犯人同罪。受财者,计赃以枉法从重论。若官吏曾经三次立案取勘,已责里长文状,叮咛省谕者,事发,罪坐里长。

人户以籍为定

凡军民、驿、灶、医、卜、工、乐诸色人户,并以籍为定。若诈冒脱免,避重就轻者,杖八十。其官司妄准脱免,及变乱版籍者,罪同。

〇若诈称各卫军人不当军民差役者,杖一百,发边远充军。

——军户子孙畏惧军役,另开户籍,或于别府、州、县入赘寄籍等项,及至原卫发册清勾，买嘱原籍官吏里书人等，捏作丁尽户绝回申者，俱问罪。正犯发烟瘴地面，里书人等发附近卫所，俱充军。官吏参究治罪。[①]

——各处卫所并护卫、仪卫司官军、舍余人等及灶户，置买民田，一体坐派粮差。若不纳粮当差，致累里长包陪者，俱问罪。其田入官。

私创庵院及私度僧道

凡寺观庵院，除见在处所外，不许私自创建增置。违者，杖一百，还俗。僧道发边远充军，尼僧、女冠入官为奴。

○若僧道不给度牒私自簪剃者，杖八十。若由家长，家长当罪。寺观住持及受业师私度者，与同罪，并还俗。

——凡僧道擅收徒弟，不给度牒；及民间子弟，户内不及三丁，或在十六以上而出家者，俱枷号一个月，并罪坐所由。僧道官及住持知而不举者，各罢职还俗。

——僧道犯罪虽未给度牒，悉照僧道科断，该还俗者，查发各原籍当差。若仍于原寺观、庵院或他寺观、庵院潜住者，并枷号一个月，照旧还俗。僧道官及住持知而不举者，各治以罪。

——凡汉人出家习学番教，不拘军民、曾否关给度牒，俱问发原籍各该军卫有司当差。若汉人冒诈[②]番人者，发边远充军。[③]

立嫡子违法

凡立嫡子违法者，杖八十。其嫡妻年五十以上无子者，得立庶长子。不立长子者，罪亦同。

○若养同宗之人为子，所养父母无子而舍去者，杖一百，发付所养父母收管。若有亲生子及本生父母无子，欲还者，听。

○其乞养异姓义子以乱宗族者，杖六十。若以子与异姓人为嗣者，罪同，其子归宗。

○其遗弃小儿年三岁以下，虽异姓，仍听收养，即从其姓。

○若立嗣，虽系同宗，而尊卑失序者，罪亦如之。其子亦归宗，改立应继之人。

○若庶民之家，存养奴婢者，杖一百，即放从良。

——凡无子立嗣，除依律令外，若继子不得于所后之亲，听其告官别立。其或择立贤能及所亲爱者，若于昭穆伦序不失，不许宗族指以次序告争，并官司受理。若义男、女婿为所后之亲喜悦者，听其相为依倚，不许继子并本生父母用计逼逐，仍依《大明令》分给财产。若无子之人家贫，听其卖产自赡。[④]

---

① 此条与本《会典》卷十九《户部 · 户口一 · 立户收籍》互见。

② “诈”，应为“作”。《问刑条例》与本《会典》卷一百四《艺术 · 僧道》同记作：“作”。

③ 此条与本《会典》卷一百四《艺术 · 僧道》互见。

④ 此条与本《会典》卷十九《户部 · 户口一 · 分户继嗣》）互见。

收留迷失子女

凡收留人家迷失子女,不送官司而卖为奴婢者,杖一百、徒三年;为妻妾子孙者,杖九十、徒二年半。若得迷失奴婢而卖者,各减良人罪一等。被卖之人不坐,给亲完聚。

○若收留在逃子女而卖为奴婢者,杖九十、徒二年半;为妻妾子孙者,杖八十、徒二年。若得在逃奴婢而卖者,各减良人罪一等。其被卖在逃之人,又各减一等。若在逃之罪重者,自从重论。

○其自收留为奴婢、妻妾子孙者,罪亦如之。隐藏在家者,并杖八十。

○若买者及牙保知情,减犯人罪一等,追价入官。不知者俱不坐,追价还主。

○若冒认良人为奴婢者,杖一百、徒三年;为妻妾子孙者,杖九十、徒二年半。冒认他人奴婢者,杖一百。

赋役不均

凡有司科征税粮及杂泛差役,各验籍内户口田粮,定立等第科差。若放富差贫,那移作弊者,许被害贫民,赴拘该上司,自下而上陈告。当该官吏,各杖一百。若上司不为受理者,杖八十。受财者,计赃以枉法从重论。

——布按二司分巡分守官、直隶巡按御史,严督府、州、县掌印正官,审编均徭,从公查照岁额差使,于该年均徭人户丁粮有力之家,止编本等差役,不许分外加增余剩银两。贫难下户并逃亡之数,听其空闲,不许征银及额外滥设听差等项差科。违者,听抚按等官纠察问罪,奏请改调。若各官容情不举,各治以罪。①

——各布政司并直隶府、州、县掌印官,如遇各部派到物料,从公斟酌所属大小丰歉坐派。若豪猾规利之徒,买嘱吏书妄禀编派下属承揽害民者,俱问发附近卫所充军。各该掌印官听从者,参究治罪。②

丁夫差遣不平

凡应差丁夫杂匠,而差遣不均平者,一人笞二十。每五人加一等,罪止杖六十。

○若丁夫杂匠承差而稽留不著役,及在役日满而所司不放回者,一日笞一十,每三日加一等,罪止笞五十。

隐蔽差役

凡豪民令子孙弟侄、跟随官员隐蔽差役者,家长杖一百。官员容隐者,与同罪。受财者,计赃以枉法从重论。跟随之人,免罪充军。

○其功臣容隐者,初犯,免罪附过;再犯,住支俸给一半;三犯,全不支给;四犯,依律论罪。

---

① 此条与本《会典》卷二十《户口二·赋役》互见。

② 此条与本《会典》卷二十《户口二·赋役》互见。

禁革主保里长

凡各处人民,每一百户内,议设里长一名,甲首一十名,轮年应役,催办钱粮,勾摄公事。若有妄称主保、小里长、保长、主首等项名色,生事扰民者,杖一百,迁徙。

○其合设耆老,须于本乡年高有德、众所推服人内选充,不许罢闲吏卒及有过之人充应。违者,杖六十;当该官吏,笞四十。

逃避差役

凡民户逃往邻境州县躲避差役者,杖一百,发还原籍当差。其亲管里长、提调官吏故纵,及邻境人户,隐蔽在已者,各与同罪。若里长知而不逐遣,及原管官司不移文起取;若移文起取,而所在官司占吝不发者,各杖六十。其在洪武七年十月以前流移他郡,曾经附籍当差者,勿论。限外逃者,论如律。

○若丁夫、杂匠在役,及工、乐、杂户逃者,一日笞一十,每五日加一等,罪止笞五十。提调官吏故纵者,各与同罪;受财者,计赃以枉法从重论。不觉逃者,五人笞三十[①],每五人加一等,罪止笞四十;不及五名者,免罪。

——沿边、沿海地方军民人等,躲避差役,逃入土夷洞寨、海岛潜住,究问情实,俱发边远卫分永远充军。本管里长、总小旗及两邻知而不首者,各治以罪。有能擒拿送官者,不问汉、土军民,量加给赏。

点差狱卒

凡各处狱卒,于相应惯熟人内点差应役。令人代替者,笞四十。

私役部民夫匠

凡有司官私役使部民,及监工官私役使夫匠出百里之外,及久占在家使唤者,一名笞四十,每五名加一等,罪止杖八十。每名计一日追给雇工钱六十文。若有吉凶及在家借使杂役者,勿论。其所使人数,不得过五十名,每名不得使过三日。违者,以私役论。

别籍异财

凡祖父母、父母在,而子孙别立户籍分异财产者,杖一百(须祖父母、父母亲告乃坐)。若居父母丧,而兄弟别立户籍分异财产者,杖八十(须期亲以上尊长亲告乃坐)。

卑幼私擅用财

凡同居卑幼不由尊长私擅用本家财物者,二十贯笞二十;每二十贯加一等,罪止杖一百,若同居尊长应分家财不均平者,罪亦如之。

---

① "三十",《大明律》记作:"二十"。

收养孤老

凡鳏寡孤独及笃废之人，贫穷无亲属依倚，不能自存，所在官司收养而不收养者，杖六十。若应给衣粮而官吏克减者，以监守自盗论。

【田宅】

欺隐田粮

凡欺隐田粮脱漏版籍者，一亩至五亩，笞四十；每五亩加一等，罪止杖一百。其田入官，所隐税粮，依数征纳。

○若将田土移丘换段，那移等则，以高作下，减瞒粮额及诡寄田粮，影射差役，并受寄者，罪亦如之。其田改正，收科当差。

○里长知而不举，与犯人同罪。

○其还乡复业人民，丁力少而旧田多者，听从尽力耕种，报官入籍，计田纳粮当差。若多余占田而荒芜者，三亩至十亩，笞三十；每十亩加一等，罪止杖八十。其田入官。若丁力多而旧田少者，告官，于附近荒田内验力拨付耕种。

——凡宗室置买田产，恃强不纳差粮者，有司查实，将管庄人等问罪，仍计算应纳差粮多寡，抵扣禄米，若有司阿纵不举者，听抚按官参奏重治。

检踏灾伤田粮

凡部内有水旱霜雹及蝗蝻为害，一应灾伤田粮，有司官吏应准告而不即受理、申报、检踏，及本管上司不与委官覆踏者，各杖八十。若初覆检踏官吏，不行亲诣田所，及虽诣田所不为用心从实检踏，止凭里长、甲首朦胧供报，中间以熟作荒，以荒作熟，增减分数，通同作弊，瞒官害民者，各杖一百，罢职役不叙。若致枉有所征免粮数，计赃重者，坐赃论。里长、甲首，各与同罪。受财者，并计赃以枉法从重论。

○其检踏官吏及里长、甲首，失于关防，致有不实者，计田十亩以下，免罪；十亩以上至二十亩，笞二十；每二十亩加一等，罪止杖八十。

○若人户将成熟田地，移丘换段，冒告灾伤者，一亩至五亩，笞四十；每五亩加一等，罪止杖一百。合纳税粮，依数追征入官。

功臣田土

凡功臣之家，除拨赐公田外，但有田土，从管庄人尽数报官，入籍纳粮当差。违者，一亩至三亩，杖六十；每三亩加一等，罪止杖一百、徒三年。罪坐管庄之人，其田入官。所隐税粮，依数征纳。若里长及有司官吏踏勘不实，及知而不举者，与同罪；不知者，不坐。

盗卖田宅

凡盗卖、换易及冒认，若虚钱实契典买及侵占他人田宅者，田一亩、屋一间以下，笞五十；每田五亩、屋三间，加一等，罪止杖八十、徒二年。系官者，各加二等。

○若强占官民山场、湖泊、茶园、芦荡及金、银、铜、锡、铁冶者，杖一百，流三千里。

○若将互争及他人田产妄作己业，朦胧投献官豪势要之人，与者、受者，各杖一百、徒三年。

○田产及盗卖过田价，并递年所得花利，各还官给主。

○若功臣初犯，免罪附过；再犯，住支俸给一半；三犯，全不支给；四犯，与庶人同罪。

——军民人等，将争兢不明并卖过及民间起科，僧道将寺观各田地，若子孙将公共祖坟山地，朦胧投献王府及内外官豪势要之家，私捏文契典卖者，投献之人，问发边卫永远充军，田地给还应得之人，及各寺观、坟山地归同宗亲属，各管业。其受投献家长并管庄人，参究治罪。山东、河南、北直隶各处空闲地土，祖宗朝俱听民尽力开种，永不起科。若有占夺投献者，悉照前例问发。①

——凡用强占种屯田五十亩以上，不纳子粒者，问罪，照数追纳，完日，官调边卫带俸差操，旗军军丁人等发边卫充军，民发口外为民。其屯田人等，将屯田典卖与人至五十亩以上，与典主、买主，各不纳子粒者，俱照前问发。若不满数及上纳子粒不缺，或因无人承种而侵占者，照常发落。管屯等官不行用心清查者，纠奏治罪。

——西山一带密迩京师地方，内外官豪势要之家，私自开窑卖煤、凿山卖石、立厂烧灰者，问罪，枷号一个月，发边卫充军。干碍内外官员，参奏提问。②

——大同、山西、宣府、延绥、宁夏、辽东、蓟州、紫荆、密云等边分守、守备、备御并府、州、县官员，禁约该管官旗军民人等，不许擅自入山将应禁林木砍伐贩卖。违者，问发南方烟瘴卫所充军。若前项官员有犯，文官革职为民，武官革职差操。镇守并副参等官有犯，指实参奏。其经过关隘、河道守把官军容情纵放者，究问治罪。③

任所置买田宅

凡有司官吏不得于见任处所置买田宅。违者，笞五十，解任，田宅入官。

典买田宅

凡典买田宅不税契者，笞五十，仍追田宅价钱一半入官，不过割者，一亩至五亩，笞四十，每五亩加一等，罪止杖一百，其田入官。

○若将已典卖与人田宅，朦胧重复典卖者，以所得价钱计赃准窃盗论，免刺，追价还主，田宅从元典买主为业。若重复典买之人及牙保知情者，与犯人同罪，追价入官；不知者，不坐。

○其所典田宅、园林、碾磨等物，年限已满，业主备价取赎。若典主托故不肯放赎者，笞四十；限外递年所得花利，追征给主，依价取赎。其年限虽满，业主无力取赎者，不拘此律。

——告争家财田产，但系五年之上，并虽未及五年，验有亲族写立分书已定，出卖文

① 此条与本《会典》卷十七《田土》互见。

② 此条与本《会典》卷九十《陵坟等祀》互见。

③ 此条与本《会典》卷一百三十二《镇戍七》互见。

约是实者，断令照旧管业，不许重分再赎。告词立案不行。

盗耕种官民田

凡盗耕种他人田者，一亩以下笞三十，每五亩加一等，罪止杖八十。荒田，减一等。强者，各加一等。系官者，各又加二等。花利归官主。

——成化十年七月十一日节该钦奉宪宗皇帝圣旨："陕西、榆林等处近边地土，各营堡草场界限明白。敢有那移条款，盗耕草场及越出边墙界石种田者，依律问拟，追征花利，完日，军职降调甘肃卫分差操。军民系外处者，发榆林卫充军；系本处者，发甘肃卫充军。有毁坏边墙私出境外者，枷号三个月发落。"钦此。①

荒芜田地

凡里长部内，已入籍纳粮当差田地，无故荒芜及应课种桑麻之类而不种者，俱以十分为率，一分笞二十，每一分加一等，罪止杖八十。县官各减二等。长官为首，佐职为从。人户亦计荒芜田地及不种桑麻之类，以五分为率，一分笞二十，每一分加一等。追征合纳税粮还官（应课种桑枣、黄麻、苎麻、绵花、蓝靛、红花之类，各随乡土所宜种植）。

弃毁器物稼穑等

凡弃毁人器物及毁伐树木稼穑者，计赃准窃盗论，免刺；官物加二等。若遗失及误毁官物者，各减三等，并验数追偿；私物者，偿而不坐罪。若毁人坟茔内碑碣、石兽者，杖八十。毁人神主者，杖九十。若毁损人房屋、墙垣之类者，计合用修造雇工钱，坐赃论，各令修立；官屋加二等。误毁者，但令修立，不坐罪。

擅食田园瓜果

凡于他人田园擅食瓜果之类，坐赃论。弃毁者，罪亦如之。其擅将去及食系官田园瓜果，若官造酒食者，加二等。主守之人给与及知而不举者，与同罪。若主守私自将去者，并以监守自盗论。

私借官车船

凡监临主守，将系官车船、店舍、碾磨之类，私自借用，或转借与人，及借之者，各笞五十。验日追雇赁钱入官。若计雇赁钱重者，各坐赃论，加一等。

【婚姻】

男女婚姻

凡男女定婚之初，若有残疾、老幼、庶出、过房、乞养者，务要两家明白通知，各从所

① 此条与本《会典》卷一百五十一《马政二·牧马草场》互见，又与本《会典》卷一百三十二《镇戍七》）互见。

愿，写立婚书，依礼聘嫁。若许嫁女已报婚书及有私约（谓先已知夫身疾残、老幼、庶养之类），而辄悔者，笞五十。虽无婚书，但曾受聘财者，亦是。

○若再许他人，未成婚者，杖七十；已成婚者，杖八十。后定娶者，知情，与同罪，财礼入官；不知者，不坐，追还财礼，女归前夫。前夫不愿者，倍追财礼给还，其女仍从后夫。男家悔者，罪亦如之，不追财礼。

○其未成婚男女，有犯奸盗者，不用此律。

○若为婚而女家妄冒者，杖八十（谓如女有残疾，却令姊妹妄冒相见，后却以残疾女成婚之类），追还财礼。男家妄冒者，加一等（谓如与亲男定婚，却与义男成婚；又如男有残疾，却令弟兄妄冒相见，后却以残疾男成婚之类），不追财礼。未成婚者，仍依原定；已成婚者，离异。

○其应为婚者，虽已纳聘财，期约未至而男家强娶，及期约已至而女家故违期者，并笞五十。

○若卑幼，或仕宦，或买卖在外，其祖父母、父母及伯叔父母、姑、兄、姊后为定婚，而卑幼自娶妻，已成婚者，仍旧为婚；未成婚者，从尊长所定。违者，杖八十。

典雇妻女

凡将妻妾受财典雇与人为妻妾者，杖八十。典雇女者，杖六十。妇女不坐。

○若将妻妾妄作姊妹嫁人者，杖一百，妻妾杖八十。

○知而典娶者，各与同罪，并离异，财礼入官；不知者，不坐，追还财礼。

——凡将妻妾作姊妹，及将拐带不明妇女，或将亲女并居丧姊妹嫁卖与人作妻妾、使女名色，骗财之后，设词托故公然领去；或瞰起程，中途聚众行凶，邀抢人财者，除真犯死罪外，其余属军卫者，发边卫充军；属有司者，发口外为民。媒人知情，罪同。若妇人有犯，罪坐夫男。若不知情及无夫男者，止坐本妇，照常发落。

妻妾失序

凡以妻为妾者，杖一百。妻在，以妾为妻者，杖九十，并改正。

○若有妻更娶妻者，亦杖九十，离异。其民年四十以上无子者，方听

逐婿嫁女

凡逐婿嫁女，或再招婿者，杖一百，其女不坐。男家知而娶者，同罪；不知者，亦不坐。其女断付前夫，出居完聚。

居丧嫁娶

凡居父母及夫丧，而身自嫁娶者，杖一百。若男子居丧娶妾，妻、女嫁人为妾者，各减二等。若命妇夫亡再嫁者，罪亦如之，追夺，并离异。知而共为婚姻者，各减五等；不知者，不坐。若居祖父母、伯叔父母、姑、兄姊丧而嫁娶者，杖八十，妾不坐。

○若居父母、舅姑及夫丧，而与应嫁娶人主婚者，杖八十。

○其夫丧服满，愿守志，非女之祖父母、父母而强嫁之者，杖八十；期亲强嫁者，减二

等。妇人不坐，追归前夫之家，听从守志。娶者亦不坐，追还财礼。

父母囚禁嫁娶

凡祖父母、父母犯死罪被囚禁，而子孙嫁娶者，杖八十。为妾者，减二等。其奉祖父母、父母命而嫁女、娶妻者，不坐；亦不得筵宴。

同姓为婚

凡同姓为婚者，各杖六十，离异。

尊卑为婚

凡外姻有服尊属、卑幼共为婚姻，及娶同母异父姊妹，已若妻前夫之女者，各以奸论。

○其父母之姑、舅、两姨姊妹及姨，若堂姨、母之姑、堂姑、己之堂姨及再从姨、堂外甥女，若女婿及子孙妇之姊妹，并不得为婚姻。违者，各杖一百。

○若娶己之姑舅两姨姊妹者，杖八十。

○并离异。

——凡男女亲属，尊卑相犯重情，或干有律应离异之人，悉遵成宪，俱照亲属已定名分，各从本律科断，不得妄生异议，致罪有出入。其间情犯，稍有可疑，揆于法制似为太重，或于大分不甚有碍者，听各该原问衙门，临时斟酌议奏。

——凡前夫子女与后夫子女苟合成婚者，以娶同母异父姊妹律条科断。

娶亲属妻妾

凡娶同宗无服之亲及无服亲之妻者，各杖一百。若娶缌麻亲之妻及舅甥妻，各杖六十、徒一年。小功以上，各以奸论。其曾被出及已改嫁而娶为妻、妾者，各杖八十。

○若收父祖妾及伯叔母者，各斩。若兄亡收嫂，弟亡收弟妇者，各绞。

○妾各减二等。

○若娶同宗缌麻以上姑侄姊妹者，亦各以奸论，并离异。

娶部民妇女为妻妾

凡府、州、县亲民官，任内娶部民妇女为妻、妾者，杖八十。若监临官娶为事人妻妾及女为妻妾者，杖一百。女家并同罪。妻、妾仍两离之。女给亲，财礼入官。强娶者，各加二等，女家不坐，不追财礼。若为子孙、弟侄、家人娶者，罪亦如之。男女不坐。

娶逃走妇女

凡娶犯罪逃走妇女为妻、妾，知情者，与同罪；至死者，减一等，离异；不知者，不坐。若无夫，会赦免罪者，不离。

强占良家妻女

凡豪势之人，强夺良家妻女，奸占为妻、妾者，绞；妇女给亲。配与子孙、弟侄、家人者,罪亦如之;男女不坐。

——凡强夺良人妻女卖与他人为妻妾,及投献王府并勋戚势豪之家者,俱比照强夺良家妻女奸占为妻妾,绞罪,奏请定夺。

娶乐人为妻妾

凡官吏娶乐人为妻妾者,杖六十,并离异。若官员子孙娶者,罪亦如之;附过,候荫袭之日,降一等,于边远叙用。其在洪武元年已前娶者,勿论。

僧道娶妻

凡僧道娶妻妾者,杖八十,还俗;女家同罪,离异。寺观住持知情,与同罪;不知者,不坐。

○若僧道假托亲属或僮仆为名求娶而僧道自占者,以奸论。

良贱为婚姻

凡家长与奴娶良人[①]为妻者,杖八十;女家减一等;不知者,不坐。其奴自娶者,罪亦如之;家长知情者,减二等;因而入籍为婢者,杖一百。若妄以奴婢为良人,而与良人为夫妻者,杖九十;各离异,改正。

蒙古色目人婚姻

凡蒙古、色目人,听与中国人为婚姻(务要两相情愿)。不许本类自相嫁娶。违者,杖八十,男女入官为奴。其中国人,不愿与回回、钦察为婚姻者,听从本类自相嫁娶,不在禁限。

出妻

凡妻无应出及义绝之状而出之者,杖八十。虽犯七出,有三不去而出之者,减二等,追还完娶。

○若犯义绝应离而不离者,亦杖八十。若夫妻不相和谐而两愿离者,不坐。

○若妻背夫在逃者,杖一百,从夫嫁卖;因而改嫁者,绞。其因夫逃亡,三年之内,不告官司而逃去者,杖八十;擅改嫁者,杖一百。妾各减二等。

○若婢背家长在逃者,杖八十(奴逃者罪亦同);因而改嫁者,杖一百,给还家长。

○窝主及知情娶者,各与同罪;至死者,减一等;不知者,俱不坐。

○若由期亲以上尊长主婚改嫁者,罪坐主婚,妻妾止得在逃之罪。余亲主婚者(余亲,谓期亲卑幼及大功以下尊长、卑幼,主婚改嫁者),事由主婚,主婚为首,男女为从;事由男女,男女为首,主婚为从。至死者,主婚人并减一等。

---

① “良人”后应加“女”。《大明律》记作:“娶良人女为妻者”。

嫁娶违律主婚媒人罪

凡嫁娶违律，若由祖父母、父母、伯叔父母、姑、兄姊及外祖父母主婚者，独坐主婚。余亲主婚者（余亲，谓期亲卑幼及大功以下尊长、卑幼主婚者），事由主婚，主婚为首，男女为从；事由男女，男女为首，主婚为从。至死者，主婚人并减一等。

○其男女被主婚人威逼，事不由已，若男年二十岁以下，及在室之女，亦独坐主婚，男女俱不坐。

○未成婚者，各减已成婚罪五等。

○若媒人知情者，各减犯人罪一等；不知者，不坐。

○其违律为婚各条称离异、改正者，虽会赦，犹离异、改正。离异者，妇女并归宗。

○财礼，若娶者知情，则追入官；不知者，则追还主。

《大明会典》卷一百六十四　《刑部六》

律例五【户律二】

【仓库】

钞法

凡印造宝钞，与洪武“大中通宝”及历代铜钱相兼行使。其民间买卖诸物，及茶、盐商税诸色课程，并听收受。违者，杖一百。

○若诸人将宝钞赴仓场、库务，折纳诸色课程，中买盐货，及各衙门起解赃罚，须要于钞背用使姓名私记，以凭稽考。若有不行用心办验，收受伪钞及挑剜描辏钞贯在内者，经手之人杖一百，倍追所纳钞贯（谓误收伪钞，并挑剜描辏钞一贯，倍追宝钞二贯），伪挑钞贯烧毁。其民间关市交易，亦许用使私记。若有不行仔细辨验，误相行使者，杖一百，倍追钞贯。止问见使之人。若知情行使者，并依本律。

——在外衙门官员，通同势要，卖纳户口等项课钞者，问罪。卖钞之人发边卫充军。钞贯入官。官员从无赃私，奏请降用。

钱法

凡钱法，设立宝源等局，鼓铸“洪武通宝”铜钱，与“大中通宝”及历代铜钱相兼行使。“折二”“当三”“当五”“当十”，依数准算。民间金银、米麦、布帛诸物价钱，并依时值，听从民便。若阻滞不即行使者，杖六十。

○其军民之家，除镜子、军器及寺观庵院钟、磬、铙钹外，其余应有废铜，并听赴官中卖，每斤给价铜钱一百五十文。若私相买卖及收匿在家不赴官中卖者，各笞四十。

收粮违限

凡收夏税，于五月十五日开仓，七月终齐足。秋粮，十月初一日开仓，十二月终齐足。如早收去处预先收受者，不拘此律。若夏税违限至八月终，秋粮违限至次年正月终不足者，其提调部粮官、吏典、分催里长、欠粮人户，各以十分为率，一分不足者，杖六十，每一分加一等，罪止杖一百。受财者，计赃以枉法从重论。若违限一年之上不足者，人户、里长，杖一百，迁徙。提调部粮官、吏典，处绞。

——各处势豪大户无故恃顽不纳本户秋粮五十石以上，问罪，监追完日，发附近；二百石以上，发边卫，俱充军。如三月之内能完纳者，照常发落。[①]

——各处势豪大户，敢有不行运赴官仓，逼军私兑者，比照不纳秋粮事例，问拟充军。如掌印、管粮官不即申达区处，纵容迟误一百石以上者，提问，住俸一年；二百石以上者，提问，降二级；三百石以上者，比照罢软事例罢黜。

多收税粮斛面

凡各仓收受税粮，听令纳户亲自行概，平斛交收，作数支销，依令准除折耗。若仓官、斗级不令纳户行概，踢斛淋尖，多收斛面者，杖六十。若以附余粮数，计赃重者，坐赃论，罪止杖一百。提调官吏知而不举，与同罪；不知者，不坐。

——在京、在外并各边，一应收放粮草去处，若职官子弟、积年光棍、跟子、买头、小脚歇家、跟官伴当人等，三五成群抢夺筹斛，占堆行概等项，打搅仓场及欺凌官攒，或挟诈运纳军民财物者，杖罪以下，于本处仓场门首枷号一个月发落；徒罪以上，与再犯杖罪以下，免其枷号，属军卫者，发边卫；属有司者，发附近，俱充军。干系内外官员，奏请定夺。[②]

——各处仓粮，每石收耗米三升。查盘之时，许守支年分，每年每石准开耗一升。若三年之外，原收耗粮已减尽，照例于正粮内，递开一升，准作耗粮。此外若有侵盗者，方照律例问罪。

隐匿费用税粮课物

凡送本户应纳税粮课物及应入官之物，而隐匿费用不纳，或诈作损失，欺妄官司者，并计所亏欠物数准窃盗论，免刺。其部运官吏知情与同罪；不知者，不坐。

揽纳税粮

凡揽纳税粮者，杖六十。著落赴仓纳足，再于犯人名下，追罚一半入官。

○若监临主守揽纳者，加罪二等。

○其小户畸零米麦，因便辏数，于纳粮人户处附纳者，勿论。

——各处司、府、州、县，每岁将应解钱粮，起数先后，编次在册，务要差委的当人员，依次起解。其兑头、水脚等项，照数交领，不许分毫侵克。仍将起解日期，预先报部，以凭查催。如有阿徇人情滥差积年无藉之徒及捏称把总杂职、阴阳省祭等项名色领解，致侵银一千两以上者，降一级。若应解钱粮不即起解，因而别项那用一千两以上者，亦降一级。五千两以上者，照不谨事例罢黜。其册报钱粮，已经解出，违限一年以上，不行追取批回者，官住俸，承行该吏革役。若听内外势要官豪揽纳者，问发为民。干碍势豪，参究

① 此条与本《会典》卷二十九《征收》互见。

② 此条与本《会典》卷二十二《仓庾二》互见。

治罪。

——内府钱粮及内外仓场粮草，并各处军需等项，不拘起运存留，但有包揽诓骗银一百两、粮二百石以上，不行完纳，事发，问罪。责限三个月以里完纳者，照常发落。过期不完者，尽其财产陪纳，发边卫充军。经年不完者，仍枷号一个月，照前发遣。各边武职，主使家人伴当跟随，交结人员，挟势揽纳作弊者，参问，降二级。听使之人，仍照前例问发。[①]

——京通并马房、仓场等处，收受草束，若兜揽之徒恃强将不堪水湿小草充数，嘱托监收官员收受者，拿送问罪，枷在本处仓场门首三个月，发落。[②]

——在京刁徒光棍，访知铺行但与解户交关价银，辄便邀集党类，数十为群，入门噪闹，指为揽纳，捉要送官，其家畏惧罪名，厚赂买灭，所费钱物，出在解户，以致钱粮累年不完。如有犯者，听经该及缉事衙门拿送法司，查照打搅仓场事例发遣。

虚出通关硃钞

凡仓库收受一应系官钱粮等物不足，而监临主守通同有司提调官吏，虚出通关者，计所虚出之数，并赃，皆以监守自盗论。

○若委官盘点钱粮，数本不足，扶[③]同申报足备者，罪亦如之。受财者，计赃以枉法从重论。

○其监守不收本色，折收财物，虚出硃钞者，亦以监守自盗论。纳户知情，减二等，免刺，原与之赃入官；不知者，不坐，其赃还主。

○同僚知而不举者，与犯人同罪；不知及不同署文案者，不坐。

——凡各处巡按御史，每年一次，委官查盘所属地方钱粮及点闸驿递夫马等项，事完之日，各委官将查点过缘由，并问过罪名，通申巡抚知会。内有与各差御史事体相关者，摘申各差御史知会，从一归结，不必另委官查点，致滋烦扰。亦不许委州县正官，致妨职业。若各委官不悉心查点、审究赃数的确，但凭吏书故入人罪者，听抚按官，应提问者，提问；应参奏者，奏请提问；降一级调用。情重者，革职闲住。

附余钱粮私下补数

凡各衙门及仓库，但有附余钱粮，须要尽实报官，明白正收作数。若监临主守将增出钱粮私下销补别项事故亏折之数，瞒官作弊者，并计赃以监守自盗论。

○若内府承运库收受金帛，当日交割未完者，许令附簿寄库。若有余剩之物，本库明白立案正收，开申户部作数。若朦胧擅将金帛等物出外者，斩。守门官失于盘获搜检者，杖一百。

私借钱粮

凡监临主守将系官钱粮等物私自借用，或转借与人者，虽有文字，并计赃以监守自盗

---

① 此条与本《会典》卷二十二《仓庾二》互见。

② 此条与本《会典》卷二十九《征收》互见。

③ "扶"，《大明律》记作："符"。

论。其非监守之人借者,以常人盗仓库钱粮论。

○若将自己物件抵换官物者,罪亦如之。

私借官物

凡监临主守将系官什物、衣服、毡褥、器玩之类私自借用,或转借与人及借之者,各笞五十。过十日,各坐赃论,减二等。若有损失者,依毁失官物律坐罪追陪。

那移出纳

凡各衙门收支钱粮等物,已有文案勘合,若监临主守不正收、正支,那移出纳,还充官用者,并计赃准监守自盗论。罪止杖一百、流三千里,免刺。

○若不给半印勘合,擅出权帖;或给勘合,不立文案放支,及仓库不候勘合;或已奉勘合,不附簿放支者,罪亦如之。

○其出征镇守军马经过去处,行粮草料,明立文案,即时应付,具数开申合干上司准除,不在擅支之限。违者,杖六十。

库秤雇役侵欺

凡仓库、务场、局院、库秤、斗级,若雇役之人侵欺、借贷、移易系官钱粮,并以监守自盗论。若雇主同情分受赃物者,罪亦如之。其知情不曾分赃,而扶[①]同申报瞒官及不首告者,减一等,罪止杖一百;不知者,不坐。

冒支官粮

凡管军官吏、总旗、小旗,冒支军粮入己者,计赃准窃盗论,免刺。

钱粮互相觉察

凡仓库务场官吏、攒拦、库子、斗级,皆得互相觉察。若知侵欺、盗用、借贷系官钱粮,已出仓库,匿而不举及故纵者,并与犯人同罪。失觉察者,减三等,罪止杖一百。

○若官吏虚立文案那移出纳,及虚出通关,其斗级、库子、拦头不知者,不坐。

仓库不觉被盗

凡有人从仓库中出,守把之人不搜检者,笞二十。因不搜检,以致盗物出仓库而不觉者,减盗罪二等。若夜直更之人不觉盗者,减三等;仓库直宿官攒、斗级、库子,不觉盗者,减五等,并罪止杖一百。故纵者,各与盗同罪。若被强盗者,勿论。

——内外官库被窃盗银至一千两以上,一个月不获,经该并巡捕官,俱各住俸;半年不获,提问;被盗二三次者,奏请降调。其该道分巡、分守官,参奏罚治。不及前数者,俱照常发落。库子尽其财产,均追陪偿,候真赃得获,照数给还。若各官妄拿平人逼认盗贼

---

① “扶”,《大明律》记作:“符”。

追陪者，亦问罪降调。[①]

守支钱粮及擅开官封

凡仓库官攒、斗级、库子，役满得代，所收钱粮官物，并令守支尽绝。若无短少，方许给由。其有应合相沿交割之物，听提调官吏监临盘点见数，不得指廒指库交割。违者，各杖一百。

○若官物有印封记，其主典不请原封官司而擅开者，杖六十。

出纳官物有违

凡仓库出纳官物，当出陈物而出新物，应受上物而受下物之类，及有司和雇和买不即给价，若给价有增减不实者，计所亏欠及多余之价坐赃论。

○若应给俸禄，未及期而预给者，罪亦如之。

○其监临官吏知而不举，与同罪；不知者，不坐。

——官员、监生、吏典、旗军人等，关过俸粮及预支应得粮米，遇有事故调用等项，五斗以上失于还官者，事发，止问"不应"，追粮还官；五斗以下，俱免追问。[②]

收支留难

凡收受支给官物，其当该官吏无故留难刁蹬，不即收支者，一日笞五十，每三日加一等，罪止杖六十、徒一年。

○守门人留难者，罪亦如之。

○若领物纳物之人到有先后，主司不依次序收支者，笞四十。

——各处司、府、州、县并各钞关，解到布绢钱钞等项，赴部给文，送甲字等库验收。若有指称权贵名色、揹勒解户、诓诈财物者，听巡视库藏科道官及该部委官，拿送法司究问，不分军民匠役，俱发边卫充军。干碍内外官员，一体参奏处治。

起解金银足色

凡收受诸色课程，变卖货物，起解金银，须要足色。如成色不及分数，提调官吏、人匠，各笞四十，著落均陪还官。

损坏仓库财物

凡仓库及积聚财物，主守之人安置不如法，晒晾不以时，致有损坏者，计所损坏之物坐赃论，著落均陪还官。

○若卒遇雨水冲激，失火延烧，盗贼劫夺，事出不测而有损失者，委官保勘覆实，显迹明白，免罪，不陪。其监临主守，若将侵欺、借贷、那移之数，乘其水火盗贼，虚捏文案，及扣换交单籍册，申报瞒官者，并计赃以监守自盗论。同僚知而不举者，与同罪；不知者，

---

① 此条与本《会典》卷一百三十六《巡捕·凡在外巡捕》互见。

② 此条与本《会典》卷二十九《廪禄二》互见，又与本《会典》卷四十二《南京户部·官吏俸给》互见。

不坐。

转解官物

凡各处征收钱帛，买办军需，成造军器等物，所在州县交收，差有职役人员陆续类解本府。若本府不即交收，差人转解，勒令人户就解布政司者，当该提调正官、首领官、吏典，各杖八十。若布政司不即交收，勒令各府就解部者，首领官、令典，罪亦如之。

○其起运官物，长押官及解物人，安置不如法，致有损失者，计所损失之物坐赃论，着落均陪还官。若船行卒遇风浪，及失火延烧，或盗贼劫夺，事出不测而有损失者，申告所在官司，委官保勘覆实，显迹明白，免罪，不陪。若有侵欺者，计赃以监守自盗论。

○若起运官物，不运本色，而辄赍财货于所纳去处收买纳官者，亦计赃以监守自盗论。

——漕运把总、指挥、千百户等官，索要运军常例，及指以供办等费为由，科索并扣除行月粮与船料等项，值银三十两以上者，问罪，立功五年，满日，降一级带俸差操。如未及三十两者，止照常科断。其跟官书算人等，指称使用，科索军人财物入已，赃至二十两以上，发边卫充军。

——凡漕运官军，敢有水次折干及中途粜卖，以致抵坝起欠及临仓挂欠者，即系侵欺。除正犯查照律例问拟外，其余官旗，仍各总计名下欠数，总小旗欠一百石，问发哨瞭；百户、镇抚欠二百五十石，千户欠五百石，指挥及千户等官全帮领运者欠一千石，把总官欠三千石，俱问罪，降一级发原卫所带俸差操。有能临时设法买补完足，止坐折卖正犯，各官旗免罪。其虽不系侵盗，但有亏折，俱照前例拟断。若总欠数多及粗恶不堪至三万石以上，总督、总兵等官，另行奏请定夺。

——京通仓完粮违限三个月者，把总官以下罚俸半年；五个月者，罚俸一年。蓟州、昌密各仓完粮违限者，查照递减一等，止行各该卫所罚俸，免其提问。违至次年二月终限者，俱问罪，降二级。若又挂欠数多，把总名下三千石或银一千五百两以上，指挥名下及千户等官全帮领运者一千石、银五百两以上，千户五百石、银二百五十两以上，百户、镇抚等官二百五十石、银一百二十两以上，仍于违限上各递降一级，每一倍加一等。把总、指挥、千户降至总旗而止，百户降至小旗而止。不及前数者，照常发落。有能当年补完者，通免降级。如愿下年领运至京补完，许奏复原职，仍以十分为率，能完五分以上者，准复原降一级。三年之内，尽数补完，亦准奏复原职。其一应提问官旗，各省及直隶、江南卫分，行各该巡按御史；南京并江北卫分，行漕运衙门，各就近提问，以便完结。

——漕运把总、指挥、千百户等官，如有漂流数多，把总三千石，指挥及千户等官全帮领运者一千石，千户五百石，百户、镇抚二百五十石，俱问罪，于见在职级上降一级。有能自备银两，不费别军羡余，当年处补完足者，免其问降。若愿随下年粮运补完，亦准复职。止完一半，准复一级。三年内，尽数补完，亦准复原职。

——卫所官完粮后，备造支销数目，呈报稽考。若有造报不明及侵欺靠损情弊，许运军指实首告。各查照律例，从重问拟。把总官失于觉察，参问治罪。

——漕运官军，如有水次折干，沿途盗卖，自度粮米短少，故将船放失漂流及虽系漂流损失不多，乘机侵匿，捏作全数，贿嘱有司官吏扶同奏勘者，前后帮船及地方居民，有能觉察告首，督运官司，查实给赏轻赍银十两。官军不分赃数多少，俱照例发边卫，永远充军。有司官吏，从重问拟。仍行原卫所，将失事之人家产变卖抵偿，不许轻扣别军月粮以长奸恶。前后帮船知而不举，一体连坐。仍于正犯所欠钱粮内，责令帮陪十分之三。

——漕运粮米，漂流万石以上，漕运都御史、总兵官，听科道官纠劾，该部具奏定夺。三千石以上，提问把总官不及数者，止提问本管官旗。各该巡抚，亦有漕司之责，系本境内漂失数多者，照漕司事例一体参究，出境不必概及。

拟断赃罚不当

凡拟断赃罚财物，应入官而给主及应给主而入官者，坐赃论，罪止杖一百。

守掌在官财物

凡官物当应给付与人，已出仓库而未给付；若私物当供官用，已送在官而未入仓库，但有人守掌在官，若有侵欺、借贷者，并计赃以监守自盗论。

——各处卫所管军头目人等，关出粮料、布花等物，若指以公用为由，因而扣减入己，粮料至一百石，大布、绵花、钱帛等物值银三十两以上者，问罪，追赃完日，军职发立功五年，满日降一级带俸差操；旗军人等枷号一个月，发极边墩台守哨，五年满日疏放。

隐瞒入官家产

凡抄没人口财产，除谋反、谋叛及奸党系在十恶，依律抄没，其余有犯，律不该载者，妻子、财产不在抄没入官之限。违者，依故入人流罪论。

○若抄札入官家产而隐瞒人口不报者，计口以隐漏丁口论；若隐漏田土者，计田以欺隐田粮论；若隐瞒财物、房屋、孳畜者，坐赃论，各罪止杖一百。所隐人口财产并入官，罪坐供报之人。

○若里长同情隐瞒，及当该官吏知情者，并与同罪。计所隐赃重者，坐赃论，全科。

○受财者，计赃以枉法各从重论。失觉举者，减三等，罪止笞五十。

【课程】

盐法

凡犯私盐者，杖一百、徒三年；若有军器者，加一等；诬指平人者，加三等；拒捕者，斩。盐货、车船、头匹并入官。引领牙人及窝藏寄顿者，杖九十、徒二年半。挑担驮载者，杖八十、徒二年。非应捕人告获者，就将所获私盐，给付告人充赏。有能自首者，免罪，一体给赏。

○若事发，止理见获人盐，当该官司不许展转攀指。违者，以故入人罪论（谓如人盐同获，止理见发。有确货无犯人者，其盐没官，不须追究）。

凡灶场灶丁人等，除正额盐外，夹带余盐出场及私煎货卖者，同私盐法。百夫长知情故纵及通同货卖者，与犯人同罪。

凡妇人有犯私盐，若夫在家，或子知情，罪坐夫男。其虽有夫而远出，或有子幼弱，罪坐本妇。

凡买食私盐者，杖一百。因而货卖者，杖一百、徒三年。

凡守御官司及盐运司、巡检司巡获私盐，即发有司归勘，各衙门不许擅问。若有司官吏通同脱放者，与犯人同罪。受财者，计赃以枉法从重论。

凡守御官司及有司、巡检司，设法差人于概管地面并附场紧关去处，常川巡禁私盐。若有透漏者，关津把截官及所委巡盐人员，初犯笞四十，再犯笞五十，三犯杖六十，并附过还职。若知情故纵及容令军兵随同贩卖者，与犯人同罪。受财者，计赃以枉法从重论。

○其巡获私盐入己不解官者，杖一百、徒三年。若装诬平人者，加三等。

凡军人有犯私盐，本管千、百户有失钤束者，百户，初犯笞五十，再犯杖六十，三犯杖七十，减半给俸；千户，初犯笞四十，再犯笞五十，三犯杖六十，减半给俸；并附过还职。若知情容纵，及通同贩卖者，与犯人同罪。

凡起运官盐，每引二百斤为一袋，带耗五斤。经过批验所，依数掣摯秤盘。但有夹带余盐者，同私盐法。

○若客盐越过批验所，不经掣摯关防者，杖九十，押回盘验。

凡客商贩卖官盐，不许盐引相离。违者，同私盐法。

○其卖盐了毕，十日之内不缴退引者，笞四十。

○若将旧引影射盐货者，同私盐法。

凡起运官盐并灶户运盐上仓，将带军器及不用官船起运者，同私盐法。

凡客商将官盐插和沙土货卖者，杖八十。

凡将有引官盐，不于拘该行盐地面发卖，转于别境犯界货卖者，杖一百。知而买食者，杖六十；不知者，不坐。其盐入官。

——各边召商上纳粮草，若内外势要官豪家人开立诡名，占窝转卖取利者，俱问发边卫充军。干碍势豪，参究治罪。[①]

——凡豪强盐徒，聚众至十人以上，撑驾大船，张挂旗号，擅用兵仗响器，拒敌官兵，若杀人及伤三人以上者，比照强盗已行得财律，皆斩。为首者，仍枭首示众。其虽拒敌，不曾杀伤人，为首者，依律处斩；为从者，俱发边卫充军。若止十人以下，原无兵仗，遇有追捕拒敌，因而伤至二人以上者，为首依律处斩；下手之人比照聚众中途打夺罪人因而伤人律，绞；其不曾下手者，仍为从，论罪。若贫难军民，将私盐肩挑背负易米度日者，不必禁捕。[②]

——越境兴贩官司引盐至三千斤以上者，问发附近卫所充军。原系腹里卫所者，发边卫充军。其客商收买余盐，买求掣摯，至三千斤以上者，亦照前例发遣。经过官司纵放及地方甲邻里老知而不举，各治以罪。巡捕官员乘机兴贩至三千斤以上，亦照前例问发。[③]

——凡两淮等处运司，中盐商人，必须纳过银两纸价，方给引目、守支。若先年不曾

① 此条与本《会典》卷二十八《会计四》互见。

② 此条与本《会典》卷三十四《课程三 · 盐法三》互见。

③ 此条与本《会典》卷三十四《课程三 · 盐法三》互见。

上纳,故捏守支年久等项,虚词奏扰者,依律问罪,仍照各处盐场无藉之徒,把持诈害事例,发遣。

——凡伪造盐引、印信,贿嘱运司吏书人等,将已故并远年商人名籍、中盐来历填写在引,转买诓骗财物,为首者,依律处斩外,其为从并经纪、牙行、店户、运司吏书一应知情人等,但计赃满贯者,不拘曾否支盐出场,俱发边卫充军。①

——各盐运司总催名下该管盐课纳完者,方许照名填给通关。若总催买嘱官吏,并覆盘委官指仓、指囤,扶同作弊者,俱问发边卫充军。

——各处盐场无藉之徒,号称长布衫、赶船虎、光棍、好汉等项名色,把持官府,诈害客商,犯该徒罪以上及再犯杖罪以下者,俱发边卫充军。②

监临势要中盐

凡监临官吏诡名,及权势之人中纳钱粮、请买盐引勘合,侵夺民利者,杖一百、徒三年。盐货入官。

阻坏盐法

凡客商中买盐引勘合,不亲赴场支盐,中途增价转卖,阻坏盐法者,买主、卖主,各杖八十。牙保减一等。盐货价钱并入官。其铺户转买拆卖者,不用此律。

私茶

凡犯私茶者,同私盐法论罪。如将已批验截角退引入山影射照茶者,以私茶论。

——成化十八年闰八月二十九日节该钦奉宪宗皇帝圣旨:“私茶有兴贩夹带五百斤的,照见行私盐例,押发充军。”钦此。③

——凡兴贩私茶,潜住边境,与番夷交易,及在腹里贩卖与进贡回还夷人者,不拘斤数,连知情歇家、牙保,俱发烟瘴地面充军。其在西宁、甘肃、河州、洮州、四川、雅州贩卖者,虽不入番,一百斤以上,发附近;三百斤以上,发边卫,各充军。不及前数者,依律拟断,仍枷号两个月。军官、将官纵容弟男子侄、家人、军伴人等兴贩,及守备、把关巡捕等官知情故纵者,各降一级,原卫所带俸差操。失觉察者,照常发落。若守备、把关、巡捕等官,自行兴贩私茶通番者,发边卫;在西宁、甘肃、洮河、雅州贩卖至三百斤以上者,发附近,各充军。

——陕西、洮州、河州、西宁等处行茶地方,但有冒顶番名,将老弱不堪马二匹以上,中嗣支茶者,官军调别处极边卫分,带俸食粮差操;民并舍余人等,发附近卫分充军。冒充茶斤,俱入官。参将、抚夷等官本身,并纵容弟男子侄、家人、军伴人等,冒中二匹以上者,一体问调边卫,带俸差操。医兽、通事、土民人等,通同作弊者,枷号一个月发落。

——做造假茶五百斤以上者,本商并转卖之人俱问发附近;原系腹里卫所者,发边

---

① 此条与本《会典》卷三十四《课程三 · 盐法三》互见。

② 此条与本《会典》卷三十四《课程三 · 盐法三》互见。

③ 此条与本《会典》卷三十七《课程六 · 茶课》互见。

卫，各充军。店户窝顿一千斤以上，亦照例发遣，不及前数者，问罪，照常发落。

私矾

凡私煎矾货卖者，同私盐法论罪。

匿税

凡客商匿税，及卖酒醋之家不纳课程者，笞五十。物货酒醋，一半入官。于入官物内，以十分为率，三分付告人充赏。务官、攒拦自获者，不赏。入门不吊引，同匿税法。其造酒醋自用者，不在此限。

○若买头匹不税契者，罪亦如之。仍于买主名下追征价钱一半入官。

——在京、在外税课司局批验茶引所，但系纳税去处，省令客商人等自纳。若权豪无藉之徒，结党把持，拦截生事，搅扰商税者，徒罪以上，枷号二个月，发附近充军；杖罪以下，照前枷号发落。

舶商匿货

凡泛海客商，舶船到岸，即将货物尽实报官抽分。若停塌沿港土商、牙侩之家不报者，杖一百。虽供报而不尽者，罪亦如之；货物并入官。停藏之人同罪。告获者，官给赏银二十两。

人户亏兑课程

凡民间周岁额办茶、盐、商税诸色课程，年终不纳齐足者，计不足之数，以十分为率，一分笞四十，每一分加一等，罪止杖八十；追课纳官。

○若茶盐运司、盐场、茶局及税务、河泊所等官、不行用心办课，年终比附上年课额亏兑者，亦以十分论，一分笞五十，每一分加一等，罪止杖一百；所亏课程，著落追补还官。

○若有隐瞒、侵欺、借用者，并计赃以监守自盗论。

【钱债】

违禁取利

凡私放钱债及典当财物，每月取利并不得过三分。年月虽多，不过一本一利。违者，笞四十。以余利计赃重者坐赃论，罪止杖一百。

○若监临官吏于所部内举放钱债、典当财物者，杖八十；违禁取利，以余利计赃重者，依不枉法论。

○并追余利给主。

○其负欠私债违约不还者，五贯以上，违三月，笞一十，每一月加一等，罪止笞四十；五十贯以上，违三月，笞二十，每一月加一等，罪止笞五十；二百五十贯以上，违三月，笞三十，每一月加一等，罪止杖六十。并追本利给主。

○若豪势之人，不告官司，以私债强夺去人孳畜产业者，杖八十。若估价过本利者，计多余之物坐赃论，依数追还。

〇若准折人妻妾、子女者，杖一百；强夺者，加二等；因而奸占妇女者，绞。人口给亲，私债免追。

——凡势豪举放私债，交通运粮官，挟势擅拿官军，绑打凌辱，强将官粮准还私债者，问罪。属军卫者，发边卫充军；属有司者，发口外为民。运粮官，参究治罪。①

——听选官吏、监生人等借债与债主及保人同赴任所，取偿至五十两以上者，借者，革职；债主及保人，各枷号一个月发落，债追入官。

——凡举放钱债，买嘱各卫委官，擅将欠债军官、军人俸粮银物领去者，问拟诈欺。委官问拟受财听嘱罪名。

——两京兵部，并在外巡抚、巡按、按察司官，点视各卫所印信。如有军职将印当钱使用者，参问，带俸差操。执当之人，问罪，枷号一个月。债追入官。②

——内外放债之家，不分文约久近，系在京住坐军匠人等揭借者，止许于原借之人名下索取，不许赴原籍逼扰。如有执当印信、关单、勘合等项公文者，提问。债追入官。

——凡负欠私债，两京不赴法司而赴别衙门，在外不赴军卫、有司而越赴巡抚、巡按、三司官处，各告理，及辄具本状奏诉者，俱问罪，立案不行。若两京别衙门听从施行者，一体参究，私债不追。

费用受寄财产

凡受寄人财物、畜产而辄费用者，坐赃论，减一等。诈言死失者，准窃盗论，减一等。并追物还主。其被水火、盗贼费失及畜产病死有显迹者，勿论。

——亲属费用受寄财物，并与凡人一体科罪，追物还主，不必论服制递减。

得遗失物

凡得遗失之物，限五日内送官。官物还官。私物召人识认，于内一半给与得物人充赏，一半给还失物人。如三十日内无人识认者，全给。限外不送官者，官物坐赃论；私物减二等，其物一半入官，一半给主。

〇若于官司地内掘得埋藏之物者，并听收用。若有古器、钟鼎、符印异常之物，限三十日内送官。违者，杖八十，其物入官。

【市廛】

私充牙行埠头

凡城市乡村诸色牙行及船埠头，并选有抵业人户充应，官给印信文簿，附写客商船户住贯、姓名、路引字号、物货数目，每月赴官查照。私充者，杖六十，所得牙钱入官。官牙埠头容隐者，笞五十，革去。

---

① 此条与本《会典》卷二十七《会计三 · 漕运》互见。

② 此条与本《会典》卷七十九《印信》互见。

市司评物价

凡诸物行人评估物价，或贵或贱，令价不平者，计所增减之价坐赃论；入己者，准窃盗论，免刺。

○其为罪人估赃不实，致罪有轻重者，以故出入人罪论；受财者，计赃以枉法从重论。

把持行市

凡买卖诸物，两不和同，而把持行市，专取其利，及贩鬻之徒通同牙行共为奸计，卖物以贱为贵，买物以贵为贱者，杖八十。

○若见人有所买卖，在傍高下比价，以相惑乱而取利者，笞四十。

○若已得利物，计赃重者准窃盗论，免刺。

——光禄寺买办一应物料，弘治四年十一月内节该钦奉孝宗皇帝圣旨："奸顽之徒，称是报头等项名色，在街强赊作弊害人的，拿来枷号三个月，满日，还从重发落。"钦此。[①]

——会同馆内外四邻军民人等，代替夷人收买违禁货物者，问罪，枷号一个月，发边卫充军。[②]

——凡夷人朝贡到京，会同馆开市五日。各铺行人等将不系应禁之物入馆，两平交易。染作布绢等项，立限交还。如赊买及故意拖延骗勒夷人，久候不得起程者，问罪，仍于馆门首枷号一个月。若不依期日及诱引夷人潜入人家私相交易者，私货各入官；铺行人等照前枷号。通行守边官员不许将曾经违犯夷人起送赴京。[③]

——弘治十一年二月十五日节该钦奉孝宗皇帝圣旨："迤北小王子等差使臣人等赴京朝贡，官员、军民人等与他交易，止许光素纻丝、绢布、衣服等件，不许将一应兵器并违禁铜铁等物。敢有违犯的，都拿来处以极刑。"钦此。[④]

——甘肃、西宁等处，遇有番夷到来，本都司委官关防提督，听与军民人等两平交易。若势豪之家主使弟男子侄、家人、头目人等，将夷人好马奇货包收，逼令减价，以贱易贵，及将粗重货物并瘦损头畜拘收，取觅用钱方许买卖者，听使之人，问发附近卫分充军；干碍势豪及委官知而不举，通同分割者，参问治罪。[⑤]

——成化十四年十一月初四日节该钦奉宪宗皇帝圣旨："辽东开设马市，许令海西并朵颜等三卫夷人买卖。开原每月初一日至初五日开一次，广宁每月初一日至初五日、十六日至二十日开二次。各夷止将马匹并土产物货赴彼处委官验放入市，许赍有货物之人入市与彼两平交易，不许通事、交易人等将各夷欺侮愚弄，亏少马价及偷盗货物，亦不许拨置夷人，指以失物为由，扶同诈骗财物分用。敢有擅放夷人入城及纵容官军人等，无货者任意入市，有货者在内过宿，规取小利，透漏边情，事发，问拟明白，俱发两广烟瘴地面

① 此条与本《会典》卷二百一十七《光禄寺》互见。

② 此条与本《会典》卷一百八《朝贡四》互见。

③ 此条与本《会典》卷一百八《朝贡四》互见。

④ 此条与本《会典》卷一百八《朝贡四》互见。

⑤ 此条与本《会典》卷一百八《朝贡四》互见。

充军,遇赦并不原宥。"钦此。①

——各处客商辐辏去处,若牙行及无藉之徒,用强邀截客货者,不论有无诓赊货物,问罪,俱枷号一个月。如有诓赊货物,仍监追完足发落。若监追年久,无从陪还,累死客商,属军卫者发边卫,属有司者发附近,俱充军。

——杨村、蔡村、河西务等处,如有用强拦截民运粮船,在家包雇车辆,逼勒多出脚钱者,问追给主,仍发边卫充军。②

——凡捏称皇店,在于京城内外等处,邀截客商,措勒财物者,俱拿送法司问罪。就于害人处所,枷号三个月,发极边卫分,永远充军。

私造斛斗秤尺

凡私造斛斗秤尺不平,在市行使,及将官降斛斗秤尺作弊增减者,杖六十。工匠同罪。

○若官降不如法者,杖七十。提调官失于较勘者,减一等;知情与同罪。

○其在市行使斛斗秤尺虽平,而不经官司较勘印烙者,笞四十。

○若仓库官吏私自增减官降斛斗秤尺,收支官物而不平者,杖一百,以所增减物计赃重者坐赃论;因而得物入己者,以监守自盗论。工匠杖八十。监临官知而不举者,与犯人同罪;失觉察者,减三等;罪止杖一百。

器用布绢不如法

凡造器用之物不牢固真实,及绢布之属纰薄短狭而卖者,各笞五十,其物入官。

---

① 此条与本《会典》卷一百二十九《镇戍四·辽东》互见。

② 此条与本《会典》卷二十七《会计三·漕运》互见。

《大明会典》卷一百六十五 《刑部七》

律例六【礼律】

【祭祀】

祭享

凡大祀及庙享，所司不将祭祀日期预先告示诸衙门者，笞五十。因而失误行事者，杖一百。其已承告示而失误者，罪坐失误之人。

○若百官已受誓戒，而吊丧、问疾、判署刑杀文书及预筵宴者，皆罚俸钱一月。其知有缌麻以上丧，或曾经杖罪遣充执事及令陪祀者，罪同；不知者，不坐。若有丧有过，不自言者，罪亦如之。其已受誓戒人员散斋不宿净室，罚俸钱半月。致斋不宿本司者，罚俸钱一月。

○若大祀牲牢、玉帛、黍稷之属，不如法者，笞五十；一事缺少者，杖八十；一座全缺者，杖一百。

○若奉大祀牺牲，主司喂养不如法，致有瘦损者，一牲笞四十。每一牲加一等，罪止杖八十；因而致死者，加罪一等。

○中祀有犯者，罪同（余条准此）。

毁大祀丘坛

凡大祀丘坛而毁损者，杖一百、流二千里；壝门，减二等。

○若弃毁大祀神御之物者，杖一百、徒三年。遗失及误毁者，各减三等。

——天地等坛内，纵放牲畜作践及私种耤田外余地，并夺取耤田禾把者，俱问罪，牲畜入官，犯人枷号一个月发落。①

---

① 此条与本《会典》卷一百八十七《营造五·坛场》互见。

致祭祀典神祇

凡社稷、山川、风云、雷雨等神,及圣帝明王、忠臣烈士,载在祀典,应合致祭神祇,所在有司置立牌面,开写神号、祭祀日期,于洁净处常川悬挂,依时致祭。至期失误祭祀者,杖一百。其不当奉祀之神而致祭者,杖八十。

历代帝王陵寝

凡历代帝王陵寝及忠臣烈士、先圣、先贤坟墓,不许于上樵采耕种及牧放牛羊等畜。违者,杖八十。

亵渎神明

凡私家告天拜斗,焚烧夜香,燃点天灯、七灯,亵渎神明者,杖八十。妇女有犯,罪坐家长。若僧道修斋设醮,而拜奏青词表文,及祈禳火灾者,同罪,还俗。

○若有官及军民之家,纵令妻女于寺观神庙烧香者,笞四十。罪坐夫男。无夫男者,罪坐本妇。其寺观神庙住持及守门之人,不为禁止者,与同罪。

——凡僧道军民人等,于各寺观神庙,刁奸妇女,因而引诱逃走,或诓骗财物者,俱发附近充军。若军民人等,纵令妇女于寺观神庙有犯者,问罪,枷号一个月发落。

禁止师巫邪术

凡师巫假降邪神,书符咒水,扶鸾祷圣,自号端公、太保、师婆,及妄称弥勒佛、白莲社、明尊教、白云宗等会,一应左道乱正之术,或隐藏图像,烧香集众,夜聚晓散,佯修善事,扇惑人民,为首者,绞;为从者,各杖一百、流三千里。

○若军民装扮神像,鸣锣击鼓,迎神赛会者,杖一百,罪坐为首之人。

○里长知而不首者,各笞四十。其民间春秋义社,不在禁限。

——各处官吏军民僧道人等来京,妄扶鸾祷圣、书符咒水,一切左道乱正邪术,扇惑人民,为从者,及称烧炼丹药,出入内外官家,或擅入皇城,夤缘作弊,希求进用,属军卫者,发边卫充军;属有司者,发口外为民。若容留潜住及荐举引用,邻甲知情不举,并皇城各门守卫官军不行关防搜拿者,各参究治罪。

——凡左道惑众之人,或烧香集徒,夜聚晓散,为从者,及称为善友,求讨布施至十人以上,并军民人等,不问来历窝藏接引,或寺观住持,容留披剃冠簪,探听境内事情,及被诱军民舍与应禁铁器等项,事发,属军卫者,俱发边卫充军;属有司者,发口外为民。

【仪制】

合和御药

凡合和御药,误不依本方及封题错误,医人杖一百;料理拣择不精者,杖六十。若造御膳,误犯食禁,厨子杖一百;若饮食之物不洁净者,杖八十;拣择不精者,杖六十;不品尝者,笞五十。监临提调官,各减医人、厨子罪二等。

○若监临提调官及厨子人等误将杂药至造御膳处所者，杖一百，所将杂药，就令自吃。门官及守卫官失于搜检者，与犯人同罪。并临时奏闻区处。

乘舆服御物

凡乘舆服御物，收藏修整不如法者，杖六十；进御差失者，笞四十；其车马之属不调习、驾驭之具不坚完者，杖八十。

○若主守之人将乘舆服御物私自借用，或转借与人，及借之者，各杖一百、徒三年。若弃毁者，罪亦如之。遗失及误毁者，各减三等。

○若御幸舟船，误不坚固者，工匠杖一百。若不整顿修饰，及在船篙棹之属缺少者，杖六十，并罪坐所由。监临提调官，各减工匠罪二等。并临时奏闻区处。

收藏禁书及私习天文

凡私家收藏玄象器物、天文图谶应禁之书，及历代帝王图像、金玉符玺等物者，杖一百。若私习天文者，罪亦如之。并于犯人外下追银一十两给付告人充赏。

御赐衣物

凡御赐百官衣物，使臣不行亲送，转附他人给与者，杖一百，罢职不叙。

失误朝贺

凡朝贺及迎接诏书，所司不预先告示者，笞四十。其已承告示而失误者，罪亦如之。

失仪

凡祭祀及谒拜园陵，若朝会行礼差错及失仪者，罚俸钱半月。其纠仪官，应纠举而不纠者，罪同。

奏对失序

凡在朝侍从官员特承顾问，官高者先行面奏，卑者以次进对。若先后失序者，各罚俸钱半月。

朝见留难

凡仪礼司官将应朝见官员人等托故留难阻当，不即引见者，斩。大臣知而不问，与同罪；不知者，不坐。

上书陈言

凡国家政令得失，军民利病一切兴利除害之事，并从五军都督府六部官面奏区处，及听监察御史、提刑按察司官各陈所见，直言无隐。

○若内外大小官员，但有本衙门不便事件，许令明白条陈，实封进呈，取自上裁。若知而不言，苟延岁月者，在内从监察御史，在外从按察司纠察。

○若百工技艺之人应有可言之事，亦许直至御前奏闻。其言可用，即付所司施行。各衙门但有阻当者，鞫问明白，斩。

○其陈言事理，并要直言简易，每事各开前件，不许虚饰繁文。

○若纵横之徒，假以上书，巧言令色，希求进用者，杖一百。

○若称诉冤枉，于军民官司借用印信封皮入递者，借者及借与者，皆斩。

见任官辄自立碑

凡见任官实无政迹，辄自立碑建祠者，杖一百。若遣人妄称己善，申请于上者，杖八十。受遣之人，各减一等。

禁止迎送

凡上司官及使客经过，若监察御史、按察司官出巡按治，而所在各衙门官吏出郭迎送者，杖九十。其容令迎送不举问者，罪亦如之。

公差人员欺凌长官

凡公差人员在外，不循礼法，欺凌守御官及知府、知州者，杖六十，附过还役，历过俸月不准。若校尉有犯，杖七十。祗候、禁子有犯，杖八十。

服舍违式

凡官民房舍、车服、器物之类，各有等第。若违式僭用，有官者，杖一百，罢职不叙。无官者，笞五十，罪坐家长，工匠并笞五十。

○若僭用违禁龙凤文者，官民各杖一百、徒三年；工匠杖一百，连当房家小，起发赴京，籍充局匠。违禁之物并入官。

○首告者，官给赏银五十两。

○若工匠能自首者，免罪，一体给赏。

——各王府郡主仪宾该钑花金带，胸背狮子；县主仪宾钑花金带，郡君仪宾光素金带，胸背俱虎豹；县君仪宾钑花银带，乡君仪宾光素银带，胸背俱彪。故违僭用者，革去冠带，戴平头巾，于本处儒学读书习礼三年，方许复职。①

——两京堂上文职四品以下及五府管事，并在京、在外镇守、守备等项，公、侯、伯、都督等官，不分老少，俱不许乘轿。违者，参问。其余军职，若上马拿交床，出入抬小轿者，先将服役之人问罪。指挥以下参问，京卫调外卫，外卫调边卫，俱带俸差操。②

——军民僧道人等，服饰器用，俱有旧制。若常服僭用锦绮、纻丝、绫罗、彩绣，器物用戗金、描金，酒器纯用金银，及将大红销金制为帐幔、被褥之类，妇女僭用金绣闪色衣服，金宝首饰、镯钏及用珍珠缘缀衣履，并结成补子盖额缨络等件，娼妓僭用金首饰、镯钏者，事发，各问以应得之罪。服饰器用等物并追入官。

---

① 此条与本《会典》卷六十一《冠服二 · 仪宾冠服》互见。

② 此条与本《会典》卷一百一十九《铨选二》互见。

——官吏军民人等,但有僭用玄、黄、紫三色及蟒龙、飞鱼、斗牛,器皿僭用朱、红、黄颜色及亲王法物者,俱比照僭用龙凤文律拟断。服饰、器物追收入官。

僧道拜父母

凡僧尼、道士、女冠,并令拜父母、祭祀祖先,丧服等第皆与常人同。违者,杖一百,还俗。

○若僧道衣服,止许用绸绢布匹,不得用纻丝绫罗。违者,笞五十,还俗,衣服入官。其袈裟道服,不在禁限。

失占天象

凡天文垂象,钦天监官失于占候奏闻者,杖六十。

术士妄言祸福

凡阴阳术士,不许于大小文武官员之家,妄言祸福。违者,杖一百。其依经推算星命卜课者,不在禁限。

匿父母夫丧

凡闻父母及夫之丧,匿不举哀者,杖六十,徒一年;若丧制未终,释服从吉,忘哀作乐及参预筵宴者,杖八十。若闻期亲尊长丧,匿不举哀者,亦杖八十;若丧制未终,释服从吉者,杖六十。

○若官吏父母死,应丁忧,诈称祖父母、伯叔、姑、兄、姊之丧,不丁忧者,杖一百,罢职役不叙。无丧诈称有丧,或旧丧诈称新丧者,罪同。有规避者,从重论。

○若丧制未终,冒哀从仕者,杖八十。

○其当该官司知而听行,各与同罪;不知者,不坐。

○其仕宦远方丁忧者,以闻丧月日为始,夺情起复者。不拘此律。

——文职官吏人等,若将远年亡过父母诈作新丧者,问发为民。若父母见在诈称死亡者,发口外独石等处充军。其父母丧,计原籍程途,每千里限五十日,过限匿不举哀,不离职役者,俱发口外为民。

弃亲之任

凡祖父母,父母年八十以上及笃疾,别无以次侍丁,而弃亲之任及妄称祖父母、父母老疾求归入侍者,并杖八十。

○若祖父母、父母及夫犯死罪被囚禁而筵宴作乐者,罪亦如之。

丧葬

凡有丧之家,必须依礼安葬。若惑于风水及托故停柩在家,经年暴露不葬者,杖八十。

○其从尊长遗言,将尸烧化及弃置水中者,杖一百;卑幼并减二等。若亡殁远方,子孙不能归葬而烧化者，听从其便。

○其居丧之家，修斋设醮，若男女溷杂饮酒食肉者，家长杖八十。僧道同罪，还俗。

乡饮酒礼

凡乡党叙齿及乡饮酒礼，已有定式。违者，笞五十。

《大明会典》卷一百六十六 《刑部八》

律例七【兵律一】

【宫卫】

太庙门擅入

凡擅入太庙门及山陵兆域门者，杖一百；太社门，杖九十。未过门限者，各减一等。守卫官故纵者，各与犯人同罪；失觉察者，减三等。

宫殿门擅入

凡擅入皇城午门、东华、西华、玄武门及禁苑者，各杖一百；擅入宫殿门，杖六十、徒一年；擅入御膳所及御在所者，绞。未过门限者，各减一等。

○若无门籍冒名而入者，罪亦如之。

○其应入宫殿，未著门籍而入，或当下直而辄入，及宿次未到而辄宿者，各笞四十。

○若不系宿卫应直合带兵仗之人，但持寸刃入宫殿门内者，绞；入皇城门内者，杖一百，发边远充军。

○门官及宿卫官军故纵者，各与犯人同罪；失觉察者，减三等，罪止杖一百；军人又减一等，并罪坐直日者(余条准此)。

宿卫守卫人私自代替

凡宫禁宿卫及皇城门守卫人，应直不直者，笞四十。以应宿卫守卫人私自代替及替之人，各杖六十。以别卫不系宿卫守卫人冒名私自代替及替之人，各杖一百。百户以上，各加一等。

○若在直而逃者，罪亦如之。

○京城门，减一等。各处城门，又减一等。亲管头目知而故纵者，各与犯人同罪。失觉察者，减三等。有故而赴所管告知者，不坐。

——皇城各门各铺上直守卫，该管官旗钤束不严及容情故纵所管军人离直，点视不到十名以上者，各杖一百，指挥降千户，千户降百户，卫镇抚降所镇抚，百户及所镇抚各降总旗，总旗降小旗，小旗降军，俱调边卫带俸食粮差操。若受财卖放者，不分人赃多寡，问罪，亦照前降调。其留守五卫，昼夜轮流，点城官员但受财卖放者，一体参问，降调。若止是巡点不严，以致军士不全，问罪，还职。其各该直宿官旗、军人，点视不到一、二次者，送问；三次以上者，问发边卫差操。①

从驾稽违

凡应从车驾之人，违期不到及从而先回还者，一日笞四十，每三日加一等，罪止杖一百。百户以上，各加一等。

○若从车驾行而逃者，杖一百，发边远充军。百户以上，绞。

○亲管头目故纵者，各与犯人同罪；失觉察者，减三等，罪止杖一百。

直行御道

凡午门外御道至御桥，除侍卫官军导从车驾出入，许于东西两傍行走外，其余文武百官军民人等，无故于上直行及辄度御桥者，杖八十。若于宫殿中直行御道者，杖一百。守卫官故纵者，各与犯人同罪；失觉察者，减三等。若于御道上横过，系一时经行者，不在禁限。

内府工作人匠替役

凡诸色工匠行人，差拨赴内府及承运库工作，若不亲身关牌入内应役，雇人冒名私自代替及替之人，各杖一百，雇工钱入官。

宫殿造作罢不出

凡在宫殿内造作，所司具工匠姓名，报门官及守卫官，就于所入门首逐一点视，放入工作。至申时分，仍须相视形貌，照数点出。其不出者，绞。监工及提调内使、监官、门官、守卫官军点视，如名数短少，就便搜捉，随即奏闻。知而不举者，与犯人同罪；失觉察者，减三等，罪止杖一百。

辄出入宫殿门

凡应出宫殿而门籍已除辄留不出，及被告劾，已有公文禁止，籍虽未除，辄入宫殿者，各杖一百。

○若宿卫人已被奏劾者，本司先收其兵仗。违者，罪亦如之。

○若于宫殿门，虽有籍，至夜皆不得出入。若入者，杖一百；出者，杖八十。无籍入者，加二等。若持仗入殿门者，绞。

---

① 此条与本《会典》卷一百三十四《守卫》互见。

关防内使出入

凡内使监官并奉御内使，但遇出外，各门官须要收留本人在身关防牌面，于簿上印记姓名、字号明白，附写前去某处干办，是何事务，其门官与守卫官军搜检沿身，别无夹带，方许放出。回还一体搜检，给牌入内，以凭逐月稽考出外次数。但搜出应干杂药，就令自吃。若不服搜检者，杖一百、充军。若非奉旨，私将兵器进入皇城门内者，杖一百、发边远充军；入宫殿门内者，绞。门官及守卫官失于搜检者，与犯人同罪。

向宫殿射箭

凡向太庙及宫殿射箭、放弹、投砖石者，绞。向太社，杖一百，流三千里。但伤人者，斩。

宿卫人兵仗

凡宿卫人，兵仗不离身。违者，笞四十。辄离职掌处所，笞五十。别处宿，杖六十。百户以上，各加一等。亲管头目知而不举者，与犯人同罪；失觉察者，减三等。

禁经断人充宿卫

凡在京城犯罪被极刑之家，同居人口随即迁发别郡住坐。其亲属人等并一应经断之人，并不得入充近侍，及宿卫守把皇城京城门禁。若朦胧充当者，斩。其当该官司不为用心详审，或听人嘱托及受财容令充当者，罪同。

○若有特旨选充，曾经覆奏明立文案者，不在此限。

冲突仪仗

凡车驾行处，除近侍及宿卫护驾官军外，其余军民并须回避。冲入仪仗内者，绞。若在郊野之外，一时不能回避者，听俯伏以待。其文武百官，非奉宣唤，无故辄入仪仗内者，杖一百。典仗护卫官军故纵者，与犯人同罪；不觉者，减三等。

○凡有申诉冤抑者，止许于仗外俯伏以听。若冲入仪仗内而所诉事不实者，绞；得实者，免罪。

○凡军民之家，纵放牲畜，若守卫不备因而冲突仪仗者，杖八十；冲入皇城门内者，杖一百。

——圣驾出郊，冲突仪仗，妄行奏诉者，追究主使、教唆捏写本状之人，俱问罪，各杖一百，发边卫充军。所奏情词不分虚实，立案不行。

行宫营门

凡行宫外营门、次营门，与皇城门同。若有擅入者，杖一百。内营牙帐门与宫殿门同，擅入者，杖六十、徒一年。

越城

凡越皇城者，绞；京城者，杖一百、流三千里。越各府州县镇城者，杖一百；官府公廨墙垣者,杖八十。越而未过者,各减一等。若有所规避者,各从重论。

门禁锁钥

凡各处城门应闭而误不下锁者,杖八十;非时擅开闭者,杖一百。京城门,各加一等。其有公务急速非时开闭者,不在此限。

○若皇城门应闭而误不下锁者,杖一百、发边远充军;非时擅开闭者,绞。其有旨开闭者,勿论。

悬带关防牌面

凡朝参文武官及内官,悬带牙牌、铁牌。厨子、校尉入内,各带铜、木牌面。如有遗失,官罚钞二十贯。厨子校尉罚钞一十贯。若有拾得,随即报官者,将各人该罚钞贯充赏。有牌不带,无牌辄入者,杖八十。借者及借与者,杖一百。事有规避者,从重论。隐藏者,杖一百、徒三年。首告者,于犯人名下追钞五十贯充赏。诈带朝参及在外诈称官员名号,有所求为者,绞;伪造者,斩。首告者,于犯人名下追钞一百贯充赏。

——凡各卫直宿军职使令上直军人,内官使令上直校尉,各悬带铜牌,出百里之外营干私事者,参问奏请。军职降一级,调边远卫分带俸差操;内官发充净军;军人、校尉俱发边卫充军。若由各官挟势逼勒者,军人、校尉照常发落。

【军政】

擅调官军

凡将帅部领军马守御城池及屯驻边镇,若所管地方遇有报到草贼生发,实时差人体探缓急声息,须先申报本管上司,转达朝廷奏闻,给降御宝圣旨,调遣官军征讨。若无警急,不先申上司,虽已申上司不待回报,辄于所属擅调军马及所属擅发与者,各杖一百,罢职、发边远充军。

○其暴兵卒至,欲来攻袭,及城镇屯聚军马之处,或有反叛,或贼有内应,事有警急及路程遥远者,并听从便,火速调拨军马,乘机剿捕。若贼寇滋蔓,应合会捕者,邻近卫所虽非所属,亦得调发策应,并即申报本管上司,转达朝廷知会。若不即调遣会合,或不即申报上司,及邻近卫所不即发兵策应者,并与擅调发罪同。

○若亲王所封地面有警,调兵已有定制。其余上司及大臣将文书调遣将士、提拨军马者,非奉御宝圣旨,不得擅离信地。若军官有改除别职,或犯罪取发,如无奏奉圣旨,亦不许擅动。违者,罪亦如之。

申报军务

凡将帅参随总兵官征进,如总兵官分调攻取城寨,克平之后,随将捷音差人飞报,一申总兵官,一申五军都督府,一行兵部,另具奏本,实封御前。

○若贼人数多,出没不常,如所领军人不敷,须要速申总兵官添发军马,设策剿捕,不速飞申者,从总兵官量事轻重治罪。

○若有来降之人，即便送赴总兵官，转达朝廷区处。其贪取来降人财物因而杀伤人及中途逼勒逃窜者，斩。

——凡临阵报有斩获贼级，纪功官从公审验。若用钱买者、卖者，俱问罪，官旗就在本卫，军发边卫，民并军丁人等发附近，俱充军。① 若强夺他人首级及妄割被杀汉人首级冒功者，军民舍余人等，亦照前发遣。官旗降原职役一级，京卫调外卫，外卫调边卫，边卫调极边卫，俱带俸差操。将官及守备、把总等官，替人冒报功次者，亦奏请降调。若擅杀平人及被虏逃回人口，冒作贼级报功者，俱以故杀论。本管将官、头目失于钤束者，五名口以上，降级调卫；十名口以上，罢职充军。

飞报军情

凡飞报军情，在外府州差人，一申布政司，一申都指挥使司，及行移本道按察司。其守御官差人，行移都指挥使司。都指挥使司差人，一行本管都督府，一具实封。布政司，一差人行移兵部，一具实封。俱至御前开拆。按察司差人，具实封直奏。在内直隶军民官司，并差人申本管都督府及兵部，另具实封，各自奏闻。若互相知会隐匿不速奏闻者，杖一百，罢职不叙；因而失误军机者，斩。

边境申索军需

凡守边将帅，但有取索军器钱粮等物，须要差人，一行布政司，一行都指挥使司；再差人，一行五军都督府，一行合干部分，及具奏本实封御前。其公文若到该部，五军都督府须要随即奏闻区处，发遣差来人回还。若稽缓不即奏闻，及各处不行依式申报者，并杖一百，罢职不叙；因而失误军机者，斩。

失误军机

凡临军征讨，应合供给军器、行粮、草料，违期不完者，当该官吏各杖一百，罪坐所由。

○若临敌缺乏，及领兵官已承调遣，不依期进兵策应，若承差告报军期而违限，因而失误军机者，并斩。

从征违期

凡军官、军人临当征讨，已有起程日期而稽留不进者，一日杖七十，每三日加一等。若故自伤残及诈为疾患之类，以避征役者，各加一等，并罪止杖一百，仍发出征。

○若军临敌境，托故违期，一日不至者，杖一百；三日不至者，斩。若能立功赎罪者，从总兵官区处。

军人替役

凡军人不亲出征，雇倩人冒名代替者，替身杖八十，收籍充军；正身杖一百，依旧充

① 此条与本《会典》卷一百二十三《军务·报功次》互见。

军。若守御军人,雇人冒名代替者,各减二等。其子孙弟侄及同居少壮亲属自愿代替者,听。若果有老弱残疾赴本管官司陈告,验实,与免军身。

○若医工承差关领官药,随军征进,转雇庸医冒名代替者,各杖八十,雇工钱入官。

——凡各处清解军丁,选拣精壮亲丁,佥点相应长解,批内明开相貌年甲、籍贯。在京者,起解两京兵部;在外者,经解该卫。若不系同宗子孙,顶替起解及将长解正身卖放在家,执批前来顶名者,正军问调别卫,顶军就收本卫;长解并受雇之人,俱发附近,各充军。里老、邻佑知情不首者,各治以罪。受财者,照长解受雇之人,一体发遣。[①]

——各处备倭贴守,其把总等官,纵容舍余人等代替正军者,正军问调沿海卫分;舍余人等,就收该卫充军;把总等官,参问治罪。[②]

——在京、在外各都司卫所,勾到新军,官吏旗甲,附写名数,半月内帮支月粮,各照地方借房安插,存恤三个月,方许送营差操。如有指称使用等项名色,勒要财物,逼累[③]在逃者,不问指挥、千百户、镇抚,俱照卖放正军事例,计一年之内所逃人数多寡,降级充军拟断。若不及数及不曾得财者,照常发落。

——京卫及在外卫所,解到新军,以投文日为始,不过十日,将收管批回给付长解。若刁蹬留难者,该吏、军吏、总小旗提问。卫所掌印并本管官不拘曾否得财,参问,带俸差操。[④]

主将不固守

凡守边将帅,被贼攻围城寨,不行固守而辄弃去,及守备不设,为贼所掩袭,因而失陷城寨者,斩。若与贼临境,其望高巡哨之人,失于飞报,以致陷城损军者,亦斩。若被贼侵入境内虏掠人民者,杖一百,发边远充军。

○其官军临阵先退及围困敌城而逃者,斩。

——失误军机,除律有正条者,议拟监候奏请外,若是贼拥大众入寇,官军卒遇交锋,损伤被虏数十人之上,不曾亏损大众;或被贼众入境,虏杀军民数十人之上,不曾虏去大众;或被贼白昼簧夜突入境内,抢掠头畜衣粮,数多,不曾杀虏军民者,俱问守备不设、被贼侵入境内虏掠人民本律,发边远充军。若是交锋入境,损伤虏杀四、五人,抢去头畜衣粮不多者,亦问前罪。以上各项内情轻律重有碍发落者,仍备由奏请处置。其有被贼入境,将爪探、夜不收及飞报声息等项公差、官军人等,一时杀伤捉去,事出不测者,俱问"不应",杖罪,还职。如或境外被贼杀虏,爪探、夜不收,非智力所能防范者,免其问罪。[⑤]

——凡各边及腹里地方,遇贼入境,若是杀虏男妇十名口以上、牲畜三十头只以上,不行开报者,军民职官问罪,降一级。加前数一倍者,降二级;加二倍者,降三级;甚者,罢

---

① 此条与本《会典》卷一百五十五《军政二》互见。

② 此条与本《会典》卷一百三十二《镇戍七》互见,又与本《会典》卷一百五十五《军政二》互见。

③ "累",舒化《万历十三年问刑条例》记作:"索"。

④ 此条与本《会典》卷一百五十五《军政二》互见。

⑤ 此条与本《会典》卷一百三十二《镇戍七》互见。

职。其上司及总兵等官知情扶同,事发,参究治罪。[①]

——凡沿边、沿海及腹里府、州、县,与卫所同住一城及卫所自住一城者,若遇大虏及盗贼生发攻围,不行固守而辄弃去,及守备不设被盗攻陷城池、劫杀焚烧者,卫所掌印与专一捕盗官,俱比照守边将帅失陷城寨者律,斩。府、州、县掌印并捕盗官,与卫所同住一城及设有守备官驻札本城者,俱比照守边将帅被贼侵入境内、虏掠人民律,发边远充军。其兵备守巡官驻札本城者,罢职为民。若非驻札处所兵备守巡及守备官,俱降三级调用。若府、县原无设有卫所,但有专城之责者,不分边、腹,遇前项失事,掌印、捕盗官,照前比律处斩;兵备、守巡官,亦照前罢职降调。其有两县同住一城及府、州、县佐贰、首领,但有分守城信地,各以贼从所管城分进入坐罪。若无城池,与虽有城池被贼潜踪隐迹,设计越城进入劫盗,随即逃散,不系失陷者,止以失盗论,俱不得引用此例。[②]

纵军虏掠

凡守边将帅,非奉调遣,私自使令军人于外境虏掠人口财物者,杖一百,罢职充军。所部听使军官及总旗,递减一等。并罪坐所由。小旗军人不坐。

○若军人不曾经由本管头目,私出外境虏掠者,为首,杖一百;为从,杖九十。伤人,为首者,斩;为从,杖一百,俱发边远充军。若本管头目钤束不严,杖六十,附过还职。

○其边境城邑,有贼出没,乘机领兵攻取者,不在此限。

○若于已附地面虏掠者,不分首从,皆斩。本管头目钤束不严,各杖八十,附过还职。

○其知罪故纵者,各与犯人同罪。

——轮操军人、军丁,沿途劫夺人财、杀伤人命、占夺车船、作践田禾等项,许被害之人赴所在官司具告,拿解兵部,转送法司究问。除真犯死罪外,徒罪以上,俱调发边卫充军。其管操指挥、千百户等官往回,不许与军相离。若不行钤束,并故纵劫夺杀人等项者,参问调卫。[③]

——土官、土舍纵容本管夷民头目为盗,聚至百人,杀虏男妇二十名口以上者,问罪,降一级。加前数一倍者,奏请革职,另推土夷信服亲枝、土舍袭替。若未动官军,随即擒获解官者,准免本罪。

不操练军士

凡各处守御官,不守纪律,不操练军士,及城池不完、衣甲器仗不整者,初犯杖八十,附过还职;再犯杖一百,指挥使降充同知,同知降充佥事,佥事降充千户,千户降充百户,百户降充总旗,总旗降充小旗,小旗降充军役,并发边远守御。

○若堤备不严,抚驭无方,致有所部军人反叛者,亲管指挥、千户、百户、镇抚,各杖一百,追夺,发边远充军。若弃城而逃者,斩。

——各卫所京操官员,故行构讼不肯赴操者,除犯该死罪,并立功降调罪名,另行更

---

① 此条与本《会典》卷一百三十二《镇戍七》互见。

② 此条与本《会典》卷一百三十六《巡捕》互见。

③ 此条与本《会典》卷一百六十六《律例七·纵军虏掠》互见。

替外，其余悉听掌印官申呈巡抚、巡按衙门，锁项差人解兵部发操。若有抗违不服，或挟私排陷者，参奏，问调边卫带俸差操。掌印官纵容不举，参究治罪。[①]

——各边关堡墩台等项守备去处，若官军用钱买闲者，官员问罪，调极边卫分守御；旗军人等发沿边，枷号一个月，常川守哨。若原在关营官军逃回原籍潜住，及架炮夜不收，守墩军人夤夜回家，轮班不去者，俱照前项，调卫、枷号、守哨发落。[②]

——凡赴京操军一班不到者，罚班三个月；军两班、官一班不到者，罚班六个月；军三班、官两班以上不到者，罚班一年，俱先送法司问罪。完日，发本营罚班。其该班不到月日，各另扣补。若有能自首者，免其问罪，送营照前罚补。前项失班，并承批管解，扶同捏故，各军职俱不必参提，径自送问。[③]

——各边备御官军失班不来者，备行各该巡按御史，督属拿获问罪，差人解送各边镇巡官查审。军一班不到者，在原备边处罚班三个月；军两班、官一班不到者，改拨本处沿边城堡罚班六个月；军三班、官两班以上不到者，极边城堡罚班一年。其补班月日，各另扣算。若来迟不曾失班者，止补来迟月日。[④]

——中都、山东、河南，各都司、卫所掌印官，将原额京操班军实在正身，照名查点，督发赴班。如有缺少者，以十分为率，卫所掌印官三分以上，问罪，住俸；五分以上，降一级；八分以上，降一级，调卫。都司掌印官，五分以上，参问，住俸；八分以上，降级。若已照数点发，致有中途不到者，领班都司并卫所札付官，俱照前例问降。若全班不到者，不分掌印、领班、札付官，俱提解来京，一体问罪，降一级调发边卫。中间或有受财卖放者，以卖放正军事例，从重论。

激变良民

凡牧民之官，失于抚字，非法行事，激变良民，因而聚众反叛，失陷城池者，斩。

私卖战马

凡军人出征，获到马匹，须要尽数报官。若私下货卖者，杖一百。军官卖者，罪同，罢职充军。买者笞四十。马匹价钱并入官。军官、军人买者，勿论。

私卖军器

凡军人关给衣甲、枪刀、旗帜一应军器，私下货卖者，杖一百、发边远充军。军官卖者罪同，罢职充军；买者，笞四十。应禁者，以私有论，军器价钱并入官。军官、军人买者，勿论。

---

① 此条与本《会典》卷一百三十四《营操 · 轮操》互见。

② 此条与本《会典》卷一百三十二《镇戍七》互见。

③ 此条与本《会典》卷一百三十四《营操 · 轮操》互见。

④ 此条与本《会典》卷一百三十二《镇戍七》互见。

毁弃军器

凡将帅关拨一应军器，征守事讫，停留不回纳还官者，十日杖六十，每十日加一等，罪止杖一百。

○若辄弃毁者，一件杖八十，每一件加一等，二十件以上，斩。遗失及误毁者，各减三等。军人各又减一等。并验数追陪。其曾经战阵而有损失者，不坐不陪。

私藏应禁军器

凡民间私有人马甲、傍牌、火筒、火炮、号带之类应禁军器者，一件杖八十，每一件加一等；私造者，加私有罪一等。各罪止杖一百、流三千里。非全成者，并勿论，许令纳官。其弓、箭、枪、刀、弩及鱼叉、禾叉，不在禁限。

纵放军人歇役

凡管军百户及总旗、小旗、军吏，纵放军人出百里之外买卖，或私种田土，或隐占在己使唤，空歇军役者，一名杖八十，每三名加一等，罪止杖一百，罢职充军。若受财卖放者，以枉法从重论。所隐军人，并杖八十。若私使出境，因而致死或被贼拘执者，杖一百，罢职，发边远充军；至三名者，绞。本管官吏知情容隐，不行举问，及虚作逃亡符同报官者，与犯人同罪。若小旗、总旗、百户纵放军人，其本管指挥、千户、镇抚、当该首领官吏知情故纵，或容隐不行举问，及指挥、千户、镇抚故纵军人，其百户、总旗、小旗知而不首告者，罪亦如之。

○若钤束不严，致有违犯及失于觉举者，小旗名下一名，总旗名下五名，百户名下十名，千户名下五十名，各笞四十；小旗名下二名，总旗名下十名，百户名下二十名，千户名下一百名者，各笞五十，并附过还职。不及数者，不坐。

○若军官私家役使军人，不曾隐占歇役者，一名笞四十，每五名加一等，罪止杖八十。并每名计一日，追雇工钱六十文入官。若有吉凶借使者，勿论。

——各处总兵官并分守、守备等官，精选能通书算军人[①]各一名，令其跟随书办，与免征操。奏本公文内，俱照令典佥书，以防欺弊。其余官军号称主文，干预书办者，听巡抚、巡按并按察司官举问，俱调极边卫所，带俸食粮差操。

——凡各处镇守、总兵官，跟随军伴二十四名；协守、副总兵，二十名；游击、将军、分守、参将，十八名；守备官，十二名；都指挥，六名；指挥，四名；千百户、镇抚，二名；不管事者，一名。但有额外多占正军至五名，余丁至六名以上，俱问罪，降一级；正军六名以上，余丁十名以上，降二级；正军十名以上，余丁二十名以上，止于降三级。其卖放军人，包纳月钱者，正军五名至十名，余丁六名至二十名，俱问罪，照前分等降级。若正军至二十名以上，余丁至三十名以上，俱罢职，发边卫充军。其役占、卖放、纪录幼军者，照余丁例。役占、卖放备边壮勇者，照正军例，各拟断。

---

① “军人”，舒化《万历问刑条例》记作：“军余”。

——军职卖放，并役占军人，二罪俱发，其卖放已至十名以上，役占不及数者，依卖放例，罢职充军。役占已至十名以上，卖放不及数者，依役占例，降三级。卖放、役占俱至十名以上者，从重发落；俱不至十名者，并数通论，降级。役占军人五名，及[①]占余丁十名，及包纳月钱满贯者，从重降级，仍发立功，满日，照所降品级与原卫所带俸差操。

——五军围子手并皇城内外守卫军士及红盔将军，下班之日，其本管官员及守门内官，把总、指挥等官，不许擅发与人做工等项役使。违者，参问。虽不系自己占用，亦照私役军人事例发落。

公侯私役军官

凡公侯非奉特旨，不得私自呼唤各卫军官、军人前去役使。违者，初犯、再犯，免罪附过；三犯，准免死一次。其军官、军人听从，及不出征时辄于公侯之家门首伺立者，军官各杖一百，罢职，发边远充军；军人罪同。

从征守御官军逃

凡军官、军人从军征讨，私逃还家及逃往他所者，初犯杖一百，仍发出征；再犯者，绞；知情窝藏者，杖一百，充军；里长知而不首者，杖一百。若军还而先归者，减五等；因而在逃者，杖八十。若在京各卫军人在逃者，初犯杖九十，发附近卫分充军；各处守御城池军人在逃者，初犯杖八十，仍发本卫充军。再犯，并杖一百，俱发边远充军。三犯者，绞。知情窝藏者，与犯人同罪，罪止杖一百，充军。里长知而不首者，各减二等。本管头目知情故纵者，各与同罪，罪止杖一百，罢职充军。其在逃官军，一百日内，能自出官首告者，免罪；若在限外自首者，减罪二等；但于随处官司首告者，皆得准理。

○若各卫军人转投别卫充军者，同逃军论。

○其亲管头目不行用心钤束，致有军人在逃：小旗名下，逃去五名者，降充军人。总旗名下，逃去二十五名者，降充小旗。百户名下，逃去一十名者，减俸一石；二十名者，减俸二石；三十名者，减俸三石；四十名者，减俸四石；逃至五十名者，追夺，降充总旗。千户名下，逃去一百名者，减俸一石；二百名者，减俸二石；三百名者，减俸三石；四百名者，减俸四石；逃至五百名者，降充百户。其管军多者，验数折算减降。不及数者不坐。若有病亡、残疾、提拨等项事故者，不在此限。

——军官、军人遇有征调，点选已定，至期起程，不问已未关给赏赐。若有避难在逃者，依律问断。其征期已过，送兵部编发宣府独石等处沿边墩台，哨瞭半年，满日放回原卫，还职著役。若仍发出征及哨瞭在逃者，依从征私逃再犯者律，处绞。[②]

——轮操官军逃在京城内外潜住者，俱照奉宪宗皇帝钦定："初犯，打七十；再犯，打一百，送操事例发落。官旗无力纳钞者，就在原问衙门单衣决打。若逃回原籍、原卫者，以越关论。其在逃三次者，不分革前革后，各免决打、纳钞，京卫调外卫，外卫调边卫，俱

① "及"，舒化《万历问刑条例》记作："又"。

② 此条与本《会典》卷一百三十四《营操》互见。

带俸食粮差操。”[①]

优恤军属

凡阵亡、病故官军回乡,家属行粮脚力,有司不即应付者,迟一日笞二十,每三日加一等,罪止笞五十。

夜禁

凡京城夜禁,一更三点钟声已静,五更三点钟声未动,犯者,笞三十。二更、三更、四更犯者,笞五十。外郡城镇,各减一等。其公务急速、疾病、生产、死丧,不在禁限。

○其暮钟未静,晓钟已动,巡夜人等故将行人拘留,诬执犯夜者,抵罪。

○若犯夜拒捕及打夺者,杖一百。因而殴人至折伤以上者,绞;死者,斩。

---

① 此条与本《会典》卷一百三十四《营操》互见。

《大明会典》卷一百六十七 《刑部九》

律例八【兵律二】

【关津】

私越冒度关津

凡无文引私度关津者，杖八十；若关不由门、津不由渡而越度者，杖九十；若越度缘边关塞者，杖一百、徒三年，因而出外境者，绞。守把之人，知而故纵者，同罪；失于盘诘者，各减三等，罪止杖一百；军兵又减一等；并罪坐直日者(余条准此)。

○若有文引冒名度关津者，杖八十；家人相冒者，罪坐家长；守把之人知情，与同罪；不知者，不坐。

○其将马骡私度冒度关津者，杖六十；越度，杖七十(私度，谓人有引，马骡无引者。冒度，谓马骡冒他人引上马骡毛色齿岁者。越度，谓人由关津，马骡不由关津而度者)。

——官吏、旗校、舍余军民人等，有因为事问发为民、充军，或罢职冠带闲住与降调出外，各来京潜住者，问拟明白，除充军并口外为民照逃例改发外，文官降调者，革职，冠带闲住；闲住者，发原籍为民；为民者，改发口外为民。武官带俸者，革职，随舍余食粮差操；原随舍余食粮差操者，发边卫差操。其知情容留潜住之人，各治以罪。

——居庸、山海等关隘，引送口外边卫逃军过关，并守把盘诘之人卖放者，俱问发边卫充军。

诈冒给路引

凡不应给路引之人而给引，及军诈为民，民诈为军，若冒名告给引及以所给引转与他人者，并杖八十。若于经过官司停止去处，倒给路引，及官豪势要之人，嘱托军民衙门，擅给批帖，影射出入者，各杖一百。当该官吏听从及知情给与者，并同罪；若不从及不知者，不坐。

○若巡检司越分给引者，罪亦如之。

○其不立文案，空押路引私填与人者，杖一百，徒三年。

○受财者，计赃以枉法；及有所规避者，各从重论。

○若军民出百里之外，不给引者，军以逃军论，民以私度关津论。

关津留难

凡关津往来船只，守把之人不即盘验放行，无故阻当者，一日笞二十，每一日加一等，罪止笞五十。

○若官豪势要之人，乘船经过关津，不服盘验者，杖一百。

○若撑驾渡船稍水，如遇风浪险恶，不许摆渡。违者，笞四十。若不顾风浪，故行开船，至中流停船勒要船钱者，杖八十；因而杀伤人者，以故杀伤论。

递送逃军妻女出城

凡在京守御官军递送逃军妻女出京城者，绞；民犯者，杖一百。若各处守御城池及屯田官军，递送逃军妻女出城者，杖一百，发边远充军；民犯者，杖八十。受财者，计赃以枉法从重论。其逃军买求者，罪同。守把之人知情故纵者，与犯人同罪；失于盘诘者，减二等，罪止杖一百；军人又减一等。

○若递送非逃军妻女出城者，杖八十。有所规避者，从重论①。

盘诘奸细

凡缘边关塞及腹里地面，但有境内奸细走透消息于外人，及境外奸细入境内探听事情者，盘获到官，须要鞫问接引起谋之人，得实，皆斩。经过去处，守把之人知而故纵及隐匿不首者，并与犯人同罪；失于盘诘者，杖一百；军兵，杖九十。

——川、广、云、贵、陕西等处，但有汉人交结夷人，互相买卖借贷，诓骗财物，引惹边衅，及潜住苗寨，教诱为乱，贻害地方者，除真犯死罪外，俱问发边卫，永远充军。②

——沿边关塞及腹里地面，盘诘奸细处所，有归复乡土人口，被获到官，查审明白，即照例起送。有妄作奸细，希图冒功者，以故入人罪论。若真正奸细，能首降者，亦一体给赏安插。

私出外境及违禁下海

凡将马牛、军需、铁货、铜钱、段匹、绸绢、丝绵私出外境货卖及下海者，杖一百；挑担驮载之人，减一等。货物、船车并入官。于内以十分为率，三分付告人充赏。若将人口、军器出境，及下海者，绞；因而走泄事情者，斩。其拘该官司及守把之人通同夹带，或知而故纵者，与犯人同罪；失觉察者，减三等。罪止杖一百；军兵，又减一等。

——各边将官并管军头目私役及军民人等，私出境外钓豹捕鹿、砍木掘鼠等项，并把守之人知情故纵，该管里老、官旗、军吏扶同隐蔽者，除真犯死罪外，其余俱调发烟瘴地

① “论”原讹作“请”，据万历《明会典》（中华书局本）、《大明律》等改。

② 此条与本《会典》卷一百三十二《镇戍七》互见。

面;民人、里老为民,军丁充军,官旗军吏带俸食粮差操。[①]

——凡守把海防武职官员,有犯受通番土俗哪哒、报水分利、金银货物等项,值银百两以上,名为买港,许令船货私入,串通交易,贻患地方,及引惹番贼海寇出没,戕杀居民,除真犯死罪外,其余俱问受财枉法罪名,发边卫永远充军。

——凡夷人贡船到岸,未曾报官盘验,先行接买番货,及为夷人收买违禁货物者,俱发边卫充军。

——凡沿海去处,下海船只,除有号票文引许令出洋外,若奸豪势要及军民人等擅造二桅以上违式大船,将带违禁货物下海,前往番国买卖,潜通海贼,同谋结聚,及为向导劫掠良民者,正犯比照谋叛已行律,处斩,仍枭首示众,全家发边卫充军。其打造前项海船,卖与夷人图利者,比照私将应禁军器下海,因而走泄事情律,为首者,处斩;为从者,发边卫充军。若止将大船雇与下海之人,分取番货,及虽不曾造有大船,但纠通下海之人接买番货,与探听下海之人,番货到来,私买、贩卖苏木胡椒至一千斤以上者,俱发边卫充军,番货并入官。其小民撑使单桅小船,给有执照,于海边近处捕鱼打柴,巡捕官军不许扰害。[②]

——私自贩卖硫黄五十斤、焰硝一百斤以上者,问罪,硝黄入官。卖与外夷及边海贼寇者,不拘多寡,比照私将军器出境因而走泄事情律,为首者,处斩;为从者,俱发边卫充军。若合成火药卖与盐徒者,亦问发边卫充军。两邻知而不举,各治以罪。

——各边夜不收,出境探听贼情,若与夷人私擅交易货物者,除真犯死罪外,其余问调广西烟瘴地面卫所,食粮差操。

——凡官员军民人等,私将应禁军器卖与进贡夷人图利者,比依将军器出境因而走泄事情者律,斩;为从者,问发边卫充军。[③]

私役弓兵

凡私役弓兵者,一人笞四十,每三人加一等,罪止杖八十。每名,计一百追雇工钱六十文入官。当该官司应付者,同罪(罪坐所由)。

【厩牧】

牧养畜产不如法

凡牧养马牛驼骡驴羊,并以一百头为率,若死者、损者、失者,各从实开报。死者,即时将皮张鬃尾入官,牛筋角皮张亦入官。其群头、群副,每一头各笞三十,每三头加一等。过杖一百,每十头加一等,罪止杖一百、徒三年。羊减马三等,驴骡减马牛驼二等。若胎生不及日时而死者,灰醃看视明白,不坐。若失去,陪偿;损伤不堪用,减死者一等坐罪。其死损数目,并不准除。

---

① 此条与本《会典》卷一百三十二《镇戍七》互见。

② 此条与本《会典》卷一百三十二《镇戍七》互见。

③ 此条与本《会典》卷一百八《朝贡四》互见。

孳生马匹

凡群头管领骒马一百匹为一群，每年孳生驹一百匹。若一年之内，止有驹八十匹者，笞五十；七十匹者杖六十。都群所官不为用心提调者，各减三等。太仆寺官，又减都群所官罪二等。

验畜产不以实

凡相验分拣官马牛驼骡驴不以实者，一头笞四十，每三头加一等，罪止杖一百。验羊不以实，减三等。若因而价有增减者，计所增减价坐赃论。入己者、以监守自盗论，各从重科断。

——州县起解备用马匹，各要经由该管官验中起解。若有马贩交通官吏、医兽人等，兜揽作弊者，问罪，枷号一个月，发边卫充军；再犯、累犯者，枷号一个月，发极边卫分充军。[①]

——大同三路官旗、舍人、军民人等，将不堪马匹，通同光棍，引赴该管官处，及管军头目收买私马，诡令伴当人等出名请嘱各守备等官，俵与军士，通同医兽作弊，多支官银者，俱问罪，官旗、军人调别处极边卫所，带俸食粮差操；民并舍余人等，俱发附近充军；引领光棍并作弊医兽及诡名伴当人等，各枷号一个月，发落。干碍各官，奏请提问。[②]

养疗瘦病畜产不如法

凡养疗瘦病马牛驼骡驴不如法，笞三十。因而致死者，一头笞四十，每三头加一等，罪止杖一百。羊减三等。

乘官畜脊破领穿

凡官马牛驼骡驴乘驾不如法，而脊破领穿，疮围绕三寸者，笞二十；五寸以上，笞五十。若牧养瘦者，计百头为率，十头瘦者，牧养人及群头、群副，各笞二十；每十头加一等，罪止杖一百。羊减三等。典牧所官，各随所管群头多少，通计科罪。太仆寺官，各减典牧所官罪三等。

——下班官军将原领马匹兑与见操缺马官军领骑喂养。若有擅骑回卫者，问罪，罚马一匹，解兵部给操。其原领马匹倒失者，追陪。[③]

官马不调习

凡牧马之官听乘官马而不调习者，一匹笞二十，每五匹加一等，罪止杖八十。

---

① 此条与本《会典》卷一百五十二《马政三·起解》互见。

② 此条与本《会典》卷一百五十二《马政三·起解》互见。

③ 此条与本《会典》卷一百五十二《马政三·起解》互见。

宰杀马牛

凡私宰自己马牛者，杖一百；驼、骡、驴，杖八十。误杀者，不坐。若病死而不申官开剥者，笞四十，筋角皮张入官。

○若故杀他人马牛者，杖七十、徒一年半；驼、骡、驴，杖一百。若计赃重于本罪者，准盗论（谓故杀他人马牛，估价计赃得罪重于杖七十、徒一年半，驼、骡、驴价计赃得罪重于杖一百者，并准窃盗断罪。系官者，准常人盗官物断罪，并免刺。追价给主）。若伤而不死，不堪乘用，及杀猪、羊等畜者，计减价，亦准盗论。各追陪所减价钱。价不减者，笞三十（减价，谓马、牛等畜直钱三十贯，杀讫，止直钱一十贯，是减二十贯价；损伤不死，止直钱二十贯，是减一十贯价。即以所减价钱计赃，亦准窃盗断罪。系官者，亦准常人盗官物断罪之类，仍于犯人名下，追征所减价钱陪偿。价不减者，谓畜产直钱一十贯，虽有杀伤，估价不减，仍直钱一十贯，止笞三十，罪无所陪偿）。其误杀伤者，不坐罪，但追陪减价。

○为从者，各减一等。

○若故伤缌麻以上亲马、牛、驼、骡、驴者，与本主私宰罪同；杀猪羊等畜者，计减价坐赃论，罪止杖八十。其误杀及故伤者，俱不坐，但各追陪减价。

○若官私畜产毁食官私之物，因而杀伤者，各减故杀伤三等，追陪所减价。畜主陪偿所毁食之物。

○若放官私畜产损食官私物者，笞三十。赃重者，坐赃论。失者，减二等。各陪所损物。

○若官畜产毁食官物者，止坐其罪，不在陪偿之限。

○若畜产欲触抵踢咬人，登时杀伤者，不坐罪，亦不陪偿。

——凡宰杀耕牛，并私开圈店及知情贩卖牛只与宰杀者，俱问罪，枷号一个月，发落；再犯、累犯者，免其枷号，发附近卫充军。若盗而宰杀及货卖者，不分初犯、再犯，枷号一个月，照前发遣。

畜产咬踢人

凡马、牛及犬有触抵踢咬人而记号拴系不如法，若有狂犬不杀者，笞四十。因而杀伤人者，以过失论。若故放令杀伤人者，减斗杀伤一等。

○其受雇医疗畜产及无故触之而被杀伤者，不坐罪。

○若故放犬令杀伤他人畜产者，各笞四十，追陪所减价钱。

隐匿孳生官畜产

凡牧养系官马、骡、驴等畜，所得孳生，限十日内报官。若限外隐匿不报，计赃准窃盗论。因而盗卖或抵换者，并以监守自盗论罪。其都群所、太仆寺官知情不举，与犯人同罪；不知者，俱不坐。

私借官畜产

凡监临主守将系官马、牛、驼、骡、驴私自借用，或转借与人，及借之者，各笞五十，验日追雇赁钱入官。若计雇赁钱重者,各坐赃论,加一等。

——在京坐营管操内外官,并把总以下官,若将马匹私占骑用及拨与人骑坐,至五匹者降一级;六匹以上降二级。其各边分守、守备、把总、管队等官,将骑操并驿传走递官马擅拨与人骑坐及私用伺候等项,亦照前例问拟。[①]

——官军将所领官马耕田、走驿驮载物件及雇与人骑坐,问罪,俱罚马一匹。[②]

公使人等索借马匹

凡公使人等承差经过去处,索借有司官马匹骑坐者,杖六十;驴、骡,笞五十。官吏应付者,各减一等。罪坐所由。

【邮驿】

递送公文

凡铺兵递送公文,昼夜须行三百里。稽留三刻笞二十,每三刻加一等,罪止笞五十。其公文到铺,不问角数多少,须要随即递送,不许等待后来文书。违者,铺司笞二十。

凡铺兵递送公文,若磨擦及破坏封皮不动原封者,一角笞二十,每三角加一等,罪止杖六十。若损坏公文,一角笞四十,每二角加一等,罪止杖八十。若沉匿公文及拆动原封者,一角杖六十,每一角加一等,罪止杖一百。若事干军情机密文书,不拘角数,即杖一百。有所规避者,各从重论。其铺司不告举者,与犯人同罪。若已告举而所在官司不即受理施行者,各减犯人罪二等。

凡各县铺长,专一于概管铺分往来巡视,提调官吏每月一次亲临各铺刷勘。若失于检举者,通计公文稽留及磨擦破坏封皮不动原封,十件以上,铺长笞四十,提调吏典笞三十,官笞二十。若损坏及沉匿公文,若拆动原封者,与铺兵同罪,提调吏典减一等,官又减一等,府州提调官吏,失于检举者,各递减一等。

——各铺司兵,若有无藉之徒,不容正身应当,用强包揽,多取工钱,致将公文稽迟、沉匿等项,问罪。旗军发边卫,民并军丁人等发附近,俱充军。其问调官[③]、该吏铺长,各治以罪。[④]

邀取实封公文

凡在外大小各衙门官,但有入递进呈实封公文至御前,而上司官令人于中途急递铺邀截取回者,不拘远近,从本铺铺司、铺兵赴所在官司告举,随即申呈上司,转达该部,追

① 此条与本《会典》卷一百一十九《铨选二·凡占用马匹降级》互见,又此条与本《会典》卷一百五十二《马政三·起解》互见。

② 此条与本《会典》卷一百五十二《马政三·起解》互见。

③ “调官”,应改为“提调官”。据《问刑条例》、舒化《万历十三年问刑条例》与本《会典》卷一百四十九《驿传五·急递铺》改。

④ 此条与本《会典》卷一百四十九《驿传五·急递铺》互见。

究得实，斩。其铺司、铺兵容隐不告举者，各杖一百。若已告举，而所在官司不即受理施行者，罪亦如之。

○若邀取实封至五军都督府、六部、察院公文者，各减二等。

铺舍损坏

凡急递铺舍损坏，不为修理；什物不完，铺兵数少，不为补置；及令老弱之人当役者，铺长笞五十，有司提调官吏各笞四十。

私役铺兵

凡各衙门一应公差人员，不许差使铺兵挑送官物及私己行李。违者，笞四十。每名计一日追雇工钱六十文入官。

驿使稽程

凡出使驰驿违限，常事，一日笞二十，每三日加一等，罪止杖六十。军情重事，加三等；因而失误军机者，斩。若各驿官故将好马藏匿，推故不即应付，以致违限者，对问明白，罪坐驿官。其遇水涨路道阻碍经行者，不坐。

○若驿使承受官司文书，误不依题写去处，错去他所而违限者，减二等；事干军务者，不减。若由公文题写错者，罪坐题写之人，驿使不坐。

——各处水马驿、递运所夫役，巡检司弓兵，若有用强包揽，不容正身著役，多取工钱害人，搅扰衙门者，问罪。旗军调发边卫，民并军丁人等发附近，俱充军。其官吏通同纵容者，各治以罪。若不曾用强多取工钱者，不在此例。[①]

——南北直隶、山东等处各属马驿，佥到马头，情愿雇募土民代役者，听。若用强包揽者，问罪。旗军发边卫，民并军丁人等发附近，俱充军。其有光棍、交通包揽之徒，将正身姓名捏写虚约，投托官豪勋戚之家，前去原藉妄拿正身家属，逼勒取财者，所在官司应提问者，提问；应奏人员羁留，奏请提问，俱照前例充军。该管官司坐视纵容者，参究治罪。[②]

——会同馆夫供役三年，转发该管官司收当民差，另佥解补，不许过役，更易姓名，捏故佥补。违者，官吏一体坐罪。若五年以上不行替役，及近馆无藉军民人等用强揽当者，俱问发边卫充军。[③]

多乘驿马

凡出使人员，应乘驿船、驿马，数外多乘一船一马者，杖八十。每一船一马加一等。若应乘驴而乘马，及应乘中等、下等马而勒要上等马者，杖七十。因而殴伤驿官者，各加一等。若驿官容情应付者，各该犯人罪一等。其应乘上等马而驿官却与中等、下等马者，

---

① 此条与本《会典》卷一百四十八《驿传四》互见。

② 此条与本《会典》卷一百四十八《驿传四》互见。

③ 此条与本《会典》卷一百四十五《驿传一·会同馆》互见。

罪坐驿官；本驿如无上等马者，勿论。

○若枉道驰驿及经驿不换船马者，杖六十；因而走死驿马者，加一等，追偿马匹还官。

○其事非警急，不曾枉道而走死驿马者，偿而不坐。

○若军情警急及前驿无船马倒换者，不坐，不偿。

——凡指称勋戚、文武大臣、近侍官员、姻党、族属家人名目，虚张声势，扰害经过军卫、有司、驿递、衙门，占宿公馆，索取人夫、马匹、车辆、财物等项，及奸徒诈称势要衙门，乘坐黑楼等船只，悬挂牌面，希图免税，诓骗违法者，徒罪以上，俱于所犯地方，枷号一个月，发边卫充军；杖罪以下，枷号一个月发落。

多支廪给

凡出使人员多支廪给者，计赃以不枉法论。当该官吏与者，减一等。强取者，以枉法论，官吏不坐。

——各处地方，如遇夷人入贡，经过驿递，即便查照勘合应付，不许容令买卖，连日支应。违者，重治。若街市铺行人等，私与夷人交通买卖者，货物入官，犯人问罪，枷号一个月发落。

文书应给驿而不给

凡朝廷调遣军马及报警急军务至边将，若边将及各衙门飞报军情诣朝廷文书，故不遣使给驿者，杖一百。因而失误军机者，斩。

○若进贺表笺及赈救饥荒、申报灾异、取索军需之类重事，故不遣使给驿者，杖八十。若常事，不应给驿而故给驿者，笞四十。

公事应行稽程

凡公事有应起解官物、囚徒、畜产，差人管送而辄稽留，及事有期限而违者，一日笞二十，每三日加一等，罪止笞五十。若起解军需，随征供给，而管送违限者，各加二等，罪止杖一百；以致临敌缺乏，失误军机者，斩。若承差人误不依题写去处，错去他所，以致违限者，减二等；事干军务者，不减。若由公文题写错者，罪坐题写之人，承差人不坐。

占宿驿舍上房

凡公差人员出外干办公事，占宿驿舍正厅上房者，笞五十。

乘驿马赍私物

凡出使人员应乘驿马，除随身衣仗外，赍带私物者，十斤杖六十，每十斤加一等，罪止杖一百。驿驴减一等，私物入官。

私役民夫抬轿

凡各衙门官吏及出使人员，役使人民抬轿者，杖六十。有司应付者，减一等。若豪富之家役使佃客抬轿者，罪亦如之。每名计一日，追给雇工钱六十文。

○其民间妇女，若老病之人及出钱雇工者，不在此限。

病故官家属还乡

凡军民官在任以理病故，家属无力不能还乡者，所在官司差人管领应付脚力，随程验口，官给行粮，递送还乡。违而不送者，杖六十。

承差转雇寄人

凡承差起解官物、囚徒、畜产，不亲管送，而雇人寄人代领送者，杖六十。因而损失官物、畜产及失囚者，依律各从重论；受寄受雇人，各减一等。

○其同差人自相替放者，各笞四十。取财者，计赃以不枉法论。若事有损失者，亦依损失官物及失囚律追断，不在减等之限。

乘官畜产车船附私物

凡因公差应乘官马、牛、驼、骡、驴者，除随身衣仗外，私驮物不得过十斤。违者，五斤笞一十，每十斤加一等，罪止杖六十（不在乘驿马之条）。

○其乘船车者，私载物不得过三十斤。违者，十斤笞一十，每二十斤加一等，罪止杖七十。家人随从者皆不坐。若受寄私载他人物者，寄物之人同罪，其物并入官。当该官司知而容纵者，与同罪；不知者，不坐。若应合递运家小者，不在此限。

——运军土宜，每船许带六十石，沿途过浅盘剥，责令旗军，自备脚价，例外多带者，照数入官。监兑粮储等官，水次先行搜检，督押司道及府佐官员，沿途稽查。经过仪真，听攒运御史盘诘；淮安、天津，听理刑主事、兵备道盘诘。经盘官员徇情卖法，一并参治。其余衙门，俱免投文盘诘。

——漕运船只，除运军自带土宜货物外，若附搭客商、势要人等酒面、糯米、花草、竹木、板片、器皿、货物者，将本船运军并附载人员参问发落，货物入官。其把总等官有犯，降一级，回卫带俸差操。民运船不在此例。[1]

——黄船附搭客货及夹带私物者，小甲、客商人等，俱问发极边卫分，永远充军，货物入官。若客商人等，止是空身附搭者，亦连小甲俱发附近充军。其马快、船只附搭客货及夹带私物者，小甲、客商人等，俱发口外充军，货物亦入官。若客商人等止是空身附搭者，照常发落。[2]

——沿河一带，省亲、省祭、丁忧、起复，并升除外任及内外公差官员，若有乘坐马快、船只兴贩私盐，起拨人夫，并带去无藉之徒辱骂锁绑官吏，勒要银两者，巡抚、巡按、巡河、巡盐、管河、管闸等官就便拿问。干碍应奏官员，奏请提问。其军卫、有司、驿递、衙门，若有惧势应付者，参究治罪。[3]

---

① 此条与本《会典》卷二十七《会计三 · 漕运》互见。

② 此条与本《会典》卷一百六十七《车驾清吏司 · 凡黄马快船禁例》互见。

③ 此条与本《会典》卷一百四十九《驿传五 · 马快船》互见。

私借驿马

凡驿官将驿马私自借用，或转借与人及借之者，各杖八十。驿驴，减一等。验日追雇赁钱入官。若计雇赁钱重者，各坐赃论，加二等。

《大明会典》卷一百六十八　《刑部十》

律例九【刑律一】

【贼盗】

谋反大逆

凡谋反(谋危社稷)及大逆(谓谋毁宗庙、山陵及宫阙),但共谋者,不分首从,皆凌迟处死。祖父、父、子、孙兄弟及同居之人,不分异姓,及伯叔父、兄弟之子,不限籍之同异,年十六以上,不论笃疾、废疾,皆斩。其十五以下及母女、妻妾、姊妹,若子之妻妾,给付功臣之家为奴,财产入官。若女许嫁已定,归其夫;子孙过房与人及聘妻未成者,俱不追坐(下条准此)。知情故纵隐藏者,斩。有能捕获者,民授以民官,军授以军职,仍将犯人财产全给充赏。知而首告,官为捕获者,止给财产;不首者,杖一百、流三千里。

谋叛

凡谋叛(谓谋背本国,潜从他国),但共谋者,不分首从,皆斩。妻妾、子女给付功臣之家为奴,财产并入官。父母、祖、孙、兄弟,不限籍之同异,皆流二千里安置。知情故纵隐藏者,绞。有能告捕者,将犯人财产全给充赏。知而不首者,杖一百、流三千里。若谋而未行,为首者,绞;为从者,皆杖一百、流三千里。知而不首者,杖一百、徒三年。

○若逃避山泽不服追唤者,以谋叛未行论。其拒敌官兵者,以谋叛已行论。

造妖书妖言

凡造谶纬、妖书、妖言及传用惑众者,皆斩(皆者,谓不分首从,一体科罪。余条言皆者,并准此)。若私有妖书隐藏不送官者,杖一百、徒三年。

盗大祀神御物

凡盗大祀神祇御用祭器、帷帐等物,及盗飨荐、玉帛、牲牢、馔具之属者,皆斩(谓在殿内及已至祭所而盗者)。其未进神御及营造未成,若已奉祭讫之物及其余官物,皆杖一百、徒三年。若计赃重于本罪者,各加盗罪一等(谓监守常人盗者,各加监守常人盗罪一等)。并刺字。

盗制书

凡盗制书及起马御宝圣旨、起船符验者,皆斩。

○盗各衙门官文书者,皆杖一百,刺字。若有所规避者,从重论。事干军机钱粮者,皆绞。

盗印信

凡盗各衙门印信及夜巡铜牌者,皆斩。盗关防印记者,皆杖一百,刺字。

盗内府财物

凡盗内府财物者,皆斩(盗御宝及乘舆服御物皆是)。

——凡盗内府财物,系乘舆服御物者,仍作真犯死罪。其余监守盗银三十两,钱帛等物值银三十两以上,常人盗银六十两,钱帛等物值银六十两以上,俱问发边卫,永远充军。内犯,奏请发充净军。

——凡盗内府财物,系杂犯及监守常人盗、窃盗、掏摸、抢夺等项,但三次者,不分所犯各别曾否刺字,革前革后俱得并论,比照窃盗三犯律,处绞,奏请定夺。

盗城门钥

凡盗京城门钥,皆杖一百、流三千里。盗府、州、县、镇城关门钥,皆杖一百、徒三年。盗仓库门等钥,皆杖一百。并刺字。

盗军器

凡盗军器者,计赃以凡盗论。若盗应禁军器者,与私有罪同。若行军之所,及宿卫军人相盗入己者,准凡盗论。还充官用者,各减二等。

盗园陵树木

凡盗园陵内树木者,皆杖一百、徒三年。若盗他人坟茔内树木者,杖八十。若计赃重于本罪者,各加盗罪一等。

——凡凤阳皇陵、泗州祖陵、南京孝陵、天寿山列圣陵寝、承天府显陵,山前山后各有禁限。若有盗砍树株者,验实真正桩楂,比照盗大祀神御物,斩罪,奏请定夺。为从者,发边卫充军。取土取石、开窑烧造、放火烧山者,俱照前拟断。其孝陵神烈山铺舍以外,去墙二十里,敢有开山取石,安插坟墓,筑凿台池者,枷号一个月,发边卫充军。若于凤阳皇城内外耕种牧放、安歇作践者,问罪,枷号一个月发落。各该巡守人役,拾柴打草,不在禁限。但有科敛银两馈送,不行用心巡视,及守备、留守等官不行严加约束,以致下人恣肆作弊者,各从重究治。天寿山仍照旧例,锦衣卫轮差的当官校,往来巡视。若差去官校卖放作弊及托此妄拿平人骗害者,一体治罪。

监守自盗仓库钱粮

凡监临主守自盗仓库钱粮等物,不分首从,并赃论罪(并赃,谓如十人节次共盗官钱四十贯,虽各分四贯入己,通算作一处,其十人各得四十贯,罪皆斩;若十人共盗五贯,皆杖一百之类)。并于右小臂膊上刺盗官"钱""粮""物"三字(每字各方一寸五分,每画各阔一分五厘,上不过肘,下不过腕,余条准此)。

一贯以下,杖八十;

一贯之上至二贯五百文,杖九十;

五贯,杖一百;

七贯五百文,杖六十、徒一年;

一十贯,杖七十、徒一年半;

一十二贯五百文,杖八十、徒二年;

一十五贯,杖九十、徒二年半;

一十七贯五百文,杖一百、徒三年;

二十贯,杖一百、流二千里;

二十二贯五百文,杖一百、流二千五百里;

二十五贯,杖一百、流三千里;

四十贯,斩。

——凡仓库钱粮,若宣府、大同、甘肃、宁夏、榆林、辽东、四川、建昌、松潘、广西、贵州,并各沿边、沿海去处,有监守盗粮四十石、草八百束、银二十两、钱帛等物值银二十两以上,常人盗粮八十石、草一千六百束、银四十两、钱帛等物值银四十两以上,俱问发边卫,永远充军。两京各衙门及漕运,并京、通、临、淮、徐、德六仓,有监守盗粮六十石、草一千二百束、银三十两、钱帛等物值银三十两以上,常人盗粮一百二十石、草二千四百束、银六十两、钱帛等物值银六十两以上,亦照前拟充军。其余腹里,但系抚按等官查盘去处,有监守盗粮一百石、草二千束、银五十两、钱帛等物值银五十两以上,常人盗粮二百石、草四千束、银一百两、钱帛等物值银一百两以上,亦照前拟充军。以上人犯,俱依律并赃论罪,仍各计入已之赃,数满,方照前拟断;不及数者,照常发落。若正犯逃故者,于同爨家属名下追陪,不许滥及各居亲属。其各处征收在官应该起解钱粮,有侵盗者,俱照腹里例拟断。

——凡沿边、沿海钱粮,有侵盗银二百两、粮四百石、草八千束、钱帛等物值银二百两以上,漕运钱粮,有侵盗银三百两、粮六百石以上,俱照本律,仍作真犯死罪。系监守盗者,斩。系常人盗者,绞。奏请定夺。

常人盗仓库钱粮

凡常人盗仓库钱粮等物,不得财,杖六十,免刺。但得财者,不分首从,并赃论罪(并赃,谓如十人节次共盗官钱八十贯,虽各分八贯入已通算作一处,其十人各得八十贯,罪皆绞;若十人共盗一十贯,皆杖九十之类)。并于右小臂膊上刺盗官"钱""粮""物"三字。

一贯以下,杖七十;
一贯之上至五贯,杖八十;
一十贯,杖九十;
一十五贯,杖一百;
二十贯,杖六十、徒一年;
二十五贯,杖七十、徒一年半;
三十贯,杖八十、徒二年;
三十五贯,杖九十、徒二年半;
四十贯,杖一百、徒三年;
四十五贯,杖一百、流二千里;
五十贯,杖一百、流二千五百里;
五十五贯,杖一百、流三千里;
八十贯,绞。

强盗

凡强盗已行而不得财者,皆杖一百、流三千里。但得财者,不分首从,皆斩。

○若以药迷人图财者,罪同。

○若窃盗,临时有拒捕及杀伤人者,皆斩。因盗而奸者,罪亦如之。共盗之人,不曾助力,不知拒捕杀伤人及奸情者,止依窃盗论。

○其窃盗,事主知觉,弃财逃走,事主追逐,因而拒捕者,自依罪人拒捕律科罪。

——强盗杀人、放火、烧人房屋、奸污人妻女、打劫牢狱、仓库及干系城池、衙门,并积至百人以上,不分曾否得财,俱照得财律,斩。随即奏请,审决枭示。若止伤人而未得财,比照抢夺伤人律科断。

——响马强盗执有弓矢军器,白日邀劫道路,赃证明白,俱不分人数多寡,曾否伤人,依律处决。于行劫去处,枭首示众。

劫囚

凡劫囚者,皆斩(但劫即坐,不须得囚)。若私窃放囚人逃走者,与囚同罪;至死者,减一等(虽有服亲属,与常人同)。窃而未得囚者,减二等;因而伤人者,绞;杀人者,斩。为从,各减一等。

○若官司差人追征钱粮,勾摄公事及捕获罪人,聚众中途打夺者,杖一百、流三千里。因而伤人者,绞。杀人及聚至十人,为首者,斩。下手致命者,绞。为从,各减一等。其率领家人、随从打夺者,止坐尊长。若家人亦曾伤人者,仍以凡人首从论。

——凡官司差人追征钱粮,勾摄公事,并捕获罪人,但聚众至十人以上,中途打夺,为从者,如系亲属,并同居家人,照常发落;若系异姓,同恶相济,及槌师打手,俱发边卫充军。

白昼抢夺

凡白昼抢夺人财物者,杖一百、徒三年;计赃重者,加窃盗罪二等。伤人者,斩。为从，各减一等。并于右小臂膊上刺“抢夺”二字。

〇若因失火及行船遭风着浅，而乘时抢夺人财物及拆毁船只者，罪亦如之。

〇其本与人斗殴，或勾捕罪人，因而窃取财物者，计赃准窃盗论；因而夺去者，加二等，罪止杖一百、流三千里，并免刺。若有杀伤者，各从故斗论。

——凡号称喇唬等项名色，白昼在街撒泼，口称圣号，及总甲、快手、应捕人等，指以巡捕勾摄为由，各殴打平人，抢夺财物者，除真犯死罪外，犯该徒罪以上，不分人多人少，若初犯一次，属军卫者，发边卫充军；属有司者，发口外为民。虽系初犯，若节次抢夺及再犯、累犯笞、杖以上者，俱发原抢夺地方，枷号一个月，照前发遣。若里老、邻佑知而不举，所在官司纵容不问，各治以罪。

窃盗

凡窃盗已行而不得财，笞五十，免刺。但得财者，以一主为重，并赃论罪。为从者，各减一等(以一主为重，谓如盗得二家财物，从一家赃多者科罪。并赃论，谓如十人共盗得一家财物，计赃四十贯。虽各分得四贯，通算作一处，其十人各得四十贯之罪，造意者为首，该杖一百；余人为从，各减一等，止杖九十之类。余条准此)。初犯，并于右小臂膊上刺“窃盗”二字。再犯，刺左小臂膊。三犯者，绞。以曾经刺字为坐。

〇掏摸者，罪同。

〇若军人为盗，虽免刺字，三犯一体处绞。

一贯以下，杖六十；

一贯之上至一十贯，杖七十；

二十贯，杖八十；

三十贯，杖九十；

四十贯，杖一百；

五十贯，杖六十、徒一年；

六十贯，杖七十、徒一年半；

七十贯，杖八十、徒二年；

八十贯，杖九十、徒二年半；

九十贯，杖一百、徒三年；

一百贯，杖一百、流二千里；

一百一十贯，杖一百、流二千五百里；

一百二十贯，罪止杖一百、流三千里。

——正统八年七月十一日节该钦奉英宗皇帝圣旨：“今后窃盗，初犯刺右臂的，革后再犯刺左臂。若两臂俱刺，赦后又犯的，准三犯论。还将所犯赦前赦后，明白开奏定夺。”钦此。

盗马牛畜产

凡盗马、牛、驴、骡、猪、羊、鸡、犬、鹅、鸭者，并计赃以窃盗论。若盗官畜产者，以常人盗官物论。

○若盗马、牛而杀者，杖一百、徒三年。驴、骡，杖七十、徒一年半。若计赃重于本罪者，各加盗罪一等。

——凡盗御马者，问罪，枷号三个月，发边卫充军。若将自已及他人骑操官马盗卖者，枷号一个月发落。盗至三匹以上及再犯，不拘匹数，俱免枷号，属军卫者，发边卫；属有司者，发附近卫所，各充军。五匹以上，属军卫者，发极边；属有司者，发边卫，各永远充军。若养马人户盗卖官马至三匹以上，亦问发附近充军。

——凡冒领太仆寺官马至三匹者，问罪，于本寺门首枷号一个月，发边卫充军。

盗田野榖麦

凡盗田野榖麦、菜果及无人看守器物者，并计赃准窃盗论，免刺。

○若山野柴草木石之类，他人已用工力斫伐积聚而擅取者，罪亦如之。

——凡盗掘金银、铜锡、水银等项矿砂，每金砂一斤折钞二十贯，银砂一斤折钞四贯，铜锡、水银等砂一斤折钞一贯，俱比照盗无人看守物，准窃盗论。若在山洞捉获者，分为三等：持仗拒获者为一等。不论人数、矿数多寡及初犯、再犯，不分首从，俱发边远充军；若杀伤人为首者，比照窃盗拒捕杀伤人律，斩。其不曾拒捕，若聚至三十人以上者，为二等，不论矿数多寡，及初犯、再犯，为首者，发边远充军；为从者，枷号三个月，照罪发落。若不曾拒捕，又人数不及三十名者为三等。为首者，初犯枷号三个月，照罪发落，再犯亦发边远充军；为从者，止照罪发落。凡非山洞捉获，止是私家收藏、道路背负者，惟据见获论罪，不许巡捕人员逼令展转攀指。违者，参究治罪。

——成化十年九月十八日节该钦奉宪宗皇帝圣旨："都城外四围沿河居住军民人等，越入墙垣，偷鱼割草，窃取砖石等项，轻则量情惩治，重则参奏拿问，枷号示众。若该城徇情纵容不理，及四邻知而不首的，都治以罪。其守门官军，亦不许于城外河边栽种蔬菜，牧放头畜，因而引惹外人入内作践。违者，一体治罪。"钦此。①

亲属相盗

凡各居亲属相盗财物者，期亲减凡人五等，大功减四等，小功减三等，缌麻减二等，无服之亲减一等，并免刺。若行强盗者，尊长犯卑幼，亦各依上减罪；卑幼犯尊长，以凡人论。若有杀伤者，各依杀伤尊长、卑幼本律，从重论。

○若同居卑幼，将引他人盗己家财物者，卑幼依私擅用财物论，加二等，罪止杖一百；他人减凡盗罪一等，免刺。若有杀伤者，自依杀伤尊长、卑幼本律科罪；他人纵不知情，亦依强盗论。若他人杀伤人者，卑幼纵不知情，亦依杀伤尊长、卑幼本律，从重论。

○其同居奴婢，雇工人盗家长财物及自相盗者，减凡盗罪一等，免刺。

——同居卑幼，将引他人，盗己家财物，如系强劫，比依各居亲属行强盗、卑幼犯尊长，以凡人论，斩罪。奏请定夺。

---

① 此条与本《会典》卷一百八十七《营造五 · 坛场》互见。

恐吓取财

凡恐吓取人财物者，计赃准窃盗论，加一等，免刺。

○若期亲以下自相恐吓者，卑幼犯尊长，以凡人论；尊长犯卑幼，亦依亲属相盗律，递减科罪。

——凡将良民诬指为盗及寄买贼赃，捉拿拷打，吓诈财物，或以起赃为由，沿房搜检，抢夺财物，淫辱妇女，除真犯死罪外，其余不分首从，俱发边卫，永远充军。

诈欺官私取财

凡用计诈欺官私以取财物者，并计赃准窃盗论，免刺。若期亲以下自相欺诈者，亦依亲属相盗律，递减科罪。

○若监临主守诈取所监守之物者，以监守自盗论。未得者，减二等。

○若冒认及诓赚局骗拐带人财物者，亦计赃准窃盗论，免刺。

——凡诓骗听选官吏及举人、监生、生员人等财物，指称买官、卖缺及买求中式等项，俱问罪，不分首从，于该衙门门首枷号三个月，发烟瘴地面充军。其央浼营干致被诓骗者，免其枷号，亦照前发遣。

——凡指称内外大小官员名头，并各衙门打点使用名色，诓骗财物，计赃犯该徒罪以上者，俱不分首从，发边卫充军。情重者，仍枷号二个月发遣。

略人略卖人

凡设方略而诱取良人及略卖良人为奴婢者，皆杖一百、流三千里；为妻妾子孙者，杖一百、徒三年。因而伤人者，绞；杀人者，斩。被略之人不坐，给亲完聚。

○若假以乞养过房为名，买良家子女转卖者，罪亦如之。

○若和同相诱及相卖良人为奴婢者，杖一百、徒三年；为妻妾子孙者，杖九十、徒二年半。被诱之人减一等，未卖者，各减一等。十岁以下，虽和，亦同略诱法。

○若略卖和诱他人奴婢者，各减略卖和诱良人罪一等。

○若略卖子孙为奴婢者，杖八十；弟妹及侄、侄孙、外孙，若己之妾、子孙之妇者，杖八十、徒二年。子孙之妾，减二等；同堂弟妹、堂侄及侄孙者，杖九十、徒二年半。和卖者，减一等。未卖者，又减一等。被卖卑幼不坐，给亲完聚。

○其卖妻为婢及卖大功以下亲为奴婢者，各从凡人和略法。

○若窝主及买者知情，并与犯人同罪。牙保各减一等，并追价入官。不知者，俱不坐，追价还主。

——凡设方略而诱取良人，与略卖良人子女，不分已卖未卖，俱问发边卫充军。若略卖至三口以上及再犯者，用一百斤枷枷号一个月，照前发遣。三犯者，不分革前革后，发极边卫分，永远充军。其窝主与买主，并牙保人等，知情者，各依律治罪。妇人有犯，罪坐夫男。若不知情及无夫男者，止坐本妇，照常发落。

——将腹里人口用强略卖与境外土官、土人、峒寨去处图利，除杀伤人，律该处死外，若未曾杀伤人，比依将人口出境律，绞。为从者，文官问革；武官调烟瘴地面卫分，带俸差操;军民人等发边卫,永远充军。原系边卫者,改发极边卫分。

发冢

凡发掘坟冢见棺椁者,杖一百、流三千里。已开棺椁见尸者,绞;发而未至棺椁者,杖一百、徒三年(招魂而葬亦是)。若冢先穿陷及未殡埋而盗尸柩者,杖九十、徒二年半;开棺椁见尸者,亦绞。其盗取器物砖石者,计赃准凡盗论,免刺。

〇若卑幼发尊长坟冢者,同凡人论;开棺椁见尸者,斩。若弃尸卖坟地者,罪亦如之。买地人、牙保知情者,各杖八十,追价入官,地归同宗亲属;不知者,不坐。若尊长发卑幼坟冢,开棺椁见尸者,缌麻,杖一百、徒三年;小功以上,各递减一等。发子孙坟冢开棺椁见尸者,杖八十。其有故而依礼迁葬者,俱不坐。

〇若残毁他人死尸及弃尸水中者,各杖一百、流三千里(谓死尸在家或在野未殡葬,将尸焚烧支解之类。若已殡葬者,自依发冢开棺椁见尸律,从重论)。若毁弃缌麻以上尊长死尸者,斩;弃而不失及髡发若伤者,各减一等。缌麻以上卑幼,各依凡人递减一等。毁弃子孙死尸者,杖八十。其子孙毁弃祖父母、父母及奴婢、雇工人毁弃家长死尸者,斩。

〇若穿地得死尸不即掩埋者,杖八十。若于他人坟墓熏狐狸因而烧棺椁者,杖八十、徒二年;烧尸者,杖一百、徒三年。若缌麻以上尊长,各递加一等。卑幼,各依凡人递减一等。若子孙于祖父母、父母及奴婢、雇工人于家长坟墓熏狐狸者,杖一百;烧棺椁者,杖一百、徒三年;烧尸者,绞。

〇若平治他人坟墓为田园者,杖一百。于有主坟地内盗葬者,杖八十,勒限移葬。

〇若地界内有死人,里长、地邻不申报官司检验,而辄移他处及埋藏者,杖八十;以致失尸者,杖一百;残毁及弃尸水中者,杖六十、徒一年。弃而不失及髡发若伤者,各减一等。因而盗取衣服者,计赃准窃盗论,免刺。

——凡发掘王府将军、中尉、夫淑人等,郡县主、郡君、乡君及历代帝王、名臣、先贤坟冢,开棺为从与发见棺椁为首者,俱发边卫;发见棺椁为从与发而未至棺椁为首,及发常人冢开棺见尸为从与发见棺椁为首者,俱发附近,各充军。如有纠众发冢起棺,索财取赎者,比依强盗得财律,不分首从,皆斩。

夜无故入人家

凡夜无故入人家内者,杖八十。主家登时杀死者,勿论。其已就拘执而擅杀伤者,减斗杀伤罪二等;至死者,杖一百、徒三年。

盗贼窝主

凡强盗窝主造意,身虽不行但分赃者,斩;若不行又不分赃者,杖一百、流三千里。共谋者,行而不分赃及分赃而不行,皆斩;若不行又不分赃者,杖一百。

〇窃盗窝主造意,身虽不行但分赃者,为首论;若不行又不分赃者,为从论。以临时主意上盗者为首。其为从者,行而不分赃及分赃而不行,仍为从论;若不行又不分赃,笞四十。

〇若本不同谋,相遇共盗,以临时主意上盗者为首,余为从论。

○其知人略卖、和诱人及强、窃盗后而分赃者,计所分赃准窃盗为从论,免刺。

○若知强窃盗赃而故买者,计所买物,坐赃论。知而寄藏者,减一等。各罪止杖一百。其不知情误买及受寄者,俱不坐。

——各处大户家人佃仆,结构为盗、杀官、劫库、劫狱、放火,许大户随即送官追问。若大户知情故纵,除真犯死罪外,其余徒、流、杖罪,属军卫者,发边卫;属有司者,发附近,各充军。

——凡皇亲功臣管庄、家仆、佃户人等及诸色军民大户,勾引来历不明之人,窝藏强盗二名以上,窃盗五名以上,坐家分赃者,俱问发边卫充军。若有造意共谋之情者,各依律从重科断。干碍勋戚,参究治罪。

——各处无藉之徒,引贼劫掠以复私雠,探报消息致贼逃窜者,比照奸细律条,处斩,枭首示众。

——知强窃盗赃而接买受寄,若马骡等畜至二头匹以上,银货坐赃至满贯者,俱问罪,不分初犯、再犯,枷号一个月发落。若三犯以上,不拘赃数多寡,与知强盗后而分赃至满贯者,俱免枷号,发边卫充军。

——弘治十八年三月初四日节该钦奉孝宗皇帝圣旨:"今后捕获强盗,不许私下擅自拷打,俱送问刑衙门,务要推究得实。若徇情扶同,致有冤枉,一体重罪不饶。"钦此。

共谋为盗

凡共谋为强盗,临时不行而行者却为窃盗,共谋者分赃,造意者为窃盗首,余人并为窃盗从。若不分赃,造意者为窃盗从,余人并笞五十,以临时主意上盗者为窃盗首。

○其共谋为窃盗,临时不行,而行者为强盗,其不行之人,造意者分赃,知情不知情,并为窃盗首;造意者不分赃,及余人分赃,俱为窃盗从。以临时主意及共为强盗者,不分首从论。

公取窃取皆为盗

凡盗,公取窃取皆为盗(公取,谓行盗之人,公然而取其财。窃取,谓潜形隐面,私窃取其财。皆名为盗)。器物钱帛之类,须移徙已离盗所;珠玉宝货之类,据入手隐藏,纵未将行亦是。其木石重器,非人力所胜,虽移本处,未驼载间,犹未成盗。马、牛、驼、骡之类,须出阑圈;鹰犬之类,须专制在已,乃成为盗(若盗马一匹,别有马随,不合并计为罪。若盗其母而子随者,皆并计为罪)。

起除刺字

凡盗贼曾经刺字者,俱发原籍收充警迹。该徒者,役满充警。该流者,于流所充警。若有起除原刺字样者,杖六十,补刺。

【人命】

谋杀人

凡谋杀人,造意者,斩;从而加功者,绞;不加功者,杖一百、流三千里。杀讫乃坐。

○若伤而不死，造意者，绞；从而加功者，杖一百、流三千里；不加功者，杖一百、徒三年。

○若谋而已行，未曾伤人者，杖一百、徒三年；为从者，各杖一百。但同谋者，皆坐。

○其造意者，身虽不行，仍为首论。从者不行，减行者一等。

○若因而得财者，同强盗，不分首从论，皆斩。

谋杀制使及本管长官

凡奉制命出使而官吏谋杀，及部民谋杀本属知府、知州、知县，军士谋杀本管指挥、千户、百户，若吏卒谋杀本部五品以上长官，已行者，杖一百、流二千里；已伤者，绞；已杀者，皆斩。

谋杀祖父母、父母

凡谋杀祖父母、父母及期亲尊长、外祖父母、夫、夫之祖父母、父母，已行者，皆斩；已杀者，皆凌迟处死。谋杀缌麻以上尊长，已行者，杖一百、流二千里；已伤者，绞；已杀者，皆斩。

○其尊长谋杀卑幼，已行者，各依故杀罪，减二等；已伤者，减一等；已杀者，依故杀法（依故杀法者，谓各依斗殴条内，尊长故杀卑幼律论罪）。

○若奴婢及雇工人谋杀家长及家长之期亲、外祖父母，若缌麻以上亲者，罪与子孙同。

杀死奸夫

凡妻妾与人通奸，而于奸所亲获奸夫、奸妇，登时杀死者，勿论。若止杀死奸夫者，奸妇依律断罪，从夫嫁卖。

○其妻妾因奸同谋杀死亲夫者，凌迟处死，奸夫处斩。若奸夫自杀其夫者，奸妇虽不知情，绞。

——本夫拘执奸夫、奸妇而殴杀者，比照夜无故入人家，已就拘执而擅杀至死律条科断。

谋杀故夫父母

凡妻妾谋杀故夫之祖父母、父母者，并与谋杀舅、姑罪同。

○若奴婢谋杀旧家长者，以凡人论（谓将自己奴婢转卖他人者，皆同凡人。余条准此）。

杀一家三人

凡杀一家非死罪三人及支解人者，凌迟处死，财产断付死者之家，妻、子流二千里；为从者，斩。

——凡杀一家非死罪三人及支解人，为首监故者，将财产断付被杀之家，妻、子流二千里，仍剉碎死尸，枭首示众。

——支解人，如殴杀、故杀人，杀死之后，欲求避罪，割碎死尸，弃置埋没，原无支解之心,各以殴杀、故杀论。若初心本欲支解其人,行凶之时或势力不遂,乃先行杀,随又支解,恶状昭著者,以支解论,俱奏请定夺。

采生拆割人

凡采生拆割人者,凌迟处死,财产断付死者之家,妻、子及同居家口,虽不知情,并流二千里安置;为从者,斩。若已行而未曾伤人者,亦斩,妻、子流二千里;为从者,杖一百、流三千里。里长知而不举者,杖一百;不知者,不坐。告获者,官给赏银二十两。

造畜蛊毒杀人

凡造畜蛊毒,堪以杀人,及教令者,斩;造畜者,财产入官;妻子及同居家口虽不知情,并流二千里安置。若以蛊毒毒同居人,其被毒之人父母、妻妾、子孙不知造蛊情者,不在流远之限。若里长知而不举者,各杖一百;不知者,不坐。告获者,官给赏银二十两。

○若造魇魅、符书、咒诅欲以杀人者,各以谋杀论;因而致死者,各依本杀法。欲令人疾苦者,减二等。其子孙于祖父母、父母,奴婢、雇工人于家长者,各不减。

○若用毒药杀人者,斩;买而未用者,杖一百、徒三年。知情卖药者,与同罪;不知者,不坐。

斗殴及故杀人

凡斗殴杀人者,不问手足、他物、金刃,并绞。

○故杀者,斩。

○若同谋共殴人,因而致死者,以致命伤为重,下手者,绞;原谋者,杖一百、流三千里;余人各杖一百。

——凡同谋共殴人,除下手致命伤重者,依律处绞外,其共殴之人,审系执持枪刀等项凶器,亦有致命伤痕者,发边卫充军。

屏去人服食

凡以他物置人耳鼻及孔窍中,若故屏去人服用饮食之物而伤人者,杖八十(谓寒月脱去人衣服,饥渴之人绝其饮食,登高乘马私去梯辔之类);致成残废疾者,杖一百、徒三年;令至笃疾者,杖一百、流三千里。将犯人财产一半给付笃疾之人养赡。至死者,绞。

○若故用蛇蝎毒虫咬伤人者,以斗殴伤论;因而致死者,斩。

戏杀误杀过失杀伤人

凡因戏而杀、伤人,及因斗殴而误杀、伤傍人者,各以斗杀伤论。其谋杀、故杀人,而误杀傍人者,以故杀论。

○若知津河水深泥泞而诈称平浅,及桥梁渡船朽漏不堪渡人而诈称牢固,诳令人过渡以致陷溺死伤者,亦以斗杀伤论。

○若过失杀伤人者,各准斗杀伤罪,依律收赎,给付其家(过失,谓耳目所不及,思虑所不到,如弹射禽兽,因事投掷砖瓦,不期而杀人者;或因升高险,足有蹉跌,累及同伴;或驾船使风，乘马惊走，驰车下坡，势不能止；或共举重物，力不能制，损及同举物者。凡初无害人之意而偶致杀伤人者，皆准斗殴杀伤人罪，依律收赎，给付被杀被伤之家，以为营葬及医药之资）。

——应该偿命罪囚遇蒙赦宥，俱照《大明令》追银二十两，给付被杀家属。如果十分贫难者，量追一半。

——收赎过失杀人绞罪，追钞三十三贯六百文，铜钱八贯四百文，与被杀之家营葬，共折银十二两四钱二分。

夫殴死有罪妻妾

凡妻妾因殴骂夫之祖父母、父母，而夫擅杀死者，杖一百。

○若夫殴骂妻妾，因而自尽身死者，勿论。

杀子孙及奴婢图赖人

凡祖父母、父母故杀子孙及家长故杀奴婢图赖人者，杖七十、徒一年半。

○若子孙将已死祖父母、父母，奴婢雇工人将家长身尸图赖人者，杖一百、徒三年；期亲尊长，杖八十、徒二年；大功、小功、缌麻，各递减一等。

○若尊长将已死卑幼及他人身尸图赖人者，杖八十。

○其告官者，随所告轻重，并依诬告平人律论罪。

○若因而诈取财物者，计赃准窃盗论；抢去财物者，准白昼抢夺论，免刺，各从重科断。

——故杀妾及弟、妹、子、孙、侄、侄孙与子孙之妇，图赖人者，俱问罪。属军卫者，发边卫；属有司者，发附近，各充军。

弓箭伤人

凡故向城市及有人居住宅舍放弹、射箭、投掷砖石者，笞四十；伤人者，减凡斗伤一等；因而致死者，杖一百、流三千里。

车马杀伤人

凡无故于街市镇店驰骤车马，因而伤人者，减凡斗伤一等；致死者，杖一百、流三千里。若于乡村无人旷野地内驰骤，因而伤人致死者，杖一百，并追埋葬银一十两。

○若因公务急速而驰骤杀伤人者，以过失论。

庸医杀伤人

凡庸医为人用药针刺，误不依本方，因而致死者，责令别医辨验药饵穴道，如无故害之情者，以过失杀人论，不许行医。

○若故违本方，诈疗疾病而取财物者，计赃准窃盗论。因而致死及因事故用药杀人者，斩。

窝弓杀伤人

凡打捕户于深山旷野猛兽往来去处，穿作坑阱及安置窝弓，不立望竿及抹眉小索者，笞四十。以致伤人者，减斗殴伤二等。因而致死者，杖一百、徒三年，追征埋葬银一十两。

威逼人致死

凡因事威逼人致死者，杖一百。若官吏公使人等非因公务而威逼平民致死者，罪同，并追埋葬银一十两。

○若威逼期亲尊长致死者，绞；大功以下，递减一等。

○若因奸、盗而威逼人致死者，斩。

——凡因事用强，殴打威逼人致死，果有致命重伤及成残废笃疾者，虽有自尽实迹，依律追给埋葬银两，发边卫充军。

——凡因事威逼人致死一家二命及非一家但至三命以上者，发边卫充军。若一家三命以上，发边卫，永远充军。仍依律各追给埋葬银两。

——凡子孙威逼祖父母、父母，妻、妾威逼夫之祖父母、父母致死者，俱比依殴者律，斩。其妻、妾威逼夫致死者，比依妻殴夫至笃疾者律，绞。俱奏请定夺。

——妇人夫亡愿守志，别无主婚之人，若有用强求娶，逼受聘财，因而致死者，依律问罪，追给埋葬银两，发边卫充军。

——凡军民人等，因事威逼本管官致死，为首者，比依威逼期亲尊长致死律，绞；为从者，枷号半年，发边卫充军。

尊长为人杀私和

凡祖父母、父母及夫，若家长为人所杀，而子孙、妻妾、奴婢、雇工人私和者，杖一百、徒三年。期亲尊长被杀，而卑幼私和者，杖八十、徒二年；大功以下，各递减一等。其卑幼被杀，而尊长私和者，各减一等。若妻妾、子孙及子孙之妇、奴婢、雇工人被杀，而祖父母、父母、夫、家长私和者，杖八十。受财者，计赃准窃盗论，从重科断。

○常人私和人命者，杖六十。

同行知有谋害

凡知同伴人欲行谋害他人，不即阻当救护，及被害之后不首告者，杖一百。

《大明会典》卷一百六十九　《刑部十一》

律例十【刑律二】

【斗殴】

斗殴

凡斗殴（相争为斗，相打为殴），以手足殴人，不成伤者，笞二十；成伤，及以他物殴人不成伤者，笞三十；成伤者，笞四十。青赤肿为伤。非手足者，其余皆为他物。即兵不用刃，亦是。拔发方寸以上，笞五十。若血从耳目中出及内损吐血者，杖八十。以秽物污人头面者，罪亦如之。

○折人一齿及手足一指，眇人一目，抉毁人耳鼻，若破人骨及用汤火、铜铁汁伤人者，杖一百。以秽物灌入人口鼻内者，罪亦如之。

○折二齿、二指以上及髡发者，杖六十、徒一年。

○折人肋、眇人两目、堕人胎及刃伤人者，杖八十、徒二年（堕胎者，谓辜内子死。及胎九十日之外成形者，乃坐。其虽因殴，若辜外子死，及胎九十日之内未成形者，各从本殴伤法，不坐堕胎之罪）。

○折跌人肢体及瞎人一目者，杖一百、徒三年。

○瞎人两目，折人两肢，损人二事以上及因旧患令致笃疾，若断人舌及毁败人阴阳者，并杖一百、流三千里。仍将犯人财产一半，断付被伤笃疾之人养赡（损二事以上，谓或殴人一目瞎，又折一肢之类。及因旧患令至笃疾，如人旧瞎一目为残疾，更瞎一目成笃疾；或先折一脚为废疾，更折一脚成笃疾。断人舌，谓将人舌割断，令人全不能说话。毁败人阴阳，谓割去男子茎物，破损外肾者，并杖一百、流三千里，将犯人家产一半，断付被伤笃疾之人养赡。若将妇人阴门非理毁坏者，止科其罪，不在断付财产一半之限）。

○同谋共殴伤人者，各以下手伤重者为重罪，原谋减一等。

○若因斗互相殴伤者，各验其伤之轻重定罪。后下手理直者，减二等。至死及殴兄姊、伯叔者，不减。

——凶徒因事忿争，执持枪、刀、弓、箭、铜铁简剑、鞭、斧、扒头、流星骨朵、麦穗秤锤凶器，但伤人及误伤傍人，与凡剜瞎人眼睛、折跌人肢体、全抉人耳鼻口唇、断人舌、毁败人阴阳者，俱问发边卫充军。若聚众执持凶器伤人及围绕房屋抢检家财，弃毁器物，奸淫妇女，除真犯死罪外，徒罪以上，俱不分首从，发边卫，永远充军。

保辜限期

凡保辜者，责令犯人医治，辜限内皆须因伤死者，以斗殴杀人论（谓殴及伤，各依限保辜。然伤人，皆须因殴乃是。若打人头伤，风从头疮而入，因风致死之类，以斗殴杀人科罪）。

○其在辜限外，及虽在辜限内伤已平复，官司文案明白，别因他故死者，各从本殴伤法（谓打人头伤，不因头疮得风，别因他病而死者，是为他故，各依本殴伤科罪）。若折伤以上，辜内医治平复者，各减二等（堕胎子死者，不减）。辜内虽平复，而成残废、笃疾，及辜限满日不平复者，各依律全科。

○手足及以他物殴伤人者，限二十日。

○以刃及汤火伤人者，限三十日。

○折跌肢体及破骨堕胎者，无问手足他物，皆限五十日。

——斗殴伤人，辜限内不平复，延至限外，若手足、他物、金刃及汤火伤，限外十日之内；折跌肢体及破骨堕胎，限外二十日之内；果因本伤身死，情真事实者，方拟死罪，奏请定夺。此外，不许一概滥拟渎奏。

宫内忿争

凡于宫内忿争者，笞五十。声彻御在所及相殴者，杖一百。折伤以上，加凡斗伤二等，殿内又递加一等。

皇家袒免以上亲被殴

凡皇家袒免亲而殴之者，杖六十、徒一年。伤者，杖八十、徒二年。折伤以上重者，加凡斗二等。缌麻以上，各递加一等。笃疾者，绞。死者，斩。

殴制使及本管长官

凡奉制命出使而官吏殴之，及部民殴本属知府、知州、知县，军士殴本管指挥、千户、百户，若吏卒殴本部五品以上长官，杖一百、徒三年；伤者，杖一百、流二千里；折伤者，绞。若殴六品以下长官，各减三等。殴佐贰官、首领官，又各递减一等。减罪轻者，加凡斗一等。笃疾者，绞。死者，斩。

○若流外官及军民、吏卒殴非本管三品以上官者，杖八十、徒二年；伤者，杖一百、徒三年；折伤者，杖一百、流二千里。殴伤五品以上官者，减二等。若减罪轻及殴伤九品以上官者，各加凡斗伤二等。

○其公使人在外，殴打有司官者，罪亦如之，从所属上司拘问。

——凡因事聚众，将本管及公差勘事、催收钱粮等项一应监临官，殴打绑缚者，俱问罪，不分首从，属军卫者，发极边卫分充军；属有司者，发口外为民。若止是殴打，为首者，俱照前充军为民问发。若是为从,与毁骂者,武职并总小旗俱改调卫所;文职并监生、生员、冠带官、吏典、承差、知印,革去职役为民;军民、舍余人等,各枷号一个月发落。其本管并监临官与军民人等饮酒、赌博、宿娼,自取凌辱者,不在此例。

佐职统属殴长官

凡本衙门首领官及所统属官殴伤长官者,各减吏卒殴伤长官二等。佐贰官殴长官者,又各减二等。减罪轻者,加凡斗一等。笃疾者,绞。死者,斩。

上司官与统属官相殴

凡监临上司、佐贰、首领官,与所统属下司官品级高者,及与部民有高官而相殴者,并同凡斗论。若非相统属官,品级同,自相殴者,亦同凡斗论。

九品以上官殴长官

凡流内九品以上官非本管三品以上官者,杖六十、徒一年。折伤以上,及殴伤三品以上,若五品以上殴伤三品以上官者,各加凡斗伤二等。

拒殴追摄人

凡官司差人追征钱粮、勾摄公事而抗拒不服及殴所差人者,杖八十。若伤重至内损吐血以上及本犯重者,各加二等,罪止杖一百、流三千里。至笃疾者、绞。死者,斩。

殴受业师

凡殴受业师者,加凡人二等。死者,斩。

威力制缚人

凡争论事理,听经官陈告。若以威力制缚人及于私家拷打监禁者,并杖八十。伤重至内损吐血以上,各加凡斗伤二等。因而致死者,绞。若以威力主使人殴打而致死伤者,并以主使之人为首,下手之人为从论,减一等。

——在京、在外无藉之徒,投托势要,作为心腹,诱引生事,绑缚平民,在于私家拷打,胁骗财物者,枷号一个月,发烟瘴地面充军。

良贱相殴

凡奴婢殴良人者,加凡人一等。至笃疾者,绞;死者,斩。其良人殴伤他人奴婢者,减凡人一等。若死及故杀者,绞。若奴婢自相殴伤杀者,各依凡斗伤杀法。相侵财物者,不用此律。

〇若殴缌麻、小功亲奴婢,非折伤,勿论。至折伤以上,各减杀伤凡人奴婢罪二等。大功减三等。至死者,杖一百、徒三年;故杀者,绞;过失杀者,各勿论。

〇若殴缌麻、小功亲雇工人,非折伤,勿论。至折伤以上,各减凡人罪一等;大功,减二等;至死及故杀者,并绞;过失杀者,各勿论。

奴婢殴家长

凡奴婢殴家长者，皆斩；杀者，皆凌迟处死；过失杀者，绞；伤者，杖一百、流三千里。若殴家长之期亲及外祖父母者，绞；伤者，皆斩；过失杀者，减殴罪二等；伤者，又减一等；故杀者，皆凌迟处死。殴家长之缌麻亲，杖六十、徒一年；小功，杖七十、徒一年半；大功，杖八十、徒二年。折伤以上，缌麻，加殴良人罪一等；小功，加二等；大功，加三等。加者，加入于死。死者，皆斩。

○若雇工人殴家长及家长之期亲，若外祖父母者，杖一百、徒三年；伤者，杖一百、流三千里；折伤者，绞；死者，斩；故杀者，凌迟处死。过失杀伤者，各减本杀伤罪二等。殴家长之缌麻亲，杖八十；小功，杖九十；大功，杖一百。伤重至内损吐血以上，缌麻、小功，加凡人罪一等；大功加二等；死者，各斩。

○若奴婢有罪，其家长及家长之期亲，若外祖父母，不告官司而殴杀者，杖一百；无罪而杀者，杖六十、徒一年。当房人口，悉放从良。

○若家长及家长之期亲，若外祖父母，殴雇工人，非折伤，勿论；至折伤以上，减凡人三等；因而致死者，杖一百、徒三年；故杀者，绞。

○若违犯教令，而依法决罚邂逅致死，及过失杀者，各勿论。

妻妾殴夫

凡妻殴夫者，杖一百，夫愿离者，听（须夫自告乃坐）。至折伤以上，各加凡斗伤三等；至笃疾者，绞；死者，斩。故杀者，凌迟处死。

○若妾殴夫及正妻者，又各加一等。加者，加入于死。

○其夫殴妻，非折伤，勿论；至折伤以上，减凡人二等（须妻自告乃坐）。先行审问，夫妇如愿离异者，断罪离异；不愿离异者，验罪收赎。至死者，绞。殴伤妾至折伤以上，减殴伤妻二等；至死者，杖一百、徒三年。妻殴伤妾，与夫殴妻罪同（亦须妾自告乃坐）。过失杀者，各勿论。

○若殴妻之父母者，杖一百。折伤以上，各加凡斗伤罪一等；至笃疾者，绞；死者，斩。

同姓亲属相殴

凡同姓亲属相殴，虽五服已尽而尊卑名分犹存者，尊长减凡斗一等，卑幼加一等。至死者，并以凡人论。

殴大功以下尊长

凡卑幼殴本宗及外姻缌麻兄姊，杖一百；小功，杖六十、徒一年；大功，杖七十、徒一年半；尊属又各加一等（尊属，与父母同辈者，如同堂伯叔父母、姑及母舅、母姨之类）。折伤以上，各递加凡斗伤一等；笃疾者，绞；死者，斩。

○若尊长殴卑幼，非折伤，勿论。至折伤以上，缌麻，减凡人一等；小功，减二等；大功，减三等；至死者，绞。其殴杀同堂弟妹、堂侄及侄孙者，杖一百、流三千里；故杀者，绞。

殴期亲尊长

凡弟妹殴兄姊者，杖九十、徒二年半；伤者，杖一百、徒三年；折伤者，杖一百、流三千里；刃伤及折肢，若瞎其一目者，绞；死者，皆斩。若侄殴伯叔父母、姑及外孙殴外祖父母，各加一等。其过失杀伤者，各减本杀伤罪二等。故杀者，皆凌迟处死（若与外人谋故杀亲属者，外人造意下手，从而加功，从而不加功，自依凡人故杀律科罪。余条准此）。

○其兄姊殴杀弟妹及伯叔、姑殴杀侄并侄孙，若外祖父母殴杀外孙者，杖一百、徒三年；故杀者，杖一百、流二千里。过失杀者，各勿论。

——凡卑幼殴期亲尊长，执有刀刃赶杀，情状凶恶者，虽未成伤，依律问罪，发边卫充军。

——凡兄与伯叔谋夺弟侄财产、官职等项，故行杀害者，问罪。属军卫者，发边卫充军；属有司者，发口外为民。仍断给财产一半，与被杀家属养赡。

殴祖父母、父母

凡子孙殴祖父母、父母，及妻妾殴夫之祖父母、父母者，皆斩；杀者，皆凌迟处死；过失杀者，杖一百、流三千里；伤者，杖一百、徒三年。

○其子孙违犯教令，而祖父母、父母非理殴杀者，杖一百；故杀者，杖六十、徒一年。嫡、继、慈、养母杀者，各加一等；致令绝嗣者，绞。若非理殴子孙之妇及乞养异姓子孙，致令废疾者，杖八十；笃疾者，加一等。并令归宗。子孙之妇，追还嫁妆，仍给养赡银一十两。乞养子孙，拨付合得财产养赡。至死者，各杖一百、徒三年；故杀者，各杖一百、流二千里。妾各减二等。

○其子孙殴骂祖父母、父母，及妻妾殴骂夫之祖父母、父母而殴杀之，若违犯教令而依法决罚，邂逅致死，及过失杀者，各勿论。

——继母告子不孝及伯叔父母、兄、姊，伯叔祖，同堂伯叔父母、兄、姊，奏告弟侄人等打骂者，俱行拘四邻亲族人等，审勘是实，依律问断。若有诬枉，即与辩理。果有显迹伤痕，输情服罪者，不必行勘。

——凡义子过房在十五岁以下，恩养年久，或十六岁以上，曾分有财产、配有室家，若于义父母及义父之祖父母、父母，有犯殴骂、侵盗、恐吓、诈欺、诬告等项，即同子孙，取问如律。若义父母及义父之祖父母、父母，殴杀、故杀者，并以殴杀、故杀乞养异姓子孙论。若过房虽在十五以下，恩养未久，或在十六以上，不曾分有财产、配有室家，及于义父之期亲并外祖父母有违犯者，并以雇工人论。义子之妇，亦依前拟岁数，如律科断。其义子后因本宗绝嗣，或应继军伍等项，有故归宗，而义父母与义父之祖父母、父母无义绝之状，原分家产，原配妻室，不曾拘留，遇有违犯，仍以雇工人论。若犯义绝及夺其财产、妻室，与其余亲属，不分义绝与否，并同凡人论。

妻妾与夫亲属相殴

凡妻、妾殴夫之期亲以下、缌麻以上尊长，与夫殴同罪；至死者，各斩。

○若妻殴伤卑属，与夫殴同；至死者，绞。

〇若殴杀夫之兄弟子,杖一百、流三千里;故杀者,绞。妾犯者,各从凡斗法。

〇若尊长殴伤卑幼之妇,减凡人一等,妾,又减一等;至死者,绞。

〇若弟妹殴兄之妻,加凡人一等。

〇若兄姊殴弟之妻,及妻殴夫之弟妹及弟之妻,各减凡人一等;若殴妾者,各又减一等。

〇其殴姊妹夫、妻之兄弟及妻殴夫之姊妹夫者,以凡斗论;若妾犯者,各加一等。

〇若妾殴夫之妾子,减凡人二等;殴妻之子,以凡人论。若妻之子殴伤父妾,加凡人一等。妾子殴伤父妾,又加二等。

〇至死者,各依凡人论。

殴妻前夫之子

凡殴妻前夫之子者(谓先曾同居,今不同居者),减凡人一等;同居者,又减一等;至死者,绞。

〇若殴继父者(亦谓先前同居,今不同居者),杖六十、徒一年;折伤以上,加凡斗伤一等;同居者,又加一等;至死者,斩。

〇其故杀及自来不曾同居者,各以凡人论。

妻妾殴故夫父母

凡妻妾夫亡改嫁,殴故夫之祖父母、父母者,并与殴舅、姑罪同。其旧舅、姑殴已故子孙改嫁妻妾者,亦与殴子孙妇同。

〇若奴婢殴旧家长及家长殴旧奴婢者,各以凡人论。

父祖被殴

凡祖父母、父母为人所殴,子孙即时救护而还殴,非折伤,勿论;至折伤以上,减凡斗三等;至死者,依常律。

〇若祖父母、父母为人所杀,而子孙擅杀行凶人者,杖六十;其即时杀死者,勿论。

【骂詈】

骂人

凡骂人者,笞一十。互相骂者,各笞一十。

骂制使及本管长官

凡奉制命出使而官吏骂詈,及部民骂本属知府、知州、知县,军士骂本管指挥、千户、百户,若吏卒骂本部五品以上长官,杖一百。若骂六品以下长官,各减三等。骂佐贰官、首领官,又各递减一等(并亲闻乃坐)。

——凡毁骂公、侯、驸马、伯及两京文职三品以上者,问罪,枷号一个月发落。

——凡在长安门外等处妄叫冤枉,辱骂原问官者,问罪,用一百斤枷枷号一个月发落。妇人有犯,罪坐夫男。若不知情及无夫男者,止坐本妇,照常发落。

佐职统属骂长官

凡首领官及统属官骂五品以上长官,杖八十;若骂六品以下长官,减三等。佐贰官骂长官者,又各减二等(并亲闻乃坐)。

奴婢骂家长

凡奴婢骂家长者,绞;骂家长之期亲及外祖父母者,杖八十、徒二年;大功,杖八十;小功,杖七十;缌麻,杖六十。若雇工人骂家长者,杖八十、徒二年;骂家长之期亲及外祖父母者,杖一百;大功,杖六十;小功,笞五十;缌麻,笞四十(并须亲告乃坐)。

骂尊长

凡骂缌麻兄姊,笞五十;小功,杖六十;大功,杖七十;尊属,各加一等。若骂兄姊者,杖一百;伯叔父母、姑、外祖父母,各加一等(并须亲告乃坐)。

骂祖父母、父母

凡骂祖父母、父母,及妻妾骂夫之祖父母、父母者,并绞(须亲告乃坐)。

——凡毁[①]骂祖父母、父母及夫之祖父母、父母,告息词者,奏请定夺。再犯者,虽有息词,不与准理。若祖父母、父母听信后妻爱子蛊惑,谋袭官职,争夺财产等项,捏告打骂者,究问明白,不拘所犯次数,亦与辩理。

妻妾骂夫期亲尊长

凡妻、妾骂夫之期亲以下、缌麻以上尊长,与夫骂罪同。妾骂夫者,杖八十。妾骂妻者、罪亦如之;若骂妻之父母者,杖六十(并须亲告乃坐)。

妻妾骂故夫父母

凡妻、妾夫亡改嫁,骂故夫之祖父母、父母者,并与骂舅、姑罪同。

○若奴婢骂旧家长者,以凡人论。

【诉讼】

越诉

凡军民词讼,皆须自下而上陈告。若越本管官司辄赴上司称诉者,笞五十。

○若迎车驾及击登闻鼓申诉而不实者,杖一百;事重者,从重论;得实者,免罪。

——擅入午门、长安等门内叫诉冤枉,奉旨勘问得实者,问罪,枷号一个月。若涉虚

---

① "毁",《问刑条例》记作:"殴",舒化《万历十三年问刑条例》将"殴"改作:"毁"。

者,仍杖一百,发口外卫分充军。其临时奉旨,止将犯人拿问者,所诉情词不分虚实,立案不行,仍将本犯枷号一个月发落。

——凡假以建言为由,挟制官府,及将暧昧不明奸赃事情,污人名节,报复私雠者,俱问罪。文官,革职为民;武官,革职差操;旗军人等,发边卫;民发附近,俱充军。其有曾经法司,并抚按等衙门问断明白,意图番异,辄于登闻鼓下及长安左右门等处,自刎、自缢、撒泼、喧呼者,拿送法司追究,教唆、主使之人,从重问拟。

——万历七年九月内节奉圣旨:"近来人情险恶,动以私揭害人,报复仇怨。今后两京及在外抚按、监司衙门,但有投递私揭者,俱不许听理。若挟私忌害,颠倒是非,情重者,即便参奏拿问,比诬告律,反坐。"钦此。

——朝觐、听选、给由等项人员及解送军匠物料,听奏仪宾、会试举人、岁贡生员人等到京,若在京及原籍来京,一应亲识闲杂人等,设谋奏告,欺诈、吓取财物者,问罪,枷号一个月发落。原词立案不行。

——江西等处客人在于各处买卖生理,若有负欠钱债等项事情,止许于所在官司陈告,提问发落。若有蓦越赴京奏告者,问罪,递回。奏告情词,不问虚实,立案不行。

——凡土官衙门人等,除叛逆机密,并地方重事,许差本等头目赴京奏告外,其余户婚、田土等项,俱先申合干上司,听与分理。若不与分理及阿徇不公,方许差人奏告,给引照回,该管上司,从公问断。若有蓦越奏告及已奏告,文书到后三月,不出官听理,与已问理,不待归结,复行奏告者,原词俱立案不行。其妄捏叛逆重情,全诬十人以上,并教唆受雇,替人妄告,与盗空纸用印奏诉者,递发该管衙门,照依土俗事例发落。若汉人投入土夷地方,冒顶夷人亲属、头目名色,代为奏告,报仇、占骗财产者,问发边卫充军。

——各处军民词讼,除叛逆、机密等项重事,许其赴京奏告,其有亲邻全家被人残害及无主人命,官吏侵盗系官钱粮,并一应干己事情,俱要自下而上陈告。若有蓦越奏告者,俱问罪。除四川行都司所属及云、贵、两广各给引照回,若四川其余地方并南北直隶、浙江等处,各递回所司听理。若将不干己事,混同开款奏告者,法司参详,止将干己事件开款施行;其不干己事者,明白开款,立案不行。

——为事官吏、军民人等,赴京奏诉一应事情,审系被人奏告,曾经巡抚、巡按或两京法司见问未结者,仍行原问各该衙门,并问归结。若曾被人在巡抚、巡按官或两京法司具告,事发,却又朦胧赴隔别衙门告理,或隐下被人奏告缘由,牵扯别事赴京奏行别衙门勘问者,查审明白,俱将奏告情词,立案不行,仍将犯人转发原问衙门,收问归结。若已经巡抚、巡按官或两京法司问结发落,人犯赴京奏诉冤枉者,方许改调无碍衙门,勘问辩理。

——亲赍本状并抱奏告者,若给引照回,案候三个月之上不到,及递回中途买脱到彼投首者,各查提问罪,原词不分虚实,俱立案不行。其被奏告之人,用财买求原奏告人脱逃者,仍照词通提,究问归结。

——犯罪逃走来京奏诉者,不分云、贵、两广并四川行都司所属,及宣慰、宣抚等司军民人等,一体问罪,递回听理。

——各处军民奏诉冤枉事情,若曾经巡按御史、布、按二司官问理,及法司查有原行见监重囚,或在配所拘役等项,令家人抱赍奏告者,免其问罪,给引照回。其被人诬枉重情,见监未结,法司查无原行者,并军役、户婚、田土等项干己事情,曾经上司断结不明,或亲身及令家人、老幼、妇女抱赍奏告者，各问罪，给引照回，奏词转行原籍官司，候人到提问。

——军民人等干己词讼，若无故不行亲赍，并隐下壮丁，故令老幼、残疾、妇女、家人抱赍奏诉者，俱各立案不行，仍提本身或壮丁问罪。

——曾经考察、考核、被劾人员，若怀挟私忿，妄捏摭拾经该官员别项赃私不干己事奏告，以图报复者，不分见任、致仕、闲住，文官，问发为民；武官，问革差操。奏告情词，不问虚实，立案不行。

——文武官吏人等，犯该为民等项罪名，不分已未结正，伸诉冤枉者，准行辩理。其有妄奏冤枉，摭拾原问官员，勘问涉虚，原问为民者，发口外为民；原问差操者，发边卫差操；原问充军者，发极边卫所充军。

——凡蓦越赴京及赴巡抚、巡按、按察司官处，各奏告叛逆等项机密重事不实，并全诬十人以上，属军卫者，发边卫充军；属有司者，发口外为民。

——在外刁徒，身背黄袱，头插黄旗，口称奏诉，直入衙门，挟制官吏者，所在官司就拿送问。若系干己事情及有冤枉者，照常发落。不系干己事情，别无冤枉，并追究主使之人，一体问罪，属军卫者，俱发边卫充军；属有司者，俱发口外为民。

投匿名文书告人罪

凡投隐匿姓名文书告言人罪者，绞。见者，即便烧毁；若将送入官司者，杖八十。官司受而为理者，杖一百。被告言者不坐。若能连文书捉获解官者，官给银一十两充赏。

告状不受理

凡告谋反、逆叛，官司不即受理掩捕者，杖一百、徒三年；以致聚众作乱、攻陷城池及劫掠人民者，斩。若告恶逆，不受理者，杖一百。告杀人及强盗，不受理者，杖八十。斗殴、婚姻、田宅等事，不受理者，各减犯人罪二等，并罪止杖八十。受财者，计赃以枉法从重论。

○若词讼原告被论在两处州、县者，听原告就被论官司告理归结。推故不受理者，罪亦如之。

○若都督府、各部监察御史、按察司及分司巡历去处，应有词讼，未经本管官司陈告，及本宗公事未绝者，并听置簿立限，发当该官司追问，取具归结缘白勾销。若有迟错，不即举行改正者，与当该官吏同罪。其已经本管官司陈告，不为受理，及本宗公事已绝，理断不当，称诉冤枉者，各衙门即便勾问。若推故不受理及转委有司，或仍发原问官司收问者，依告状不受理律论罪。

○若追问词讼及大小公事，须要就本衙门归结，不得转委。违者，随所告事理轻重以坐其罪（谓如所告公事，合得杖罪，坐以杖罪；合得笞罪，坐以笞罪。死罪已决放者，同罪；未决放，减等。徒流罪，抵徒流）。

听讼回避

凡官吏于诉讼人内关有服亲及婚姻之家，若受业师及旧有雠嫌之人，并听移文回避。

违者，笞四十。若罪有增减者，以故出入人罪论。

诬告

凡诬告人笞罪者，加所诬罪二等；流、徒、杖罪，加所诬罪三等；各罪止杖一百、流三千里。若所诬徒罪人已役，流罪人已配，虽经改正放回，验日于犯人名下追征用过路费给还。若曾经典卖田宅者，着落犯人备价取赎。因而致死随行有服亲属一人者，绞，将犯人财产一半，断付被诬之人（其被诬之人致死亲属一人者，犯人虽处绞，仍令备偿路费，取赎田宅，又将财产一半断付被诬之人养赡）。至死罪，所诬之人已决者，反坐以死（其被诬之人已经处决者，犯人虽坐死罪，亦令备偿路费，取赎田宅，断付财产一半养赡其家）；未决者，杖一百、流三千里，加役三年。

〇其犯人如果贫乏，无可备偿路费，取赎田宅，亦无财产断付者，止科其罪。

〇其被诬之人，诈冒不实，反诬犯人者，亦抵所诬之罪，犯人止反坐本罪（谓被诬之人，本不曾致死亲属，诈作致死；或将他人死尸冒作亲属，诬赖犯人者，亦抵绞罪。犯人止反坐诬告本罪，不在加等，备偿路费，取赎田宅，断付财产一半之限）。若告二事以上，重事告实，轻事招虚及数事罪等，但一事告实者，皆免罪。

〇若告二事以上，轻事告实，重事招虚；或告一事诬轻为重者，皆反坐所剩。若已论决，全抵剩罪；未论决，笞、杖收赎，徒、流止杖一百，余罪亦听收赎（谓诬轻为重，至徒、流罪者，每徒一等，折杖二十。若从徒入流者，三流并准徒四年，皆以一年为所剩罪，折杖四十。若从近流入至远流者，每流一等，准徒半年为所剩罪，亦各折杖二十。收赎者，谓如告一人二事，一事该笞五十是虚，一事该笞三十是实，即于笞五十上，准告实笞三十外，该剩下告虚笞二十，赎铜钱一贯二百文。或告一人，一事该杖一百是虚，一事该杖六十是实，即于杖一百上，准告实杖六十外，该剩下告虚杖四十，赎钱二贯四百文。及告一人，一事该杖一百、徒三年是虚；一事该杖八十是实，即于杖一百、徒三年上，准告实杖八十外，该剩下告虚杖二十、徒三年之罪。徒五等，该折杖一百，通计杖一百二十，反坐原告人杖一百，余剩杖二十，赎铜钱一贯二百文。又如告一人，一事该杖一百、流三千里，于内问得止招该杖一百，三流并准徒四年，通计折杖二百四十，反坐原告人杖一百。余剩杖四十，赎铜钱二贯四百文之类。若已论决，并以剩罪全科，不在收赎之限）。至死罪，而所诬之人已决者，反坐以死；未决者，止杖一百、流三千里。

〇若律该罪止者，诬告虽多，不反坐（谓如告人不枉法赃二百贯，一百二十贯是实，八十贯是虚，依律不枉法赃一百二十贯以上罪止杖一百、流三千里，即免其罪）。

〇其告二人以上，但有一人不实者，罪虽轻，犹以诬告论（谓如有人告三人，二人徒罪是实，一人笞罪是虚，仍以一人笞罪止加二等，反坐原告之类）。

〇若各衙门官进呈实封诬告人，及风宪官挟私弹事有不实者，罪亦如之。若反坐及加罪轻者，从上书诈不实论。

〇若狱囚已招伏罪，本无冤枉，而囚之亲属妄诉者，减囚罪三等，罪止杖一百。若囚已决配，而自妄诉冤枉，摭拾原问官吏者，加所诬罪三等，罪止杖一百、流三千里。

——诬告人因而致死，被诬之人委系平人，及因考[①]禁身死者，比依诬告人，因而致死随行有服亲属一人，绞罪，奏请定夺。若诬轻为重及虽全诬平人，却系患病在外身死者，止拟应得罪名发落。

——军旗有欲陈告运官不法事情者，许候粮运过淮，并完粮回南之日，赴漕司告理。如赴别衙门挟告诈财者，听把总官就拿送问。犯该徒罪以上，调发边卫充军，另拘户丁补伍。

——各处刁军刁民专一挟制官吏，陷害良善，起灭词讼，结党捏词缠告，把持官府不得行事等项，情犯深重者，民发附近；军发边卫，充军。仍于本地方枷号三个月发落。若原系充军口外为民人犯，遇例放回原籍，有前项罪犯者，各枷号三个月，发极边卫分充军。

——各处奸徒串结衙门人役，假以上司访察为由，纂集事件，挟制官府，陷害良善，或诈骗财物，或报复私雠，名为窝访者，事发，勘问得实，依律问罪。用一百二十斤枷枷号两个月发落。该徒、流者，发边卫充军。

——凡无藉棍徒，私自串结，将不干己事情捏写本词，声言奏告，恐吓得财，计赃满贯者，不分首从，俱发边卫充军。若妄指宫禁、亲藩为词，诬害平人者，不分首从，枷号三个月，照前发遣。

干名犯义

凡子孙告祖父母、父母，妻妾告夫及夫之祖父母、父母者，杖一百、徒三年；但诬告者，绞。若告期亲尊长、外祖父母，虽得实，杖一百；大功，杖九十；小功，杖八十；缌麻，杖七十。其被告期亲、大功尊长及外祖父母，若妻之父母，并同自首免罪；小功、缌麻尊长，得减本罪三等。若诬告重者，各加所诬罪三等（加罪不至于死。若所诬尊长徒罪已役，流罪已配，虽经改正放回，依诬告人律，验日于犯人名下追征用过路费给还。若曾经典卖田宅者，着落犯人备价取赎。因而致死随行有服亲属一人者，绞；仍令备偿路费，取赎田宅，又将犯人财产一半断付被诬之人养赡。至死罪，所诬之人已决者，处死，亦令备偿路费，取赎田宅，断付财产一半养赡其家；未决者，杖一百、流三千里，加徒三年）。

○其告谋反、大逆、谋叛、窝藏奸细及嫡母、继母、慈母、所生母杀其父，若所养父母杀其所生父母，及被期亲以下尊长侵夺财产，或殴伤其身，应自理诉者，并听告，不在干名犯义之限。

○若告卑幼得实，期亲、大功及女婿，亦同自首免罪；小功、缌麻，亦得减本罪三等。诬告者，期亲减所诬罪三等；大功，减二等；小功、缌麻，减一等。若诬告妻及妻诬告妾，亦减所诬罪三等。

○若奴婢告家长及家长缌麻以上亲者，与子孙卑幼罪同。若雇工人告家长及家长之亲者，各减奴婢罪一等；诬告者不减。

○其祖父母、父母、外祖父母诬告子孙、外孙、子孙之妇妾及己之妾，若奴婢及雇工人者，各勿论。

---

① “考”，通“拷”。舒化《万历十三年问刑条例》记作：“拷”。

○若女婿与妻父母果有义绝之状，许相告言，各依常人论（义绝之状，谓如身在远方，妻父母将妻改嫁，或赶逐出外，重别招婿，及容止外人通奸；又如本身殴妻致折伤；抑妻通奸；有妻诈称无妻，欺妄更娶妻；以妻为妾；受财将妻妾典雇，妄作姊妹嫁人之类）。

子孙违犯教令

凡子孙违犯祖父母、父母教令及奉养有缺者，杖一百（谓教令可从而故违，家道堪奉而故缺者，须祖父母、父母亲告乃坐）。

见禁囚不得告举他事

凡被囚禁不得告举他事，其为狱官、狱卒非理凌虐者，听告。若应囚禁被问，更首别事，有干连之人，亦合准首，依法推问科罪。

○其年八十以上、十岁以下及笃疾者，若妇人，除谋反、逆叛、子孙不孝，或己身及同居之内为人盗诈、侵夺财产及杀伤之类，听告。余并不得告。官司受而为理者，笞五十。

教唆词讼

凡教唆词讼及为人作词状增减情罪诬告人者，与犯人同罪。若受雇诬告人身者，与自诬告同。受财者，计赃以枉法从重论。其见人愚而不能伸冤，教令得实，及为人书写词状而罪无增减者，勿论。

——代人捏写本状，教唆或扛帮赴京，及赴巡抚、巡按、并按察司官处，各奏告叛逆等项机密，强盗、人命重事，不实并全诬十人以上者，俱问发边卫充军。

——凡将本状用财雇寄与人赴京奏诉者，并受雇、受寄之人，属军卫者，发边卫充军；属有司者，发口外为民。其在京校尉、军匠、舍余人等，并各处因事至京人员，将原籍词讼因便奏告者，各问罪。原词俱立案不行。

军民约会词讼

凡军官、军人有犯人命，管军衙门约会有司检验归问。若奸、盗、诈伪、户婚、田土、斗殴与民相干事务，必须一体约问。与民不相干者，从本管军职衙门自行追问。其有占吝不发，首领官吏各笞五十。

○若管军官越分辄受民讼者，罪亦如之。

——在外军民词讼，除叛逆、机密重事，许镇守、总兵、参将、守备等官受理外，其余不许滥受，辄行军卫、有司问理。南京词讼，干系地方者，许内外守备官员受理。其余户婚、田土、斗殴、人命一应词讼，悉遵旧制，赴南京通政使司，告送法司问理。其在外军卫、有司，不系掌印官，不许接受词讼。①

——正德十六年七月十四日节该钦奉世宗皇帝圣旨："今后缉事官校，只著遵照原来敕书，于京城内外，察访不轨、妖言、人命、强盗重事，其余军民词讼及在外事情，俱不干

① 此条与本《会典》卷一百三十二《镇戍七 · 边臣职守》互见。

预。”钦此。

官吏词讼家人诉

凡官吏有争论婚姻、钱债、田土等事，听令家人告官理对，不许公文行移。违者，笞四十。

诬告充军及迁徙

凡诬告充军者，民告，抵充军役；军告，发边远充军。

○若官吏故将平人顶替他人军役者，以故出入人流罪论，杖一百、流三千里。

○若诬告人说事过钱者，于迁徙比流减半，准徒二年上加所诬罪三等，并入所得笞、杖通论。

《大明会典》卷一百七十　《刑部十二》

律例十一【刑律三】

【受赃】

官吏受财

凡官吏受财者,计赃科断。无禄人,各减一等。官追夺除名,吏罢役,俱不叙。

○说事过钱者,有禄人,减受钱人一等;无禄人,减二等;罪止杖一百。各迁徙。有赃者,计赃从重论。

有禄人枉法,赃各主者,通算全科(谓受有事人财而曲法科断者,如受十人财,一时事发,通算作一处,全科其罪)。

一贯以下,杖七十;

一贯之上至五贯,杖八十;

一十贯,杖九十;

一十五贯,杖一百;

二十贯,杖六十、徒一年;

二十五贯,杖七十、徒一年半;

三十贯,杖八十、徒二年;

三十五贯,杖九十、徒二年半;

四十贯,杖一百、徒三年;

四十五贯,杖一百、流二千里;

五十贯,杖一百、流二千五百里;

五十五贯,杖一百、流三千里;

八十贯,绞。

不枉法赃各主者,通算折半科罪(谓虽受有事人财,判断不为曲法者,如受十人财,一时事发,通算作一处,折半科罪)。

一贯以下，杖六十；

一贯之上至一十贯，杖七十；

二十贯，杖八十；

三十贯，杖九十；

四十贯，杖一百；

五十贯，杖六十、徒一年；

六十贯，杖七十、徒一年半；

七十贯，杖八十、徒二年；

八十贯，杖九十、徒二年半；

九十贯，杖一百、徒三年；

一百贯，杖一百、流二千里；

一百一十贯，杖一百、流二千五百里；

一百二十贯，罪止杖一百、流三千里。

无禄人枉法，一百二十贯，绞；不枉法，一百二十贯之上，罪止杖一百、流三千里。

——文职官吏、监生、知印、承差，受财枉法至满贯绞罪者，发附近卫所充军。

——凡在官人役，取受有事人财，律无正条者，果于法有枉纵，俱以枉法计赃科罪。若尸亲邻证等项，不系在官人役，取受有事人财，各依本等律条科断，不在枉法之律。

坐赃致罪

○凡官吏人等非因事受财，坐赃致罪。各主者通算，折半科罪。与者，减五等（谓如被人盗财或殴伤，若陪偿及医药之外，因而受财之类，各主者并通算，折半科罪。为两相和同取与，故出钱人减受钱人罪五等。又如擅科敛财物，或多收少征，钱粮虽不入己，或造作虚费人工物料之类，凡罪由此赃者，皆名为坐赃致罪）。

一贯以下，笞二十；

一贯之上至一十贯，笞三十；

二十贯，笞四十；

三十贯，笞五十；

四十贯，杖六十；

五十贯，杖七十；

六十贯，杖八十；

七十贯，杖九十；

八十贯，杖一百；

一百贯，杖六十、徒一年；

二百贯，杖七十、徒一年半；

三百贯，杖八十、徒二年；

四百贯，杖九十、徒二年半；

五百贯之上，罪止杖一百、徒三年。

事后受财

凡有事先不许财，事过之后而受财。事若枉断者，准枉法论；事不枉断者，准不枉法论。

有事以财请求

凡诸人有事，以财行求得枉法者，计所与财坐赃论。若有避难就易，所枉重者，从重论。其官吏刁蹬，用强生事，逼抑取受者，出钱人不坐。

在官求索借贷人财物

凡监临官吏挟势及豪强之人求索借贷所部内财物者，并计赃准不枉法论；强者，准枉法论；财物给主。

○若将自己物货散与部民，及低价买物，多取价利者，并计余利准不枉法论；强者，准枉法论；物货价钱，并入官给主。

○若于所部内买物，不即支价，及借衣服器玩之属，各经一月不还者，并坐赃论。

○若私借用所部内马、牛、驼、骡、驴及车船、碾磨、店舍之类，各验日计雇赁钱，亦坐赃论，追钱给主。

○若接受所部内馈送土宜礼物，受者，笞四十；与者，减一等。若因事而受者，计赃以不枉法论。其经过去处供馈饮食，及亲故馈送者，不在此限。

○其出使人于所差去处求索借贷，卖买多取价利及受馈送者，并与监临官吏罪同。

○若去官而受旧部内财物及求索借贷之属，各减在官时三等。

——文武职官索取土官、夷人、傜獞财物，犯该徒三年以上者，俱发边卫充军。

——凡辽东、宣府、大同、延绥、宁夏、甘肃、固原并偏头等关，直隶、蓟州、密云等处，各沿边地方，各该镇守、总兵、副参、游击、守备、都司、卫所等官，但有科敛军人财物及扣减月粮，计入己赃至三十两以上，降一级，带俸差操；百两以上，降一级，改调烟瘴地面，带俸差操；二百两以上，照前调发，充军；三百两以上，亦照前调发，永远充军。其沿海地方有犯，亦照前例科断。应改调及充军者，俱发边远卫分。

——云贵、两广、四川、湖广等处流官，擅自科敛土官财物，佥取兵夫，征价入己，强将货物发卖，多取价利，各赃至满贯，犯该徒三年以上者，问发附近卫所充军。若买卖不曾用强及赃数未满者，照行止有亏事例问革。其科敛财物明白公用，佥取兵夫不曾征价者，照常发落。

家人求索

凡监临官吏家人，于所部内取受求索，借贷财物及役使部民，若卖买多取价利之类，各减本官罪二等。若本官知情，与同罪；不知者，不坐。

风宪官吏犯赃

凡风宪官吏受财，及于所按治去处求索借贷人财物，若卖买多取价利及受馈送之类，各加其余官吏罪二等。

因公擅科敛

凡有司官吏人等，非奉上司明文，因公擅自科敛所属财物，及管军官吏、总旗、小旗科敛军人钱粮赏赐者，杖六十。赃重者，坐赃论。入己者，并计赃以枉法论。

○其非因公务科敛人财物入己者，计赃以不枉法论。若馈送人者，虽不入己，罪亦如之。

——在京、在外衙门，不许分外罚取纸札、笔墨、银朱、器皿、钱穀、银两等项。违者，计赃论罪。若有指称修理，不分有无罪犯，用强科罚，米穀至五十石，银至二十两以上，绢帛贵细之物值银二十两以上者，事发问罪，起送吏部，降一级用。

——弘治十六年十一月十七日节该钦奉孝宗皇帝圣旨："科罚修理，果曾经手的，不准花销，照例起送。若自不经手，支销明白的，只依科敛律发落。"钦此。

私受公侯财物

凡内外各卫指挥、千户、百户、镇抚、并总旗、小旗等，不得于私下或明白接受公侯所与宝钞、金银、缎匹、衣服、粮米、钱物。若受者，军官杖一百，罢职，发边远充军。总旗、小旗罪同。再犯处死。公侯与者，初犯、再犯，免罪附过；三犯，准免死一次。若奉命征讨，与者、受者，不在此限。

克留盗赃

凡巡捕官已获盗贼，克留赃物，不解官者，笞四十；入己者，计赃以不枉法论；仍将其赃并论盗罪。若军人弓兵有犯者，计赃虽多，罪止杖八十。

官吏听许财物

凡官吏听许财物，虽未接受，事若枉者，准枉法论；事不枉者，准不枉法论，各减一等。所枉重者，各从重论。

【诈伪】

诈为制书

凡诈为制书及增减者，皆斩；未施行者，绞；传写失错者，杖一百。

○诈为将军、总兵官、五军都督府、六部、都察院、都指挥使司、内外各卫指挥使司、守御紧要隘口千户所文书，套画押字，盗用印信，及空纸用印者，皆绞；察院、布政司、按察司、府州县衙门者，杖一百、流三千里。其余衙门者，杖一百、徒三年；未施行者，各减一等。若有规避，事重者，从重论。

○其当该官司知而听行，各与同罪；不知者，不坐。

——诈为将军、总兵官、五府、六部等衙门文书，律该绞罪者，依律问断外，若诈为察院、布政司、按察司、府、州、县及其余衙门文书，诓骗科敛财物者，问发边卫充军。

——凡诈为各衙门文书，盗用印信者，不分有无押字，依律坐罪。若止套画押字，各就所犯事情轻重，查照本等律条科断。其诈为六部各司、军卫各所文书者，俱与其余衙门同科。

诈传诏旨

凡诈传诏旨者，斩；皇后懿旨、皇太子令旨、亲王令旨者，绞。

○若诈传一品、二品衙门官言语，于各衙门分付公事，有所规避者，杖一百、徒三年；三品、四品衙门官言语者，杖一百；五品以下衙门官言语者，杖八十。为从者，各减一等。若得财者，计赃以不枉法；因而动事曲法者，以枉法，各从重论。

○其当该官司知而听行，各与同罪；不知者，不坐。

○若各衙门追究钱粮，鞫问刑名公事，当该官吏将奏准合行事理妄称奉旨追问者，斩。

对制上书诈不以实

凡对制及奏事上书，诈不以实者，杖一百、徒三年。非密而妄言有密者，加一等。

○若奉制推按问事，报上不以实者，杖八十、徒二年。事重者，以出入人罪论。

伪造印信历日等

凡伪造诸衙门印信及历日、符验、夜巡铜牌、茶盐引者，斩；有能告捕者，官给赏银五十两。伪造关防印记者，杖一百、徒三年；告捕者，官给赏银三十两。为从及知情行用者，各减一等。若造而未成者，各又减一等。其当该官司，知而听行，与同罪；不知者，不坐。

——凡盗用总督，巡抚、审录、勘事、提学、兵备、屯田、水利等官钦给关防，俱照各官本衙门印信拟罪。若盗及弃毁、伪造，悉与印信同科。

——凡描摸印信，行使诓骗财物，该徒罪以上者，问发边卫，永远充军。

——伪造并盗用通政使司关防印记，及伪印工部批回，卖放人匠者，俱问罪，于本衙门首枷号三个月发落。

——起解军士，捏买伪印批回者，除真犯死罪外，解人发附近，军士调边卫；原系边卫者，调极边卫，各充军。

伪造宝钞

凡伪造宝钞，不分首从及窝主，若知情行使者，皆斩，财产并入官。告捕者，官给赏银二百五十两，仍给犯人财产。里长知而不首者，杖一百；不知者，不坐。其巡捕、守把官军知情故纵者，与同罪。若搜获伪钞，隐匿入己，不解官者，杖一百、流三千里。失于巡捕及透漏者，杖八十，仍依强盗责限根捕。

○若将宝钞挑剜、补辏、描改，以真作伪者，杖一百、流三千里；为从及知情行使者，杖一百、徒三年。

○其同情造伪人，有能悔过捕获同伴首告者，与免本罪，亦依常人一体给赏。

私铸铜钱

凡私铸铜钱者,绞。匠人罪同。为从及知情买使者,各减一等。告捕者,官给赏银五十两。里长知而不首者,杖一百;不知者,不坐。

○若将时用铜钱剪错薄小,取铜以求利者,杖一百。

○若伪造金银者,杖一百、徒三年。为从及知情买使者,各减一等。

——私铸铜钱,为从者,问罪,用一百斤枷枷号一个月。民匠、舍余发附近充军,旗军调发边卫食粮差操。若贩卖行使者,亦枷号一个月,照常发落。①

——伪造假银及知情买使之人,俱问罪,于本地方枷号一个月发落。

诈假官

凡诈假官、假与人官者,斩。其知情受假官者,杖一百、流三千里;不知者,不坐。

○若无官而诈称有官,有所求为,或诈称官司差遣而捕人,及诈冒官员姓名者,杖一百、徒三年。若诈称见任官子孙、弟侄、家人、总领,于按临部内有所求为者,杖一百;为从者,各减一等。若得财者,并计赃准窃盗从重论。

○其当该官司知而听行,与同罪;不知者,不坐。

——广西、云贵、湖广、四川等处,但有冒籍生员,食粮起贡到部者,问革,发原籍为民。若买到土人倒过所司起送公文,顶名赴部投考者,发口外为民。卖与者,行所在官司,追赃治罪。若已受职,比依诈假官律,处斩。卖者,发边卫充军。经该官吏朦胧起送,各治以罪。

——凡诈冒皇亲族属、姻党、家人,在京、在外巧立名色挟骗财物,侵占地土并有禁山场,拦当船只,措要银两,出入大小衙门,嘱托公事,贩卖钱钞、私盐,包揽钱粮,假称织造,私开牙行,擅搭桥梁,侵渔民利者,除真犯死罪外,徒罪以上,俱于所犯地方枷号一个月,发边卫充军。杖罪以下,亦枷号一个月发落。若被害之人赴所在官司告诉,不即受理及虽受理观望逢迎,不即问断、举奏者,各治以罪。

——假充大臣及近侍官员家人名目,豪横乡村,生事害民,强占田土房屋,招集流移住种者,许所在官司拿问。犯该徒罪以上者,发边卫充军;杖罪以下,枷号一个月发落。

诈称内使等官

凡诈称内使及都督府、四辅、谏院等官,六部、监察御史、按察司官,在外体察事务、欺诳官府,扇惑人民者,斩;知情随行者,减一等。其当该官司知而听行,与同罪;不知者,不坐。

○若诈称使臣乘驿者,杖一百、流三千里;为从者,减一等。驿官知而应付者,与同罪;不知情,失盘诘者,笞五十;其有符验而应付者,不坐。

——凡诈冒内官亲属、家人等项名色,恐吓官司,诓骗财物者,除真犯死罪外,其余枷

---

① 此条与本《会典》卷三十一《库藏二 · 钱法》互见。

号一个月，发边卫充军。所在官司，畏徇故纵，不行擒拿者，各治以罪。[①]

——凡诈充锦衣卫旗校，假以差遣体访事情、缉捕盗贼为由，占宿公馆，妄拿平人，吓取财物，扰害军民者，除真犯死罪外，徒罪以上，枷号一个月，发边卫充军；杖罪以下，亦枷号一个月发落。所在官司附从故纵者，各治以罪。

近侍诈称私行

凡近侍之人，在外诈称私行，体察事务，扇惑人民者，斩（谓如给事中、尚宝等官，奉御内使、仪鸾司官、校尉之类）。

诈为瑞应

凡诈为瑞应者，杖六十、徒一年。

○若有灾祥之类，而钦天监官不以实对者，加二等。

诈病死伤避事

凡官吏人等诈称疾病，临事避难者，笞四十；事重者，杖八十。

○若犯罪待对，故自伤残者，杖一百；诈死者，杖一百、徒三年；所避事重者，各从重论。若无避，故自伤残者，杖八十。其受雇倩为人伤残者，与犯人同罪；因而致死者，减斗杀罪一等。

○若当该官司知而听行，与同罪；不知者，不坐。

诈教诱人犯法

凡诸人设计用言教诱人犯法，及和同令人犯法，却行捕告，或令人捕告，欲求给赏，或欲陷害人得罪者，皆与犯法之人同罪。

【犯奸】

犯奸

凡和奸，杖八十；有夫，杖九十；刁奸，杖一百。

○强奸者，绞；未成者，杖一百、流三千里。

○奸幼女十二岁以下者，虽和，同强论。

○其和奸、刁奸者，男女同罪。奸生男女，责付奸夫收养。奸妇，从夫嫁卖；其夫愿留者，听。若嫁卖与奸夫者，奸夫、本夫各杖八十；妇人离异归宗，财物入官。

○强奸者，妇女不坐。

○若媒合容止通奸者，各减犯人罪一等。私和奸事者，减二等。

○其非奸所捕获，及指奸者，勿论。若奸妇有孕，罪坐本妇。

---

① 此条与本《会典》卷一百七十《诈称内使等官》互见。

纵容妻妾犯奸

凡纵容妻、妾与人通奸，本夫、奸夫、奸妇各杖九十。抑勒妻、妾及乞养女与人通奸者，本夫、义父各杖一百，奸夫杖八十；妇女不坐，并离异归宗。

○若纵容抑勒亲女及子孙之妇、妾与人通奸者，罪亦如之。

○若用财买休、卖休和娶人妻者，本夫、本妇及买休人各杖一百；妇人离异归宗，财礼入官。若买休人与妇人用计逼勒本夫休弃，其夫别无卖休之情者，不坐；买休人及妇人各杖六十、徒一年；妇人余罪收赎，给付本夫，从其嫁卖。妾减一等。媒合人各减犯人罪一等。

亲属相奸

凡奸同宗无服之亲及无服亲之妻者，各杖一百。

○若奸缌麻以上亲及缌麻以上亲之妻（谓内外有服之亲），妻前夫之女及同母异父姊妹者，各杖一百、徒三年；强者，斩。若奸从祖祖母姑、从祖伯叔母姑、从父姊妹、母之姊妹及兄弟妻、兄弟子妻者，各绞；强者，斩。若奸父祖妾、伯叔母姑，姊妹，子孙之妇、兄弟之女者，各斩。

○妾，各减一等；强者，绞（谓强奸亲属妾者该绞）。

——凡亲属犯奸至死罪者，若强奸未成，依律问罪，发边卫充军。

——凡犯奸内外缌麻以上亲及缌麻以上亲之妻，若妻前夫之女，同母异父姊妹者，依律拟罪，奸夫发附近卫充军。

诬执翁奸

凡男妇诬执亲翁，及弟妇诬执夫兄欺奸者，斩。

奴及雇工人奸家长妻

凡奴及雇工人奸家长妻女者，各斩。

○若奸家长之期亲，若期亲之妻者，绞。妇女减一等。若奸家长之缌麻以上亲及缌麻以上亲之妻者，各杖一百、流二千里；强者，斩。

○妾，各减一等；强者，亦斩。

奸部民妻女

凡军民、官吏奸所部妻女者，加凡奸罪二等，各罢职役不叙。妇女以凡奸论。

○若奸囚妇者，杖一百、徒三年。囚妇止坐原犯罪名。

——凡军职及应袭舍人犯奸，除奸所捕获及刁奸坐拟奸罪者，官革职，与舍人俱发本卫，随舍余食粮差操。其指奸及非奸所捕获者，俱照常发落。

居丧及僧道犯奸

凡居父母及夫丧，若僧、尼、道士、女冠犯奸者，各加凡奸罪二等。相奸之人，以凡奸论。

——僧道不分有无度牒及尼僧、女冠犯奸者，依律问罪。各于本寺观庵院门首枷号一个月发落。

——僧道官、僧人、道士，有犯挟妓饮酒者，俱问发原籍为民。[①]

良贱相奸

凡奴奸良人妇女者，加凡奸罪一等。良人奸他人婢者，减一等。奴婢相奸者，以凡奸论。

官吏宿娼

凡官吏宿娼者，杖六十；媒合人，减一等。

〇若官员子孙宿娼者，罪亦娼之，附过，候荫袭之日降一等于边远叙用。

买良为娼

凡娼优乐人买良人子女为娼优，及娶为妻妾，或乞养为子女者，杖一百。知情嫁卖者，同罪。媒合人，减一等。财礼入官，子女归宗。

——凡买良家子女作妾，并义女等项名目，纵容抑勒与人通奸者，本夫、义父问罪，于本家门首枷号一个月发落。若乐工私买良家子女为娼者，不分买卖、媒合人等，亦问罪。俱于院门首枷号一个月。妇女并发归宗。[②]

【杂犯】

拆毁申明亭

凡拆毁申明亭房屋及毁板榜者，杖一百、流三千里。

夫匠军士病给医药

凡军士在镇守之处，丁夫杂匠在工役之所而有疾病，当该官司不为请给医药救疗者，笞四十；因而致死者，杖八十。若已行移所司，而不差拨良医及不给对证药饵医治者，罪同。

赌博

凡赌博财物者，皆杖八十，摊场钱物入官。其开张赌坊之人，同罪。止据见发为坐。职官加一等。

〇若赌饮食者，勿论。

——凡赌博人犯，若自来不务生理，专一沿街酗酒撒泼，或曾犯诓骗、窃盗、不孝、不

---

① 此条与本《会典》卷一百四《艺术 · 僧道 · 凡僧道罪犯》互见。

② 此条与本《会典》卷一百四《艺术 · 僧道 · 凡僧道罪犯》互见。

弟等项罪名，及开张赌坊者，定为第一等问罪，枷号二个月；若平昔不系前项人犯，止是赌博，但有银两、衣服、钱物者，定为第二等问罪，枷号一个月，各发落；若年幼无知，偶被人诱引在内者，定为第三等，照常发落。其职官有犯一等、二等者，奏请问罪。文官，革职为民；武官，革职随舍余食粮差操。

阉割火者

凡官民之家，不得乞养他人之子阉割火者。违者，杖一百、流三千里，其子给亲。

——先年净身人曾经发回，若不候朝廷收取，官司明文起送，私自来京，图谋进用者，问发边卫充军。[①]

——弘治五年十月二十四日节该钦奉孝宗皇帝圣旨："今后敢有私自净身的，本身并下手之人处斩，全家发边远充军，两邻及歇家不举首的，问罪。有司、里老人等，仍要时常访察，但有此等之徒，即便捉拿送官。如或容隐，一体治罪不饶。"钦此。[②]

——万历十一年八月内节奉圣旨："自宫禁例载在《会典》，我圣祖明旨甚严。乃无知小民往往犯禁私割，致伤和气，着都察院便行五城御史及通行各省直抚、按衙门，严加禁约。自今五年以后，民间有四、五子以上，愿以一子报官阉割者，听有司造册，送部，候收补之日选用。如有私割的，照例重治。邻佑不举的，一并治罪不饶。"钦此。

嘱托公事

凡官吏诸色人等曲法嘱托公事者，笞五十，但嘱即坐（谓所嘱曲法之事，不分从与不从，行与不行，但嘱即得此罪）。当该官吏听从者，与同罪；不从者，不坐。若事已施行者，杖一百；所枉罪重者，官吏以故出入人罪论。若为他人及亲属嘱托者，减官吏罪三等。自嘱托己事者，加本罪一等。

○若监临势要为人嘱托者，杖一百；所枉重者，与官吏同罪；至死者，减一等（谓监临势要之人，但嘱托，即杖一百。官吏听从者，仍笞五十。已施行者，亦杖一百。所枉之罪重于杖一百者，官吏与监临势要之人，皆得故出入人之罪。官吏依律合死者，监临势要之人，合减死一等）。若受赃者，并计赃以枉法论。

○若官吏不避监临势要，将嘱托公事实迹赴上司首告者，升一等。

私和公事

凡私和公事者，减犯人罪二等，罪止笞五十。

失火

凡失火烧自己房屋者，笞四十；延烧官民房屋者，笞五十；因而致伤人命者，杖一百，罪坐失火之人。若延烧宗庙及宫阙者，绞；社，减一等。

○若于山陵兆域内失火者，杖八十、徒二年；延烧林木者，杖一百、流二千里。若于官

---

① 此条与本《会典》卷八十《建言·自宫禁例》互见。

② 此条与本《会典》卷八十《建言·自宫禁例》互见。

府公廨及仓库内失火者，亦杖八十、徒二年。主守之人，因而侵欺财物者，计赃以监守自盗论。其在外失火而延烧者，各减三等。

○若于库藏及仓廒内燃火者，杖八十。

○其守卫宫殿及仓库，若掌囚者，但见火起，皆不得离所守。违者，杖一百。

放火故烧人房屋

凡放火故烧自己房屋者，杖一百。若延烧官民房屋及积聚之物者，杖一百、徒三年。因而盗取财物者，斩；杀伤人者，以故杀伤论。

○若放火故烧官民房屋及公廨仓库，系官积聚之物者，皆斩（须于放火处捕获，有显迹证验明白者，乃坐）。其故烧人空闲房屋及田场积聚之物者，各减一等，并计所烧之物，减价，尽犯人财产折挫陪偿，还官给主。

——成化八年六月十六日节该钦奉宪宗皇帝圣旨："各边仓场，若有故烧系官钱粮、草束者，拿问明白，将正犯枭首示众。烧毁之物，先尽犯人财产折挫陪偿；不敷之数，著落经收看守之人，照数均陪。"钦此。

——凡放火故烧自己房屋，因而延烧官民房屋及积聚之物，与故烧人空闲房屋及田场积聚之物者，俱发边卫充军。

搬做杂剧

凡乐人搬做杂剧戏文，不许妆扮历代帝王、后妃、忠臣、烈士、先圣、先贤、神像。违者，杖一百。官民之家容令妆扮者，与同罪。其神仙道扮及义夫、节妇、孝子顺孙，劝人为善者，不在禁限。

违令

凡违令者，笞五十（谓令有禁制，而律无罪名者）。

不应为

凡不应得为而为之者，笞四十（谓律令无条，理不可为者）。事理重者，杖八十。

《大明会典》卷一百七十一 《刑部十三》

律例十二【刑律四】

【捕亡】

应捕人追捕罪人

凡应捕人承差追捕罪人而推故不行,若知罪人所在而不捕者,减罪人罪一等,限三十日内,能自捕得一半以上;虽不及一半,但所获者最重,皆免其罪。虽一人捕得,余人亦同。若罪人已死及自首各尽者,亦免罪;不尽者,止以不尽之人为坐。其非应捕人临时差遣者,各减应捕人罪一等。受财故纵者,不给捕限,各与囚同罪。赃重者,计赃以枉法从重论。

罪人拒捕

凡犯罪逃走拒捕者,各于本罪上加二等,罪止杖一百、流三千里。殴人至折伤以上者,绞;杀人者,斩。为从者,各减一等。

〇若罪人持杖拒捕,其捕者格杀之,及囚逃走,捕者逐而杀之。若囚窘迫而自杀者,皆勿论。

〇若已就拘执及不拒捕而杀,或折伤者,各以斗杀伤论。罪人本犯应死而擅杀者,杖一百。

狱囚脱监及反狱在逃

凡犯罪被囚禁而脱监及解脱自带枷锁越狱在逃者,各于本罪上加二等。因而窃放他囚,罪重者,与囚同罪。并罪止杖一百、流三千里。本犯应死者,依常律。

〇若罪囚反狱在逃者,皆斩。同牢囚人不知情者,不坐。

——各府、州、县掌印、巡捕官,但有死罪重囚,越狱三名以上,俱住俸戴罪,勒限缉拿。六名以上,调用;十名以上,降一级;十五名以上,降二级;通限三个月以里,有能尽数拿获者，免罪。卫所官，遇有失囚，亦照前例。若偶因公事他出，致有疏虞者，减见在主守之人罪各一等。其兵备、守巡官，系驻札处所，失事二次，参奏，罚治。抚按官有隐匿不以实闻者，听部院该科参究。

徒流人逃

凡徒、流、迁徙囚人，役限内而逃者，一日笞五十，每三日加一等，罪止杖一百，仍发配所。其徒囚照依原犯徒年，从新拘役。役过月日，并不准理。

○若起发已断决徒、流、迁徙、充军囚徒，未到配所，中途在逃者，罪亦如之。

○主守及押解人不觉失囚者，一名杖六十，每一名加一等，罪止杖一百，皆听一百日内追捕。提调官及长押官，减主守及押解人罪三等；限内能自捕得，或他人捕得，若囚已死及自首，皆免罪。故纵者，各与囚同罪。受财者，计赃以枉法从重论。

——凡问发充军人犯逃回，原犯真犯死罪免死充军者，照依原问死罪处决。杂犯死罪以下充军者，初犯，问罪，枷号三个月，仍发本卫；再犯，枷号三个月，调极边卫；若犯至三次，通系著伍以后者，即依守御官军律，绞。其有在逃遇赦者，不分初犯、再犯，俱免枷号，仍发原卫；三犯亦并论拟绞，奏请定夺。

——各处有司，起解逃军并军丁及充军人犯，量地远近，定立程限，责令管送。若长解纵容在家，迁延不即起程，违限一年之上者，解人发附近，正犯原系附近，发边卫；原系边卫，发极边卫分，各充军。

——凡问发直隶延庆、保安二州为民人犯，但有在逃者，俱问罪，改发辽东自在、安乐二州。若发自在、安乐二州逃回者，枷号三个月，照旧解发；再逃者，照前枷号，改发极边卫分充军。其在逃遇赦者，亦不准宥免，照旧解发。

稽留囚徒

凡应徒、流、迁徙、充军囚徒，断决后，当该官司限一十日内如法枷扭，差人管押，牢固关防，发遣所拟地方交割。若限外无故稽留不送者，三日笞二十，每三日加一等，罪止杖六十。因而在逃者，就将提调官吏抵犯人本罪发遣，候捕获犯人到官替役，至日疏放，别叙（抵犯人本罪，谓将提调官吏，照依犯人所犯，该徒者，抵徒；该流者，抵流；该迁徙者，抵迁徙；该充军者，抵充军。候跟捕犯人得获至日，将官吏疏放，别行叙用）。

○若邻境官司，囚到稽留，不即递送者，罪亦如之。

○若发遣之时，提调官吏不行如法枷杻，以致囚徒中途解脱自带枷杻在逃者，与押解人同罪。

○并罪坐所由，受财者，计赃以枉法从重论。

主守不觉失囚

凡狱卒不觉失囚者，减囚罪二等。若囚自内反狱在逃，又减二等。听给限一百日追捕。限内能自捕得及他人捕得，若囚已死及自首，皆免罪。司狱官典，减狱卒罪三等。其提牢官，曾经躬亲逐一点视罪囚，枷、锁、杻俱已如法，取责狱官、狱卒牢固收禁文状者，不坐。若不曾点视，以致失囚者，与狱官罪同。故纵者，不给捕限，各与囚同罪。未断之间能自捕得,及他人捕得,若囚已死及自首,各减一等。受财者,计赃以枉法从重论。

○若贼自外入劫囚,力不能敌者,免罪。

○若押解罪囚中途不觉失囚者,罪亦如之。

知情藏匿罪人

凡知人犯罪事发,官司差人追唤而藏匿在家不行捕告,及指引道路、资给衣粮、送令隐避者,各减罪人罪一等。其展转相送而隐藏罪人,知情者,皆坐;不知者,勿论。

○若知官司追捕罪人,而漏泄其事,致令罪人得以逃避者,减罪人罪一等。未断之间能自捕得者,免罪。若他人捕得,及罪人已死,若自首,又各减一等。

盗贼捕限

凡捕强窃盗贼,以事发日为始,当该应捕弓兵,一月不获强盗者,笞二十;两月,笞三十;三月,笞四十;捕盗官罚俸钱两月。弓兵一月不获窃盗者,笞一十;两月,笞二十;三月,笞三十;捕盗官罚俸钱一月。限内获贼及半者,免罪。

○若经隔二十日以上告官者,不拘捕限。捕杀人贼,与捕强盗同。

——凡府、州、县系有城池及设有卫所,被贼打劫仓库、狱囚,或杀死职官,或聚至百人以上者,抚按官就将各掌印、操备等官,先行参奏,住俸戴罪缉捕,限半年以里,尽数拿获,免罪。如过限拿获未尽,再限三个月,尽获,亦准免罪。若全无拿获及再限内不能尽数拿获者,不分军卫、有司,俱问罪,降二级。文官送部,武官仍于本卫所,各调用。卫所失事,止坐卫所掌印、操备等官。兵备、守巡并守备官驻札本城者,降一级调用;不系驻札处所,止调用。若自来不曾设有城池者,掌印、巡捕等官,止降一级;兵备、守巡、守备等官,分别罚治。①

——各处民间被贼打劫,实时擒获者,不分城内城外,各掌印、巡捕等官,俱免罪。一月之外不获,通行住俸,候拿获一半以上,方准开支。若中间能获别起及别府、州、县真正强盗及各越狱重囚,亦准抵数,但不许将照捕名数朦胧捉拿,以图抵饰。仍通计一年之内,除尽数拿获及拿获一半以上免罪者不计外,城内积至五起,城外及无城去处至十起以上,不分军卫、有司,掌印、巡捕等官,参究问罪,俱降一级。文官送部,武官于本卫所,各调用。兵备、守巡官,分别罚治。②

——凡强盗打劫,各该有司军卫员役,不分事情轻重,务要登时从实申报。如有隐匿者,抚按官即将各该员役,应提问者提问,应参奏者就便参奏,酌量情罪,轻则罚治,重则降黜,议拟上请,不许容隐。其抚按官遇有报到,若系杀官、劫库、劫狱,并聚至百人以上,或啸聚不散及城内打劫至杀人者,即行奏报。其民间被劫事情稍轻者,类入岁报册内,年终具奏,俱不许容隐。违者,听部院该科参奏重治。

——京城内外,但有强盗得财、伤人者,巡捕、把总、兵马等官,实时擒获,免罪,仍论功叙录。若有脱逃,俱即住俸,限三个月以里,拿获一半以上,姑准开俸。过限不获,各罚

① 此条与本《会典》卷一百三十六《巡捕》互见。

② 此条与本《会典》卷一百三十六《巡捕》互见。

俸三个月。仍总计一年之内,除尽数拿获及拿获一半免罪者不计外,城内积至五起,城外十起以上,俱问罪,降一级。文官仍调外用。①

【断狱】

囚应禁而不禁

凡狱囚应禁而不禁,应枷、锁、杻而不枷、锁、杻及脱去者,若囚该杖罪,笞三十;徒罪,笞四十;流罪,笞五十;死罪,杖六十。若应枷而锁,应锁而枷者,各减一等。

○若囚自脱去及司狱官典、狱卒私与囚脱去枷、锁、杻者,罪亦如之。提牢官知而不举者,与同罪;不知者,不坐。

○其不应禁而禁,及不应枷、锁、杻而枷、锁、杻者,各杖六十。

○若受财者,并计赃以枉法从重论。

——凡枷号人犯,除例有正条及催征税粮用小枷枷号,朝枷夜放外,敢有将罪轻人犯,用大枷枷号,伤人者,奏请降级调用;因而致死者,问发为民。

故禁故勘平人

凡官吏怀挟私雠故禁平人者,杖八十;因而致死者,绞。提牢官及司狱官典、狱卒知而不举首者,与同罪;至死者,减一等;不知者,不坐。若因公事,干连平人在官无招、误禁致死者,杖八十;有文案应禁者,勿论。

○若故勘平人者,杖八十;折伤以上,依凡斗伤论;因而致死者,斩。同僚官及狱卒知情共勘者,与同罪;至死者,减一等;不知情及依法拷讯者,不坐。若因公事,干连平人在官,事须鞫问,及罪人赃仗证佐明白,不服招承,明立文案,依法拷讯,邂逅致死者,勿论。

——内外问刑衙门,一应该问死罪,并窃盗、抢夺重犯,须用严刑拷讯。其余止用鞭朴常刑。若酷刑官员,不论情罪轻重,辄用挺棍、夹棍、脑箍、烙铁等项惨刻刑具,如一封书、鼠弹筝、拦马棍、燕儿飞等项名色,或以烧酒灌鼻,竹签钉指,及用径寸懒杆,不去棱节竹片,乱打覆打,或打脚踝,或鞭脊背,若但伤人,不曾致死者,俱奏请。文官降级调用,武官降级于本卫所带俸。因而致死者,文官发原籍为民,武官革职随舍余食粮差操。若致死至三命以上者,文官发附近,武官发边卫,各充军。

淹禁

凡狱囚情犯已完,监察御史、提刑按察司审录无冤,别无追勘事理,应断决者,限三日内断决;应起发者,限一十日内起发。若限外不断决、不起发者,当该官吏,三日笞二十,每三日加一等,罪止杖六十。因而淹禁致死者,若囚该死罪,杖六十;流罪,杖八十;徒罪,杖一百;杖罪以下,杖六十、徒一年。

---

① 此条与本《会典》卷一百三十六《巡捕》互见。

凌虐罪囚

凡狱卒非理在禁，凌虐、殴伤罪囚者，依凡斗伤论；克减衣粮者，计赃以监守自盗论。因而致死者，绞。司狱官典及提牢官知而不举者，与同罪；至死者，减一等。

——法司问断过各处进本等项人犯，发各衙门程递者，除原有杻、镣及牢固字样照旧外，其押解人役，若擅加杻、镣，非法乱打，搜检财物，剥脱衣服，逼致死伤，及受财故纵，并听凭狡猾之徒买求杀害者，除真犯死罪外，徒罪以上，属军卫者，发边卫充军；属有司者，发口外为民。

与囚金刃解脱

凡狱卒以金刃及他物可以自杀及解脱枷锁之具而与囚者，杖一百。因而致囚在逃及自伤或伤人者，并杖六十、徒一年；若囚自杀者，杖八十、徒二年；致囚反狱及杀人者，绞。其囚在逃，未断之间，能自捕得及他人捕得，若囚已死及自首者，各减一等。

○若常人以可解脱之物与人，及子孙与祖父母、父母，奴婢、雇工人与家长者，各减一等。

○若司狱官典及提牢官知而不举者，与同罪；至死者，减一等。

○若受财者，计赃以枉法从重论。

○若狱囚失于点检，致囚自尽者，狱卒，杖六十；司狱官典，各笞五十；提牢官，笞四十。

主守教囚反异

凡司狱官典、狱卒教令罪囚反异，变乱事情，及与通传言语，有所增减其罪者，以故出入人罪论。外人犯者，减一等。

○若容纵外人入狱及走泄事情，于囚罪无增减者，笞五十。

○若受财者，并计赃以枉法从重论。

狱囚衣粮

凡狱囚应请给衣粮医药而不请给，患病应脱去枷、锁、杻而不脱去，应保管出外而不保管，应听家人入视而不听，司狱官典、狱卒，笞五十。因而致死者，若囚该死罪，杖六十；流罪，杖八十；徒罪，杖一百；杖罪以下，杖六十、徒一年。提牢官知而不举者，与同罪。

○若已申禀上司，不即施行者，一日笞一十，每一日加一等，罪止笞四十。因而致死者，若囚该死罪，杖六十；流罪，杖八十；徒罪，杖一百；杖罪以下，杖六十、徒一年。

功臣应禁亲人入视

凡功臣及五品以上官犯罪应禁者，许令亲人入视；徒流者，并听亲人随行。若在禁及至配所，或中途病死者，在京原问官，在外随处官司，开具致死缘由，差人引领亲人。诣阙面奏发放。违者，杖六十。

死囚令人自杀

凡死罪囚已招服罪，而囚使令亲戚故旧自杀，或令雇倩人杀之者，亲故及下手之人，各依本杀罪，减二等。若囚虽已招服罪，不曾令亲故自杀，及虽曾令自杀，而未招服罪，辄杀讫，或雇倩人杀之者，亲故及下手之人，各以斗杀伤论。

○若虽已招服罪，而囚之子孙为祖父母、父母，及奴婢、雇工人为家长者，皆斩。

老幼不拷讯

凡应八议之人，及年七十以上、十五以下，若废疾者，并不合拷讯，皆据众证定罪。违者，以故失入人罪论。其于律得相容隐之人及年八十以上、十岁以下，若笃疾，皆不得令其为证。违者，笞五十。

鞫狱停囚待对

凡鞫狱官推问罪囚，有起内人伴见在他处官司停囚待对者，虽职分不相统摄，皆听直行勾取。文书到后，限三日内发遣。违限不发者，一日笞二十，每一日加一等，罪止杖六十。仍行移本管上司问罪督发。

○若起内应合对问同伴罪囚，已在他处州县事发见问者，听轻囚就重囚，少囚从多囚。若囚数相等者，以后发之囚送先发官司并问。若两县相去三百里之外者，各从事发处归断。违者，笞五十。若违法将重囚移就轻囚，多囚移就少囚者，当处官司随即收问，仍申达所管上司究问所属违法移囚之罪。若囚到不受者，一日笞二十，每一日加一等，罪止杖六十。

——问刑衙门行文军卫有司提人，迁延三个月以上不到，经该官吏住俸，候事完之日，方许关支；半年不到，经该官员参奏提问。

——在京、在外问刑，例应委官勘问及行军卫有司会勘者，如财产等项，限一个月；勘检人命，限两个月；驳勘者，亦限一个月。如违及托故推调，不即赴勘者，参奏提问。仍另行委官作急勘报。

依告状鞫狱

凡鞫狱，须依所告本状推问。若于状外别求他事摭拾人罪者，以故入人罪论。同僚不署文案者，不坐。

○若因其告状，或应掩捕搜检因而检得别罪，事合推理者，不在此限。

原告人事毕不放回

凡告词讼对问得实，被告已招服罪，原告人别无待对事理，随即放回。若无故稽留三日不放者，笞二十；每三日加一等，罪止笞四十。

狱囚诬指平人

凡囚在禁诬指平人者，以诬告人论。其本犯罪重者，从重论。

○若官吏鞫问狱囚,非法拷讯,故行教令诬指平人者,以故入人罪论。

○若追征钱粮,逼令诬指平人代纳者,计所枉征财物坐赃论,其物给主。

○其被诬之人,无故稽留三日不放回者,笞二十,每三日加一等,罪止杖六十。

○若鞫囚而证佐之人不言实情,故行诬证,及化外人有罪,通事传译番语不以实对,致罪有出入者,证佐人减罪人罪二等(谓证佐人不说实情,出脱犯人全罪者,证佐人减犯人全罪二等;若增减其罪者,亦减犯人所得增减之罪二等之类)。通事与同罪(谓化外人本有罪,通事符同传说出脱全罪者,通事与犯人同得全罪。若将化外人罪名增减传说者,以所增减之罪坐通事。谓如化外人本招承杖六十,通事传译增作杖一百,即坐通事杖四十;又如化外人本招承杖一百,通事传译减作笞五十,即坐通事笞五十之类)。

官司出入人罪

凡官司故出入人罪,全出全入者,以全罪论(谓官吏因受人财及法外用刑,将本应无罪之人而故加以罪,及应有罪之人而故出脱之者,并坐官吏以全罪。法外用刑,如用火烧烙铁烙人,或冬月用冷水浇淋身体之类)。

○若增轻作重,减重作轻,以所增减论;至死者,坐以死罪(谓如其人犯罪,应决一十而增作二十之类,谓之增轻作重,则坐以所增一十之罪。其人应决五十而减作三十之类,谓之减重作轻,则坐以所减二十之罪。余准此。若增轻作重,入至徒罪者,每徒一等,折杖二十;入至流罪者,每流一等,折徒半年;入至死罪,已决者,坐以死罪。若减重作轻者,罪亦如之)。

○若断罪失于入者,各减三等;失于出者,各减五等(谓鞫问狱囚,或证佐诬指,或依法拷讯,以致招承,及议刑之际,所见错误别无受赃情弊,及法外用刑致罪有轻重者,若从轻失入重,从重失出轻者,亦以所剩罪论)。并以吏典为首,首领官减吏典一等,佐贰官减首领官一等,长官减佐贰官一等科罪。

○若囚未决放及放而还获若囚自死,各听减一等(谓故入及失入人笞、杖、徒、流、死罪未决,其故出及失出人笞、杖、徒、流、死罪未放,及放而更获,若囚人自死者,于故出入及失出入人罪上各听减一等)。

辩明冤枉

凡监察御史、按察司辩明冤枉,须要开具所枉事迹,实封奏闻,委官追问得实,被诬之人依律改正,罪坐原告、原问官吏。

○若事无冤枉,朦胧辩明者,杖一百、徒三年。若所诬罪重者,以故出入人罪论。所辩之人知情,与同罪;不知者,不坐。

——法司凡遇一应称冤调问及东厂、锦衣卫奏送人犯,如有冤枉及情罪有可矜疑者,即与辩理,具奏发落,毋拘成案。若明知冤枉不与辩理者,以故入人罪论。

——法司遇有重囚称冤,原问官员辄难辩理者,许该衙门移文,会同三法司、锦衣卫堂上官,就于京畿道会同辩理。果有冤枉及情罪有可矜疑者,奏请定夺。

——凡大小问刑衙门,凡鞫问囚犯,务要参酌情法。如果情重例合,应该发遣者,方许定拟充军。不许偏任喜怒,移情就例。其抚按官凡遇各该所属衙门,申详充军人犯,亦要虚心参酌，必须法当其罪，方允定卫发遣。如于例有牵合，即便驳回改拟，照常发落。其各该司、府、州、县，但遇五年一次差官审录之期。一应充军人犯，除已经解发着伍外，其余不分曾否详允，及虽曾经定卫，尚未起解者，逐一开送审录官处审录。其经审录官辩释者，务要遵照发落，不许原问官偏拗阻挠。如有好名立威，酷法害人者，听抚按、审录官，各指实参奏。

有司决囚等第

凡狱囚鞫问明白，追勘完备，徒、流以下，从各府州县决配。至死罪者，在内听监察御史，在外听提刑按察司审录无冤，依律议拟，转达刑部，定议奏闻回报。直隶去处，从刑部委官与监察御史；在外去处，从布政司委官与按察司官，公同审决。

○若犯人反异，家属称冤，即便推鞫。事果违枉，同将原问原审官吏，通问改正。

○其审录无冤，故延不决者，杖六十。若明称冤抑，不为申理者，以入人罪故失论。

——在京法司监候枭首重囚在监病故，凡遇春夏不系行刑时月，及虽在霜降以后、冬至以前，若遇圣旦等节，或祭祀斋戒日期，照常相埋，通类具奏。

检验尸伤不以实

凡检验尸伤，若牒到托故不即检验，致令尸变，及不亲临监视，转委吏卒，若初复检官吏相见，符同尸状及不为用心检验，移易轻重、增减尸伤不实，定执致死根因不明者，正官杖六十，首领官杖七十，吏典杖八十。仵作行人检验不实，符同尸状者，罪亦如之。因而罪有增减者，以失出入人罪论。

○若受财故检验不以实者，以故出入人罪论。赃重者，计赃以枉法各从重论。

决罚不如法

凡官司决人不如法者，笞四十；因而致死者，杖一百，均征埋葬银一十两。行杖之人，各减一等（不如法，谓应用笞而用杖，应用杖而用讯，应决臀而决腰，应决腿而鞭背）。其行杖之人，若决不及肤者，依验所决之数抵罪，并罪坐所由。若受财者，计赃以枉法从重论。

○若监临之官因公事于人虚怯去处非法殴打，及自以大杖或金刃、手足殴人，至折伤以上者，减凡斗伤罪二等。至死者，杖一百、徒三年，追埋葬银一十两。其听使下手之人，各减一等，并罪坐所由（谓情不挟私，非梯已事者，如有司官催征钱粮，鞫问公事，提调造作，监督工程，打所属官吏、夫匠之类；及管军官操练军马，演习武艺，督军征进，修理城池，打总小旗、军人之类）。

○若于人臀腿受刑去处，依法决打，邂逅致死及自尽者，各勿论。

长官使人有犯

凡在外各衙门长官及出使人员，于所在去处有犯者，所部属官等不得辄便推问，皆须申覆上司区处。若犯死罪，收管听候回报。所掌印信、锁钥，发付次官收掌。若无长官，次官掌印者，亦同长官。违者，笞四十。

断罪引律令

凡断罪，皆须具引律令。违者，笞三十。若数事共条，止引所犯罪者，听。

〇其特旨断罪，临时处治不为定律者，不得引比为律。若辄引比，致罪有出入者，以故失论。

狱囚取服辩

凡狱囚徒、流、死罪，各唤囚及其家属，具告所断罪名，仍取囚服辩文状。若不服者，听其自理，更为详审。违者，徒、流罪，笞四十；死罪，杖六十。

〇其囚家属在三百里之外，止取囚服辩文状，不在具告家属罪名之限。

赦前断罪不当

凡赦前处断刑名，罪有不当，若处轻为重者，当改正从轻；处重为轻，其常赦所不免者，依律贴断。若官吏故出入者，虽会赦，并不原宥。

闻有恩赦而故犯

凡闻知有恩赦而故犯罪者，加常犯一等，虽会赦，并不原宥。

〇若官司闻知有恩赦而故论决囚罪者，以故入人罪论。

徒囚不应役

凡盐场、铁冶拘役徒囚，应入役而不入役，及徒囚因病给假，病已痊可，不令计日贴役者，过三日笞二十，每三日加一等，罪止杖一百。

〇若徒囚年限未满，监守之人故纵逃回，及容令雇人代替者，照依囚人应役月日，抵数徒役，并罪坐所由。受财者，计赃以枉法从重论。仍拘徒囚，依律论罪贴役。

妇人犯罪

凡妇人犯罪，除犯奸及死罪收禁外，其余杂犯，责付本夫收管。如无夫者，责付有服亲属、邻里保管，随衙听候，不许一概监禁。违者，笞四十。

〇若妇人怀孕犯罪，应拷决者，依上保管，皆待产后一百日拷决。若未产而拷决，因而堕胎者，官吏减凡斗伤罪三等；致死者，杖一百、徒三年。产限未满而拷决者，减一等。

〇若犯死罪，听令隐婆入禁看视，亦听产后百日乃行刑。未产而决者，杖八十。产讫限未满而决者，杖七十。其过限不决者，杖六十。失者，各减三等。

死囚覆奏待报

凡死罪囚不待覆奏回报而辄处决者，杖八十。若已覆奏回报，应决者，听三日乃行刑。若限未满而行刑，及过限不行刑者，各杖六十。

〇若立春以后、秋分以前决死刑者，杖八十。

〇其犯十恶罪之罪应死及强盗者，虽决不待时，若于禁刑日而决者，笞四十。

断罪不当

凡断罪应决配而收赎、应收赎而决配，各依出入人罪，减故失一等。

○若应绞而斩，应斩而绞者，杖六十；失者，减三等。其已处决讫，别加残毁死尸者，笞五十。

○若反逆缘坐人口，应入官而放免及非应入官而入官者，各以出入人流罪故失论。

吏典代写招草

凡诸衙门鞫问刑名等项，若吏典人等为人改写及代写招草，增减情节，致罪有出入者，以故出入人罪论。若犯人果不识字，许令不干碍之人代写。

《大明会典》卷一百七十二 《刑部十四》

律例十三【工律】

【营造】

擅造作

凡军民官司有所营造,应申上而不申上,应待报而不待报,而擅起差人工者,各计所役人雇工钱,坐赃论。

○若非法营造,及非时起差人工营造者,罪亦如之。

○其城垣坍倒,仓库公廨损坏,一时起差丁夫军人修理者,不在此限。

○若营造计料、申请财物及人工多少不实者,笞五十。若已损财物,或已费人工,各并计所损物价及所费雇工钱,重者,坐赃论。

虚费工力采取不堪用

凡役使人工,采取木石材料,及烧造砖瓦之类,虚费工力而不堪用者,计所费雇工钱,坐赃论。若有所造作及有所毁坏,备虑不谨而误杀人者,以过失杀人论。工匠、提调官,各以所由为罪。

造作不如法

凡造作不如法者,笞四十。若成造军器不如法,及织造缎匹粗糙纰薄者,各笞五十。若不堪用及应改造者,各并计所损财物及所费雇工钱,重者,坐赃论。其应供奉御用之物,加二等。工匠各以所由为罪,局官减工匠一等。

○提调官吏又减局官一等,并均偿物价工钱还官。

——各处军器局造作各项军器不如法者,将管局委官,参问降级,都、布、按三司堂上委官及府卫掌印官,各治以罪。

冒破物料

凡造作局院头目、工匠多破物料入己者，计赃，以监守自盗论，追物还官。

○局官并覆实官吏知情符同者，与同罪。失觉察者，减三等，罪止杖一百。

——各处巡按御史，都布按三司分巡、分守官，查盘军器，若有侵欺物料，那前补后，虚数开报者，不论官旗、军人，俱以监守自盗论。赃重者，照侵欺仓库钱粮事例拟断。卫所官三年不行造册，致误奏缴者，降一级；各该都司守巡等官怠慢误事，参究治罪。

带造缎匹

凡监临主守官吏，将自己物料辄于官局带造缎匹者，杖六十，缎匹入官。工匠笞五十。局官知而不举者，与同罪；失觉察者，减三等。

织造违禁龙凤文缎匹

凡民间织造违禁龙凤文纻丝、纱罗货卖者，杖一百，缎匹入官。

○机户及挑花、挽花工匠，同罪。连当房家小，起发赴京，籍充局匠。

造作过限

凡各处额造常课缎匹、军器，过限不纳齐足者，以十分为率，一分，工匠笞二十；每一分加一等，罪止笞五十。局官减工匠一等，提调官吏又减局官一等。

○若不依期计拨物料者，局官笞四十，提调官吏减一等。

修理仓库

凡各处公廨、仓库、局院系官房舍，但有损坏，当该官吏随即移文有司修理。违者，笞四十。若因而损坏官物者，依律科罪，赔偿所损之物。若已移文有司而失误者，罪坐有司。

有司官吏不住公廨

凡有司官吏不住公廨内官房而住街市民房者，杖八十。

○若埋没公用器物者，以毁失官物论。

【河防】

盗决河防

凡盗决河防者，杖一百。盗决圩岸陂塘者，杖八十。若毁害人家及漂失财物，渰没田禾，计物价重者，坐赃论；因而杀伤人者，各减斗杀伤罪一等。

○若故决河防者，杖一百、徒三年。故决圩岸陂塘，减二等。漂失赃重者，准窃盗论，免刺。因而杀伤人者，以故杀伤论。

——凡故决、盗决山东南旺湖，沛县昭阳湖、属山湖，安山积水湖，扬州高宝湖，淮安高家堰、柳浦湾及徐邳上下滨河一带各堤岸,并阻绝山东泰山等处泉源,有干漕河禁例,为首之人,发附近卫所,系军调发边卫,各充军。其闸官人等,用草卷阁闸板,盗泄水利,串同取财,犯该徒罪以上,亦照前问遣。

——河南等处地方盗决及故决堤防,毁害人家,漂失财物,淹没田禾,犯该徒罪以上,为首者,若系旗舍余丁、民人,俱发附近充军;系军,调发边卫。

失时不修堤防

凡不修河防及修而失时者,提调官吏各笞五十。若毁害人家,漂失财物者,杖六十。因而致伤人命者,杖八十。

○若不修圩岸及修而失时者,笞三十。因而渰没田禾者,笞五十。

○其暴水连雨损坏堤防,非人力所致者,勿论。

——凡运河一带,用强包揽闸夫、溜夫二名之上,捞浅铺夫三名之上,俱问罪。旗军发边卫,民并军丁人等发附近,各充军。揽当一名,不曾用强生事者,问罪,枷号一个月发落。[①]

侵占街道

凡侵占街巷道路而起盖房屋及为园圃者,杖六十,各令复旧。其穿墙而出秽污之物于街巷者,笞四十。出水者,勿论。

——京城内外街道,若有作践,掘成坑坎、淤塞沟渠、盖房侵占,或傍城使车、撒放牲口、损坏城脚及大明门前御道棋盘、并护门栅栏,正阳门外御桥南北,本门月城、将军楼、观音堂、关王庙等处,作践损坏者,俱问罪,枷号一个月发落。[②]

——东西公生门、朝房、官吏人等,或带住家小,或做造酒食,或寄放货柜、开设卜肆、停放马骡、取土作坯、撒秽等项作践,问罪,枷号一个月发落。[③]

修理桥梁道路

凡桥梁道路,府、州、县佐贰官、提调于农隙之时,常加点视修理,务要坚完平坦。若损坏失于修理、阻碍经行者,提调官吏笞三十。

○若津渡之处,应造桥梁而不造、应置渡船而不置者,笞四十。

——条例申明颁布之后,一切旧刻事例,未经今次载入,如比附律条等项,悉行停寝。凡问刑衙门,敢有恣任喜怒,妄行引拟,或移情就例,故入人罪,苛刻显著者,各依故失出入律,坐罪。其因而致死人命者,除律应抵死外。其余俱问发为民。

---

① 此条与本《会典》卷一百九十八《河渠三·运道三》互见。

② 此条与本《会典》卷二百《河渠·桥道》互见。

③ 此条与本《会典》卷一百八十七《营造五·坛场》互见。